Benjamin Beil
Avatarbilder

Benjamin Beil (Dr. phil.) ist Mitarbeiter am Medienwissenschaftlichen Seminar der Universität Siegen. Seine Forschungsschwerpunkte sind Game Studies, TV-Serien, Prosumentenkulturen, Inter- und Transmedialität.

Benjamin Beil

Avatarbilder

Zur Bildlichkeit des zeitgenössischen Computerspiels

[transcript]

Publiziert mit Unterstützung der Fritz Thyssen Stiftung

Bibliografische Information der Deutschen Nationalbibliothek
Die Deutsche Nationalbibliothek verzeichnet diese Publikation in der Deutschen Nationalbibliografie; detaillierte bibliografische Daten sind im Internet über http://dnb.d-nb.de abrufbar.

Umschlaggestaltung: Kordula Röckenhaus, Bielefeld
Umschlagabbildung: Dead Space (2008) EA Redwood Shores/
Visceral Games/Electronic Arts
Lektorat & Satz: Benjamin Beil, Anja Griesbach
Druck: Majuskel Medienproduktion GmbH, Wetzlar
ISBN 978-3-8376-2155-6

Gedruckt auf alterungsbeständigem Papier mit chlorfrei gebleichtem Zellstoff.
Besuchen Sie uns im Internet: *http://www.transcript-verlag.de*
Bitte fordern Sie unser Gesamtverzeichnis und andere Broschüren an unter: *info@transcript-verlag.de*

Inhalt

Einleitung

Computerspielbilder und Avatarbilder

> Ohne Bilder wären Computer ein Spielzeug von Mathematikern geblieben, eine Maschine auf Buchpapier, ganz wie Alan Turing 1936 über die Prinzipschaltung in Worten und mathematischen Zeichen geschrieben hat.
> (KITTLER 2004: 201)

Was zeigt ein Computerspielbild? Einerseits zeigt es eine Spielsituation, eine Visualisierung eines abstrakten Regelwerks; andererseits zeigt es eine manchmal eher einem Fotorealismus verpflichtete, manchmal stärker stilisierte Weltdarstellung. Es zeigt in vielen Fällen die eigene Spielfigur, den Avatar, sowie andere (feindlich oder freundlich gesinnte) Spielwelt-Bewohner. Oft ist es überzogen mit Interface-Anzeigen, meist in Form von Piktogrammen oder Texteinblendungen, die Auskunft über Lebensenergie, Munitionsvorrat oder Missionsziele geben; hinzu kommt mitunter noch ein Kartenausschnitt zur Positionsbestimmung oder in Multiplayer-Spielen ein Chatfenster zur Kommunikation mit anderen Spielern. Viele dieser Elemente sind animiert, manche sind interaktiv.

Die Hybridität des Computerspielbildes erweist sich für die Ausrichtung bzw. die Methodenwahl eines bildwissenschaftlichen Zugangs zunächst als problematisch – auch wenn dies natürlich gerade den Reiz des (mittlerweile gar nicht mehr so) Neuen Mediums Computerspiel ausmachen mag. Zwar finden sich für die einzelnen Bildelemente diverse etablierte Beschreibungs- und Analysemethodiken, doch läuft eine solche Aufspaltung des Computerspielbildes stets Gefahr, den eigentlichen ›Kern‹ der Bildlichkeit dieses Mediums zu verfehlen. Denn die Komplexität des Computerspielbildes findet sich nicht einfach in seiner Fähigkeit, vielerlei Darstellungsarten zu emulieren, sondern vor allem in der Verknüpfung oder Verschmelzung verschiedener Bildstile und -funktionen. Nicht die analytische Trennung von verschiedenen Bildelementen, sondern die Beschreibung ihres Zusammenspiels ist entscheidend. Es geht um Relationen und Dominanzverschiebungen innerhalb der Bildkomposition, um »bildspezifisch[e] ›Filter‹ [...], die Schwerpunkte setzen, Interpretationshorizonte vorgeben, [...] Aufmerksamkeit lenken, Evidenz produzieren« (Hinterwaldner 2010: 459).

Wo also ansetzen? Obwohl sich die bildästhetische Entwicklung gerade in den letzten Jahren so stark wie kaum ein anderer Aspekt des Computerspiels gewandelt hat, wird die gesteigerte visuelle Komplexität nur allzu gern als ein zwangsläufiger Effekt erhöhter Rechenleistung abgetan (vgl. etwa Newman 2002). Fragen nach der Ludizität (exemplarisch: Aarseth 2004; Eskelinnen 2004; Salen/Zimmerman 2004), der Narrativität (exemplarisch: Neitzel 2000; Atkins 2003; Kocher 2007) oder auch der Medialität (exemplarisch: Galloway 2006a; Mersch 2008) und Intermedialität (exemplarisch: King/Krzywinska 2002; Furtwängler 2008) des Computerspiels bestimmen den Diskurs. Hinzu kommen u.a. pädagogische (exemplarisch: Fritz 2008), sozialwissenschaftliche (exemplarisch: Quandt 2008) aber auch diverse eher populärwissenschaftlich orientierte Arbeiten (exemplarisch: Lischka 2002; Mertens/Meißner 2008; Rosenfelder 2008). Bildwissenschaftliche Ansätze sind in den Game Studies (bislang noch) eher selten zu finden. So gibt es trotz der Ausrufung eines *Iconic Turn* nur eine recht überschaubare Zahl von Arbeiten, die sich explizit mit der Bildlichkeit des Computerspiels auseinandersetzen.[1]

---

1 Hervorzuheben sind an dieser Stelle vor allem die kunsthistorisch geprägten Texte von Stephan Schwingeler (2008) und Thomas Hensel (2011a; 2011b; 2012) sowie die stärker der phänomenologischen Bildtheorie verpflichteten Arbeiten Stephan Günzels (2006; 2008a; 2008b; 2008c; 2009; 2010; 2012). Allerdings wird im Folgenden die Verknüpfung mit allen drei Ansätzen eher punktuell erfolgen, denn obwohl sie mit dieser Arbeit das Plädoyer für einen stärker bildwissenschaftlich geprägten Zugang zum Computerspiel teilen, sind ihre jeweiligen Ausgangspunkte doch denkbar weit auseinanderliegend. So widmet sich Stephan Schwingeler einer Ästhetik der Raumdarstellung(en), Thomas Hensel thematisiert vor allem das (selbst-)reflexive Potenzial des Computer-

Die folgenden Überlegungen möchten die bildwissenschaftliche Auseinandersetzung mit Computerspielen vorantreiben und sich einer der wichtigsten Formen der Computerspielbilder annehmen: den Darstellungen von Avataren, oder genauer: von Avatar-basierten Handlungsperspektiven. Die Konzentration auf Avatarbilder ist natürlich einerseits schlicht – mit Verweis auf die einleitend geschilderte Komplexität des Computerspielbildes – eine notwendige Strategie zur Eingrenzung des Objektbereichs, doch sind Themenfindungen letztlich immer das »Produkt einer kontingenten Kriterienkombination« (Wiesing 2005: 12). Andererseits erscheint das Avatarbild aber – wiederum mit Verweis auf die Komplexität des Computerspielbildes – als idealer Ansatzpunkt; denn der Avatar verdeutlicht wie kaum ein anderes Element des Computerspielbildes dessen Hybrid-Charakter. So ist der Avatar sowohl ein *Werkzeug* zur Manipulation der Spielwelt, aber auch eine in diese Spielwelt integrierte *Figur*. Er markiert als Fusion aus Interface-Element und fiktionaler Instanz ein besonders prägnantes Charakteristikum des Computerspiels und bildet das entscheidende Element des interaktiven Bildes zum bewussten Einbezug des Betrachters bzw. Spielers. Anders formuliert: Der Avatar ist der »Kulminationspunkt, an dem Repräsentation, Interaktivität und Immersion« (Neitzel/Nohr 2010: 428) zusammenlaufen. Er bietet einen – in vielen Fällen buchstäblichen – Ankerpunkt für die Kopplung von Darstellungsform und Spielmechanik, denn nicht eine viel beschworene ›entfesselte Kamera‹ beherrscht die virtuellen Welten des Computerspiels, sondern eine komplexe Montage sorgfältig inszenierter Einzelansichten. Der Avatar markiert dabei das oftmals zentrale Differenzierungskriterium verschiedener Handlungsperspektiven, sei es aufgrund restriktiver Bewegungsmöglichkeiten (vgl. Kap. II), sei es als Zentrum der Interface-Komposition (vgl. Kap. III) oder als Bezugspunkt der Verfolgerkamera einer Third-Person-View (vgl. Kap. IV) bzw. als Blickpunkt selbst in der First-Person-Perspektive (vgl. Kap. V).

---

spielbildes, Stephan Günzel konzentriert sich auf die First-Person-(Shooter-) Perspektive als eine besondere Form des Simulationsbildes. Die folgenden Kapitel werden deshalb die genannten Ansätze immer wieder streifen (insbesondere Schwingeler in Kap. II, Günzel in Kap. V), abgesehen von diesen Berührungspunkten das Feld der bildwissenschaftlichen Analyse des Computerspiels jedoch auf anderen Wegen beschreiten.

Natürlich löst eine solche Anpreisung des Untersuchungsgegenstands aber noch nicht das einleitend geschilderte Problem einer methodisch kaum beherrschbaren Hybridität des Computerspielbildes. Dieser Hybridität wird im Folgenden – auf Kosten der Homogenität, zu Gunsten der Vielfalt des Gegenstands – mit einer Kombination verschiedener Analysestrategien und -methoden begegnet. So kommen etwa Ansätze der Game Studies (insbesondere Avatar-Theorien) zum Einsatz, ebenso wird aber auch auf kunsthistorische Arbeiten (z.B. zur Rückenfigur und zur ästhetischen Grenze) sowie informatische Überlegungen (etwa zu Human-Computer-Interfaces (HCI)) zurückgegriffen. Dass ein bildwissenschaftlicher Zugang zum Computerspiel einer Kombination verschiedener Methodiken bedarf, die die kleinen und großen Unebenheiten des Objektbereichs ernst nehmen, dürfte unstrittig sein – weniger unstrittig dürfte dabei aber der schmale Grad zwischen Methodenvielfalt und Methodenbeliebigkeit ausfallen. Das prägende Kriterium bei der Auswahl bzw. der Zusammenstellung der im Folgenden behandelten Ansätze ist deshalb eine Fokussierung auf die *Bild-Betrachter-Beziehung* bzw. – in einer erweiterten Form – auf die *Bild-Spieler-Beziehung*. Als theoretisches Fundament wird dabei immer wieder auf rezeptionsästhetische Ansätze[2] zurückzukommen sein. Im Mittelpunkt des Interesses steht somit ein Computerspielbild, das »als Medium visueller Kommunikation [...] immer auf Betrachter und auf einen Kontext bezogen ist« (Brassat/Kohle 2003: 107). Untersucht werden Formen der »Positionierung des Betrachters zum Bild« (ebd.: 108), die mediale Struktur der Bild-Betrachter- bzw. Bild-Spieler-Schnittstelle.

Und auch hier gilt es noch einmal zu differenzieren: Das Computerspielbild lässt sich mit Frieder Nake als *Anzeigeform* eines Computerspiel-Interfaces – einer Spieler-Spiel-Verbindung – bezeichnen, während der Controller die *Geräteform* des Systems bildet (Nake 2008: 140). Mit der Konzentration auf das Avatarbild geht es im Folgenden also vor allem um die Anzeigeform dieser Schnittstelle. Nun mag mit einer solchen Fokussierung ein rezeptionsästhetischer Zugang bereits problematisch erscheinen, setzt sich die Bild-Spieler-Beziehung doch nicht nur aus den »(inneren) Re-

2 Insbesondere auf die kunstwissenschaftliche Diskussion (Kemp 1983; 1992) dieses ursprünglich literaturwissenschaftlichen Ansatzes (u.a. Iser 1970; 1976) wird hier Bezug genommen, aber auch auf ähnlich ausgerichtete Arbeiten der Game Studies (Neitzel 2008a) sowie der Filmwissenschaft (Branigan 1984).

zeptionsvorgaben« eines Artefakts, sondern genauso aus den »(äußeren) Zugangsbedingungen« (Brassat/Kohle 2003: 107) zusammen. Dass der letztere Aspekt hier über weite Strecken vernachlässigt wird, soll dabei gar nicht bestritten werden, doch erstens wird die Anzeigeform letztlich nie als isoliertes Element, sondern stets als offene Systemschnittstelle gedacht, und zweitens erscheint eine Fokussierung des Objekt- wie Eigenschaftsbereichs zunächst unumgänglich in Anbetracht der geradezu unüberschaubaren Vielfalt an technischen Plattformen und Rezeptionsumfeldern, für die die Game Studies gerade erst beginnen, verschiedene »Dispositive des Computerspiels« (Liebe 2008; vgl. hierzu auch Morris 2002; Nohr 2008; Juul 2010) zu erarbeiten.[3]

Ob eine solche Konzentration nun als notwendige Fokussierung oder problematische Einengung gewertet wird, kann nur vor dem Hintergrund der jeweiligen Forschungsinteressen beantwortet werden. Was die Trennung von Anzeigeform und Geräteform betrifft – dies sei hier noch ergänzt –, sind Nakes weitere Überlegungen beachtenswert, die aufzeigen, dass die Anzeigeform eine Tendenz aufweist, in der Wahrnehmung des Spielers die Geräteform zu dominieren – stets vorausgesetzt, die Bedienung der Geräteform wurde erlernt und funktioniert reibungslos.

> »Nach einer Gewöhnungszeit an die kognitive Distanz, die wir überwinden müssen, ist es uns, als manipulierten wir selbst den Ort der Anzeigeform. Wir reden seit Ben Shneiderman [Shneiderman 1983] von der ›direkten Manipulation‹. Das ist zwar falsch, aber gerechtfertigt.« (Nake 2008: 140)

AVATAR(E) & AVATAR-THEORIE(N)

Die Bezeichnung *Avatar* wird i.d.R. für verschiedene Formen grafischer Stellvertreter des Spielers innerhalb der Spielwelt verwendet. Der Begriff stammt ursprünglich aus dem Sanskrit und bezeichnet die Inkarnation einer Gottheit auf Erden; genauer: »eine Inkarnation des Gottes Vishnu, der zwar

3 Und im Rahmen der rezeptionsästhetischen Grundierung dieser Arbeit ließe sich ergänzen: Es geht nie um die tatsächliche Rezeptionssituation, d.h. um Fragestellungen einer empirischen Rezeptionsforschung, sondern um Rezeptions- bzw. Handlungs*angebote* des Computerspiel(bilde)s.

ständig in seinem göttlichen Reich bleibt, aber zeitlich begrenzt zugleich auch auf Erden als endliches Wesen erscheinen kann, um dem Bösen zu wehren und Unheil abzuwenden« (Wesseley 1997: 177-178).

Populär wurden Avatare als Repräsentationen des Spielers/Users im Zusammenhang mit Neil Stephensons Cyberpunk-Roman *Snow Crash*, wobei Stephensons Behauptung, den Begriff in dieser Form der Verwendung erfunden zu haben (vgl. Stephenson 1994 [1992]: 533), diskussionswürdig erscheint, da bereits die Spieler-Figuren in ULTIMA IV (1985) und im Online-Rollenspiel HABITAT (1986) als Avatare bezeichnet wurden (vgl. Morningstar/Farmer 1991; Bartels 2007: 89; Waggoner 2009: 185).

Die Beiträge zu Avatar-Theorien zielen in erster Linie auf den allgemeinen Bereich der Avatar-Spieler-Bindung (exemplarisch: Adamowsky 2000; Neitzel 2004; Wiemer 2004; Klevjer 2006; Schlüter 2008)[4] und operieren oft nur am Rande mit bildwissenschaftlichen Fragestellungen. Auffällig ist dabei vor allem, dass Avatarfiguren, oder genauer: Körperdarstellungen von Avataren (Flanagan 1999; Poole 2000: Kap. 7; Deuber-Mankowsky 2001; Newman 2004: Kap. 8; Dovey/Kennedy 2006: Kap. 6; Stoll 2009), meist eher an Konzeptzeichnungen oder Rendermodellen diskutiert werden, die aus der Spielansicht herausgelöst sind.[5] Insbesondere Nic Kelmans Arbeit *Video Game Art* (2005) ist hier zu nennen. Kelman bietet eine der bislang umfassendsten Studien zu Avatarfiguren, jedoch bleibt in der Zusammenschau verschiedener Figurentypen die Visualisierung des Avatars in der eigentlichen Spiel-Perspektive fast vollständig unberücksichtigt.

Vor diesem Hintergrund gilt es eine erste Begriffsfokussierung vorzunehmen: Wenn im Folgenden von *Avatarbildern* die Rede ist, ist stets die *steuerbare Avatarfigur innerhalb der Spielansicht* gemeint – denn erst hier wird der Avatar zum zentralen Element der Bild-Spieler-Schnittstelle. Die Minimal-Definition des Avatars *als grafischer Stellvertreter des Spielers*

4 Oder auch weiterführend auf paratextuelle Identitätsdiskurse (vgl. etwa Jörissen 2008; Waggoner 2009; Felsmann 2011).

5 Gleiches gilt für viele populärwissenschaftliche Making Of- und Digital Art-Bände, etwa die *d'artiste*- und die *The Art of the Game*-Reihe. Auch hier wird den verschiedenen Stadien der Figurenerstellung (Concept-Art, Renderentwürfe etc.) i.d.R. mehr Aufmerksamkeit geschenkt als dem ›Endprodukt‹ in der Spielansicht.

(– *im Spiel* – so könnte man hinzufügen) legt eine solche Einschränkung zwar bereits nahe, doch steht sie der gebräuchlichen Verwendungsweise des Begriffs z.T. entgegen. Denn so wird auch die Darstellung der Spielerfigur in nicht-inaktiven Cut-Scenes meist als Avatar bezeichnet; gleiches gilt für Abbildungen auf Spielcovern, in Handbüchern oder in anderen paratextuellen Materialien (vgl. hierzu auch Jörissen 2008: 281-292).[6] Im Fall der Figurendarstellung der Cut-Scene, des Covers etc. wird deshalb im Folgenden (im Hinblick auf narrative Aspekte) lediglich von einem Protagonisten bzw. einer Protagonistin gesprochen, fehlt diesen Darstellungen doch das interaktive Moment und die stetige Spannung zwischen Spielsystem- und Spielwelt-Ansicht.

Doch auch im Rahmen einer Beschränkung auf Spieldarstellungen, erweist sich die Definition des Avatars als grafischer Stellvertreter des Spielers noch als recht vage, insbesondere im Hinblick auf die bildlichen Eigenschaften des Avatars. Als vermeintlich eindeutiges Kriterium ergibt sich natürlich, dass der Avatar ein manipulierbares, ein steuerbares Element des interaktiven Bildes ist. Die medialen Spezifika einer solchen bildlichen Interaktion gilt es im Folgenden noch ausführlich zu diskutieren (vgl. Kap. I), doch ganz davon abgesehen, dass es für einen bildwissenschaftlichen Ansatz äußerst unbefriedigend erscheint, die Avatarfigur nur anhand ihrer Steuerbarkeit zu bestimmen, zeigt sich, dass diese Definition zwar grundlegend, aber keineswegs hinreichend ist – denn damit ließen sich bspw. sowohl ein Cursor als auch ein TETRIS-Block (Tetrimino) als Avatare kategorisieren. Entscheidend ist deshalb zunächst einmal die Frage, inwieweit es (neben der Steuerbarkeit) ›typische‹ bildliche Indikatoren für eine

---

6 Einen Grenzfall der hier vorgenommenen Begriffsfokussierung bilden Darstellungen des Avatars in den Menü-Screens eines Spiels, d.h. bspw. in Inventar- oder Ausrüstungsbildschirmen. Zwar sind diese Menü-Ansichten natürlich dem Bereich der (interaktiven) Computerspielbilder zuzurechnen, doch bilden sie i.d.R. lediglich einen zusätzlichen, einen sekundären Darstellungsmodus. Anders formuliert: In den Menü-Screens ist der Avatar aus der Spielwelt – genauer: aus der primären Raumdarstellung der Spielwelt (vgl. Günzel 2008c: 124-128) – herausgelöst. Dementsprechend werden diese Darstellungsmodi hier nur am Rande behandelt. (Interface-Elemente innerhalb der (primären) Spielwelt-Ansicht werden in Kap. III ausführlich diskutiert.)

Avatarfigur gibt, oder vielmehr: ob bestimmte Bildelemente *keine* Avatare sein können.

Die beiden wesentlichen Kategorien, die es hier zu unterscheiden gilt, sind (1) die Positionierung bzw. die Perspektivierung des Avatars sowie (2) sein Erscheinungsbild.

Ad 1 – Positionierung/Perspektivierung. Der Avatar kann bspw. in Form einer 2D-Seitenansicht, als Rückenfigur in einer dreidimensionalen Spielwelt oder auch in der First-Person-View als ›Träger‹ der subjektiven Perspektive in Erscheinung treten. Viele dieser Darstellungsarten haben charakteristische Ansichten hervorgebracht, doch weisen sie letztlich allesamt einen großen Variantenreichtum auf, sowohl hinsichtlich der Positionierung der Avatarfigur wie auch der Perspektive. So ist etwa der Avatar in der 2D-Seitenansicht, obgleich häufig eine Zentrierung des Bildes um die Avatarfigur zu beobachten ist, keinesfalls an eine bestimmte Position gebunden (vgl. Kap. II); viele Third-Person-Ansichten erlauben ein freies Rotieren der Kamera um die Avatarfigur, so dass nicht nur die typischen Rücken-, sondern bspw. auch Vorderansichten möglich sind (vgl. Kap. II & IV); selbst die zunächst scheinbar eindeutig zu bestimmende First-Person-Perspektive erlaubt in ihren unterschiedlichen Stilisierungen zahlreiche Abweichungen (vgl. Kap. V). Vorläufiges Fazit: Es gibt bestimmte typische (oder besser: spielfunktional konventionalisierte) Positionierungen bzw. Perspektivierungen von Avatarfiguren, deren Varianten- und Kombinationsvielfalt aber nur über weiche wie flexible Kategoriengrenzen beschrieben werden kann – dies soll in den folgenden Kapiteln geschehen.

Ad 2 – Erscheinungsbild. Zwar dürfte es sich bei einem Großteil der Avatare um menschliche Figuren handeln – oder zumindest um humanoide Wesen, deren Körperlichkeit manchmal »ins Großartige, Martialische, Fantastische oder sogar Monströse überboten« (Brincken 2009: 70) ist. Ebenso sind jedoch bspw. auch diverse ›realistische‹ wie phantastische Tierarten (etwa ein(e) Wolf(-sgottheit) (ŌKAMI), eine Spinne und ein Skorpion (DEADLY CREATURES), eine Eule (LEGEND OF THE GUARDIANS)) oder Roboter (MACHINARIUM, TRANSFORMERS: WAR FOR CYBERTRON) vertreten. Skurriler geht es im SUPER MARIO-Universum zu, wenn ein Pilz als Avatar gewählt werden kann. Im Jump'n'Run GISH ist die Spielfigur gar ein Teerklumpen (Abb. 01/02).

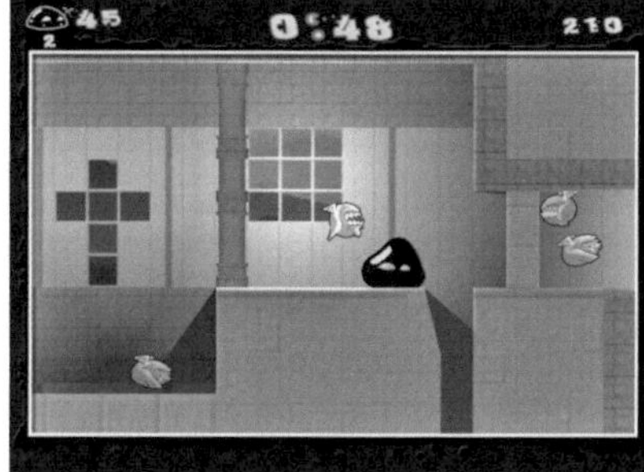

Abb. 01: Gish (2004)

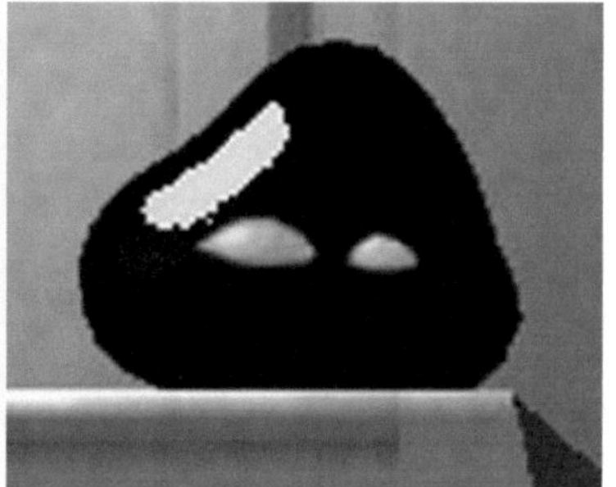

Abb. 02: Gish (2004), Detail

Allerdings bieten auch diese recht bizarren Avatarfiguren dem Spieler i.d.R. die Möglichkeit zur Anthropomorphisierung. Oder mit Jörg von Brincken formuliert: »Bei der imaginativen Assoziation mit den Avataren der Cyberuniversen geben figürliche Körperrepräsentationen den zentralen identifikatorischen Rahmen vor.« (Brincken 2009: 69; vgl. hierzu auch Schatter 2011) So verfügt der genannte Pilz über Extremitäten, ein Gesicht sowie Kleidung und hört auf den Namen Toad; der Teerklumpen besitzt immerhin ein Augenpaar. Es mag einzuwenden sein, dass in einigen Fällen eine Anthropomorphisierung unwahrscheinlich ist, etwa bei Rennspielen (oder Flugsimulationen etc.), bei denen der Avatar nur in Form eines Autos (etc.) visualisiert wird – hierauf verweist z.B. auch James Newman und leitet daraus seine *Vehikel-Metapher* für Avatare ab (vgl. Newman 2002 sowie die folgenden Absätze). Einer solchen Argumentation ist aber zu entgegnen, dass sich der Spieler kaum als Fahrzeug, sondern i.d.R. als Fahrer-des-Fahrzeugs sehen wird, auch wenn ein Spiel explizit auf die Darstellung von Fahrerfiguren verzichtet.[7]

Doch bedeutet dies, dass es im Fall des einleitend genannten Cursors bzw. des Tetriminos genügt, diese mit figürlichen Merkmalen (etwa dem beschriebenen Augenpaar) auszustatten, um sie als Avatare klassifizieren zu können? Denn beide Elemente sind darüber hinaus grafische Repräsentationen des Spielers, beide werden (im Fall des Tetriminos zumindest kurzzeitig) vom Spieler gesteuert. An dieser Stelle deutet sich bereits an,

7 Wie etwa die BURNOUT-Serie; da hier das (möglichst spektakuläre) ›Crashen‹ des Spiel-Vehikels zum Spielprinzip gehört, entschieden sich die Entwickler für eine unblutige Darstellung, die keine Sicht in das Fahrercockpit erlaubt.

dass für die Definition des Avatars ein weiterer Aspekt hinzugezogen werden muss: eine narrative Überformung der Spieldarstellung, d.h. die Realisierung einer diegetisch (geschlossenen) Spielwelt (vgl. hierzu auch Kap. IV). In dieser Hinsicht müssen sowohl die Kategorien der Positionierung/Perspektivierung sowie des Erscheinungsbildes erweitert bzw. spezifiziert werden.

So lassen sich Avatar und Cursor recht eindeutig voneinander abgrenzen: Die Avatarfigur ist stets Teil der diegetischen Spielwelt. Sie ist ein intradiegetischer *Point of Action* (Neitzel 2007a; vgl. Kap. III). Der Cursor hingegen besitzt i.d.R. einen paradoxen diegetischen Status. Er kann Gegenstände in der Spielwelt manipulieren, wird aber nicht von den Figuren der Spielwelt wahrgenommen; er befindet sich ›oberhalb‹ der Spielwelt auf einer extradiegetischen Ebene (obgleich Kap. III die Grenzfälle dieser Definition aufzeigen wird).

Die Frage, warum ein (anthropomorphisierter) Tetrimino kein Avatar ist, lässt sich nicht anhand solch trennscharfer Kategorien beantworten. Vielmehr verweist sie auf verschiedene Faktoren, die nur graduell beschrieben werden können: Erstens scheint die Avatarfigur ein bestimmtes Mindestmaß an narrativer Überformung der Spielwelt vorauszusetzen, das von abstrakten Puzzlespielen wie TETRIS[8] nicht (oder nicht hinreichend) realisiert wird. Zweitens erscheint die Dauer bzw. Beständigkeit der Spieler-Avatar-Kopplung von Bedeutung. Zwar findet auch in einigen Avatar-basierten Spielen ein ›Switchen‹ zwischen verschiedenen Figuren statt, allerdings werden diese Wechsel i.d.R. narrativ plausibilisiert und fallen länger sowie unregelmäßiger aus (etwa in JERICHO, GHOST RECON oder GEIST; vgl. Beil 2010: 80-84; Günzel 2009), d.h. sie haben einen grundlegend anderen Charakter als die nur durch das Game over zu beendende Kaskade

8 Erstaulicherweise – und dies entbehrt vor dem berühmt-berüchtigten Narratologie-Ludologie-Disput der Game Studies (vgl. FN 21) nicht einer gewissen Ironie – wird gerade TETRIS immer wieder gern als narratives Szenario beschrieben (vgl. Buerkle 2010). Gleichermaßen bekannt wie umstritten ist die Interpretation von Janet Murray, die TETRIS als Metapher des modernen (Arbeits-)Lebens sieht: »[TETRIS] is a perfect enactment of the lives of Americans in the 1990s – of the constant bombardment of tasks that demand our attention and that we must somehow fit into our overcrowded schedules and clear off our desk in order to make room for the next onslaught.« (Murray 1997: 144)

der Blockwechsel in TETRIS. Drittens lässt sich schließlich ergänzen, dass bspw. in TETRIS die Spieler-Spielwelt-Bindung weniger über den einzelnen Spielstein erfolgt, sondern – abstrakter – gewissermaßen über die Menge aller Spielsteine. So berichtet Newman:

»As one of my PhD field research participants boldly but insightfully proclaimed, ›when I play TETRIS, I am a tetramino‹. In exploring these issues more thoroughly, they suggested that they didn't consider themselves to be a single TETRIS block so much as every TETRIS block whether falling, fallen or yet to fall.« (Newmann 2002: o.S.)

Eine solche Spieler-Spielwelt-Bindung entspricht somit eher dem von Ted Friedman (1995) in Anlehnung an Donna Haraway (1991 [1985]) beschriebenen »cyborgian consciousness«[9] und realisiert keine der Form *Avatarial Prosthesis* (Klevjer 2006; vgl. den folgenden Abschnitt).

INSTRUMENTAL & FICTIONAL AGENCY

Prägend für die Diskussion des Avatars in den Game Studies waren und sind vor allem zwei Positionen: diejenigen, die den Werkzeug- oder Extension-Charakter des Avatars betonen (exemplarisch: Newman 2002; 2004), und diejenigen Ansätze, die den (Spiel-)Werkzeug- und (Erzähl-)Figur-Status des Avatars zu verbinden versuchen (insbesondere Klevjer 2006).

James Newman unterscheidet bspw. zwischen einem »On-Line-« und einem »Off-Line-Avatar« und unterteilt das Spielerlebnis in »controlling/ergodic« und »non-controlling/non-ergodic« (Newman 2002: o.S.):

---

9 »It's very hard to describe what it feels like when you're ›lost‹ inside a computer game, precisely because at that moment your sense of self has been fundamentally transformed. Flowing through a continuous series of decisions made almost automatically, hardly aware of the passage of time, you form a symbiotic circuit with the computer, a version of the cyborgian consciousness described by Donna Haraway in her influential *Manifesto for Cyborgs*. The computer comes to feel like an organic extension of your consciousness, and you may feel like an extension of the computer itself.« (Friedman 1995: o.S.)

»On-Line refers to the state of ergodic participation that we would, in a commonsense manner, think of as ›playing the game‹.« (Ebd.)

»Off-Line engagement, could be seen as equating with non-ergodicity, and while it is important we do not allow ourselves to confuse this with passivity […], Off-Line describes periods where no registered input control is received from the player.« (Ebd.)

Der Off-Line-Avatar kann, ähnlich einer Figur im Film, als »character« gesehen werden. Der On-Line-Avatar verliert hingegen während der Interaktionsphasen die Eigenschaften einer Figur und wird vielmehr zu einem Werkzeug oder einem »vehicle«, »a suite of characteristics or equipment utilised and embodied by the controlling player« (ebd.):

»During the interactive sequences of videogame play, it does not make sense to talk of player-characters as independent entities. There is no ›Mario‹ or ›Sonic‹ to the player – there is only ›me‹ in the gameworld and the functionality of the sphere of action via which the game's narrative may be engaged with.« (Newman 2004: 134)

»Characters On-Line are embodied as sets of available capabilities and capacities. They are equipment to be utilised in the gameworld by the player. They are vehicles. This is easier to come to terms with when we think of a racing game like GRAN TURISMO where we drive a literal vehicle, but I am suggesting that, despite their representational traits, we can think of all videogame characters in this manner.« (Newman 2002: o.S.)

Das Äußere des On-Line-Avatars spiele somit praktisch keine Rolle, da es nur auf eine Funktionalität des Avatars verweise, die die Interaktionen mit der Spielwelt ermöglicht – sei es als Positions- und Statusanzeige oder als ›Universalwerkzeug‹.

Eine anders zugespitzte Werkzeug-Metapher verwenden kybernetisch geprägte Ansätze. Hier wird der Avatar als Werkzeug zur ›Erweiterung‹ des Spielers, zu einer *Extension* (im Sinne McLuhans (1964)). Somit wird –

ähnlich wie bei Friedman (1995) – der kybernetische Charakter, das Rückkopplungsverhältnis zwischen Spieler und Avatar,[10] betont:

»Spielerin und Avatar funktionieren zusammen. Es wird *eine* Handlung ausgeführt. Das bedeutet, dass dieser Ansatz auf dem Aspekt der körperlichen Annäherung beruht und weniger auf dem Aspekt der Repräsentation. Der Avatar bezeichnet den Spieler nicht, es besteht vielmehr ein Rückkopplungsverhältnis zwischen beiden.« (Neitzel 2004: 198-199; Herv. i.O.)

Rune Klevjer hingegen sieht den Avatar als »*reflexive* extension« (2006: 95; Herv. i.O.). Der Avatar ist *gleichzeitig* Schnittstelle/Erweiterung *und* ein Element der diegetischen Spielwelt – somit ergibt sich ein grundlegender Unterschied zum reinen Werkzeug-Status:

»The avatar is not just acting upon, but also being acted upon and affected by; it is submitted to and exposed to its environment. In contrast, tools do not belong to the environment; what we are interested in is their capacity to alter the environment, not their capacity to become altered by it.« (Ebd.: 95)

Damit verbindet der Avatar – anders als ein Werkzeug – den ›User‹ nicht direkt mit der virtuellen Welt, sondern generiert einen separaten neuen Körper innerhalb der Spielwelt:

»[U]nlike an instrumental extension (a tool), the avatar does not expose our actual bodies to the environment; it only exposes itself, as a *vicarious* body. In contrast, a walking stick, a tennis racket or a car extends the functioning of the body directly and sets up a new bodily space which could potentially hurt it. Perceptual tools do

10 In der Diskussion dieses Rückkopplungsverhältnisses taucht dementsprechend (wiederum) die prominente Figur des Cyborgs auf (vgl. bspw. Huhtamo 1995; Lahti 2003): »[The] understanding of gameplay as a cybernetic loop in which player and game are inseparable for the duration of the game is a compelling literalization of the ontology of the cyborg – a subjectivity that depends precisely on this collapse of boundary between the human and the machine. [...] In the lived enactment of gameplay there is no player separate to the interface and game world; there is a fusion of the two into a cyborgian subjectivity – composed of wires, machines, code and flesh.« (Dovey/Kennedy 2006: 109)

extend and transform the ›incarnated mind‹ of the body, but they do not *themselves* mimic the position and destiny of an incarnated mind. [...] [T]he whole point of engaging with an avatarial extension is that it is subjected to and resides in its environment on behalf of the player. [...] The principle of the avatar offers a playful and exploratory mode of being-in-the-world; it temporarily transforms our situation on the level of perception and action, allowing us to try out and struggle with new kinds of bodies and bodily spaces.« (Ebd.: 96; Herv. i.O.)

Das Rückkopplungsverhältnis stellt sich somit komplexer dar als bei ›klassischen‹ Werkzeugen. Der Avatar wird nicht zur Extension des Spielers. Vielmehr stellt der Avatar einerseits die zentrale Kopplungsmöglichkeit zwischen Spieler und Spielwelt dar, andererseits akzentuiert er aber auch die Grenzen der virtuellen Welt. Klevjer spricht hier von einer »built-in ambiguity in avatar-based play« (ebd.: 208):

»Because avatars mediate a *vicarious* corporeality on behalf of the player, they may serve to confirm the boundary between self and technology [...] as much as they transgress it. [...] The vehicular avatar, even when explicitly technologised as a futuristic or fantastic machine-body of some sort, gets in-between the player and the cybernetic machine, as a replacement for rather than as a manifestation of cyborg consciousness.« (Ebd.; Herv. i.O.)

Somit ist das Ziel einer »avatarial prosthesis« (ebd.: 161) nie die ›Verschmelzung‹ von Avatar und Spieler. Der Spieler wird nicht zum Avatar,[11] sondern übernimmt lediglich Handlungsoptionen innerhalb der Spielwelt (vgl. hierzu auch Neitzel 2004: 196-208):

»The ›reference point‹ of the fictional universe is not seen as an inner (and optional) frame of character identification or role-playing, but as a frame that is already *given* by the fact that we are acting through the avatar.« (Klevjer 2006: 71; Herv. i.O.)

11 Ansätzen, die aus einer diegetisch prägnanten Avatarfigur eine größere Distanz zur Spielwelt herleiten und damit für narrativ bewusst schwach ausgearbeitete Spielerfiguren plädieren (vgl. bspw. Eichner 2005; Schirra/Carl-McGrath 2002), muss hier deshalb klar widersprochen werden.

»The avatar [...] gives the player a meaningful embodied presence and agency within the screen-projected environment of the game. Because it is a model [...] the avatar is not just significant because of what it can do, but because of what happens to it. It is this vicarious body, this re-oriented subject-position, that establishes what we may call [...] the ›framing‹ of the fictional world for the player. Through the avatar, instrumental agency is replaced with fictional agency and fictional destiny.« (Ebd.: 130)[12]

Dass für die folgenden Überlegungen der Ansatz von Klevjer favorisiert wird, dürfte bereits anhand der rhetorischen Führung der vorangegangenen Absätze deutlich geworden sein. Zwar kann Newmans Thesen ein bestimmter heuristischer Wert kaum abgesprochen werden, Klevjers Ansatz ist jedoch insgesamt elaborierter und differenzierter. In welcher Art und Weise sich eine »built-in ambiguity in avatar-based play« nun bildlich manifestiert, wird somit eine zentrale Ausgangsfrage der folgenden Kapitel sein.

(K)EINE STILGESCHICHTE DES AVATARBILDES

Zum Abschluss dieser Einleitung einige Anmerkungen zur historischen Perspektive der folgenden Überlegungen zum Avatarbild: Wenn im Titel dieser Arbeit auf das *zeitgenössische* Computerspiel(bild) Bezug genommen wird, impliziert dies eine Form der Entwicklungsgeschichte, die, obgleich das Computerspiel erst wenige Jahrzehnte jung ist, eine Abgrenzung zwischen der Bildlichkeit aktueller und älterer Spiele nötig zu machen scheint. Doch wie sieht diese Entwicklungsgeschichte aus?

---

12 Darüber hinaus betonen einige Avatarfiguren ihre »fictional agency«, oder in diesem Fall vielmehr ihren ›eigenständigen‹ fiktionalen Status, sogar noch durch eine Art von ›Spielpausen-Aktivität‹, die sich mit Alexander Galloway als »Ambience Act« (2006a: 10) beschreiben lässt. So verfügt etwa der Avatar in KIRBY'S EPIC YARN über eine Reihe von ›Pausen-Animationen‹; manchmal beginnt er Seil zu springen, ein anderes Mal schläft er ein. In einigen Fällen können solche Ambience Acts gar metaleptischen Charakter besitzen. So beginnt die Avatarfigur in SACRED 2: FALLEN ANGEL, wenn längere Zeit keine Steuerungsbefehle erfolgen, nach dem Spieler zu rufen.

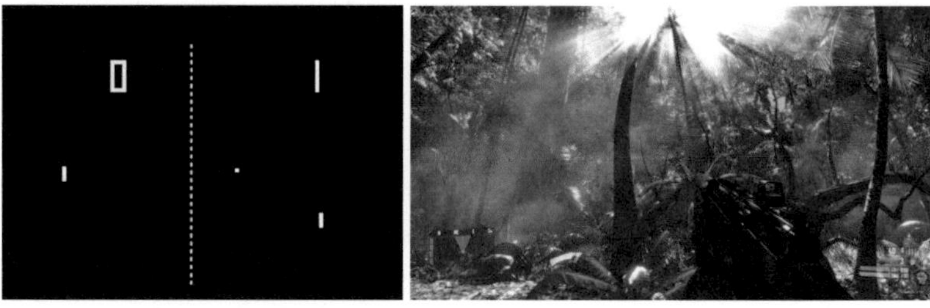

Abb. 03: Pong (1972) *Abb. 04: Crysis (2007)*

Auf den ersten Blick ist sie vor allem eines – rasant. Denn kaum ein anderes Medium ist in seinem ästhetischen Erscheinungsbild derart von der schnellen Entwicklung der technischen Plattform geprägt. Oder mit den Worten Sean Fentys:

»[The video game] was born and bred in an acceleration engine where rapid change is a constant. [...] It is an industry fueled by the promise of a tomorrow of more – more visual detail, more immersion, and more interactive freedom.« (Fenty 2008: 20)

Sebastian Felzmann beschreibt den weitgespannten Entwicklungsbogen von der Anfangszeit der Computerspiele bis hin zu zeitgenössischen Titeln wie folgt:

»Zwischen PONG und CRYSIS liegen lediglich knapp fünfunddreißig Jahre Computergeschichte. Die Unterschiede zwischen beiden Spielen sind aber so gravierend wie die zwischen steinzeitlicher Höhlenmalerei und der Malerei des Realismus und zeigen, wie rasant und nachhaltig der Fortschritt verlief und weiter verläuft, welchem das gesamte Dispositiv Videospiel unterliegt.« (Felzmann 2010: 198)

Auch wenn die Analogie zur Entwicklungsgeschichte der Malerei sicherlich diskussionswürdig ist – doch dazu später mehr –, ist der Betonung der großen Spannweite der grafischen Entwicklung, die von einer aus wenigen weißen Rechtecken bestehenden, bildräumlich weitgehend undefinierten Spielansicht in PONG zu den illusionistischen dreidimensionalen Welten von CRYSIS führt, durchaus beizupflichten. Die Folgerung, die Felzmann aus dieser Gegenüberstellung zieht, erscheint allerdings zu kurz gegriffen: »Daher kann man sagen, dass die Entwicklung der Ästhetik der Videospiele von einer ursprünglich abstrakten Darstellung zu einer immer konkreteren Simulation von Realitätseindrücken verläuft.« (Ebd.: 199)

Doch so bemerkenswert die (grafische) Entwicklung von PONG zu CRYSIS ausfallen mag, noch bemerkenswerter ist, dass trotz fortgeschrittener Technik und dem Siegeszug der 3D-Grafik seit Anfang der 1990er Jahre immer noch nahezu alle Darstellungsmodi in aktuellen Spielen Verwendung finden. So scheint die Entwicklungsgeschichte des Computerspiels zwar einerseits einer Form des (Foto-)Realismus' zu frönen,[13] andererseits stehen einer solchen zielgerichteten ›Evolution‹ aber unzählige Beispiele für Diskontinuitäten, Stilisierungen und Hybridisierungen entgegen (vgl. Beil 2009a). Wichtig hierbei ist: Die ›friedliche Ko-Existenz‹ verschiedener Darstellungsarten ist nicht allein auf die diversen unterschiedlich leistungsfähigen Hardwareplattformen – von Handheld-Systemen bis hin zu High-End-PCs – zurückzuführen, sondern in vielen Fällen eine weniger technisch, sondern eher ästhetisch geprägte Entscheidung – »videogames are becoming even more creatively iconic« (Poole 2000: 136). Zugespitzt formuliert: Computerspielbilder werden nicht in erster Linie *realistischer*, sie werden vor allem *vielfältiger*. Die technische Entwicklung strebt nicht zielgerichtet einer »Simulation von Realitätseindrücken« entgegen, sie erweitert vielmehr stetig das Darstellungsrepertoire des Computerspiels.

Und es lässt sich ergänzen: Eine stetige Erhöhung der verfügbaren Rechenleistung bedeutet keineswegs, dass das Computerspielbild analog zur Rechenleistung ästhetisch komplexer oder kunstvoller – oder welches Adjektiv man hier auch immer einsetzen möchte – wird. So ist die gestiegene Rechenleistung hier lediglich als eine nicht unwichtige aber keinesfalls als die alleinige Ursache der bereits beschriebenen Steigerung der Vielfalt des Computerspielbildes zu sehen. Mit Christian Metz lässt sich pointiert schließen: Eine technische Erfindung kann »ein Kunstproblem nicht lösen,

---

13 Doch auch hier ließe sich einwenden, dass sich viele der typischerweise einer fotorealistischen Strömung zugeordneten Spielwelten letztlich als relativ deutlich stilisierte Computerspielbilder entpuppen. So findet sich etwa in den Produktionsnotizen des vermeintlich dem Fotorealismus entgegen strebenden Action-Adventures UNCHARTED 2: AMONG THIEVES die Anmerkung: »UNCHARTED 2's environments are meant to be hyper-real, where every building is taller, the mountains bigger, the cliffs steeper, the oceans more vast, and the colors brighter. Everything is stylized to some degree.« (Wade 2010: 227)

sie kann es nur stellen, bevor eine zweite, regelrechte ästhetische Erfindung auftaucht, um es ihrerseits zu lösen. Das ist die bekannte Dialektik zwischen dem langfristigen Fortschritt und dem Regress im Unmittelbaren.« (Metz 1972, 83)

DAS FORMBARE BILD

Zieht man die Diskussion um *digitale Bilder* hinzu, erweist sich der Verweis auf die wachsende Vielfalt des zeitgenössischen Computerspielbildes im Grunde als ein zwangsläufiges Fazit.[14] Denn Computern stehen im Prinzip alle berechenbaren bildlichen Darstellungsformen zur Verfügung – auch wenn bestimmte (Echtzeit-)Berechnungen (gerade im Fall des Computerspiels) in der Praxis zu aufwendig sind:

»Computer sind programmierbare Maschinen. Sie geben an sich nichts (oder doch nur sehr wenig) vor. Sie können das sein und das tun, was (überhaupt, in angemessener Zeit und mit angemessenen Ressourcen) berechnet werden kann und wofür geeignete Ein- und Ausgabegeräte zur Verfügung stehen.« (Beil/Schröter 2011: 128)

---

14 In diesem Zusammenhang ließe sich auch die Frage formulieren, warum die Diskussion zu *digitalen Bildern* hier nicht ohnehin als Ausgangspunkt für die Analyse von Avatarbildern genutzt wird. Doch muss sich zeigen, dass eine Erweiterung des Fokus' von *Computerspielbildern* hin zur Kategorie der *digitalen* oder *computergenerierten Bilder* zwar den Zugang zu einer weitaus größeren (insbesondere in den letzten Jahren kaum noch überschaubaren) Zahl von bildwissenschaftlichen Beiträgen eröffnet, allerdings auf Kosten der Spezifik. Zwar sind viele der in diesem Bereich prominent diskutierten Fragestellungen auch für das Computerspielbild durchaus von Relevanz, etwa die kritische Hinterfragung eines vermeintlichen ›Realismusanspruchs‹ digitaler Bilder (vgl. etwa Mitchell 2007; Schröter 2009). Jedoch bieten diese Diskurse i.d.R. eher schwache Anknüpfungspunkte, da wichtige Elemente des Computerspiels – insbesondere spielfunktionale und narrative Aspekte oder eben auch Avatar-basierte Interaktionsformen – kaum Beachtung finden. So verwundert es nicht, dass Computerspielbilder in diesem Bereich i.d.R. nur eine Randerscheinung darstellen (exemplarisch: Schirra 2005: 127-129).

»Der Computer ist von sich aus ein ›unvoreingenommener‹ Integrator aller je festgehaltenen bildnerischen Regeln.« (Groh 2005: 51)

Die interessante Eigenschaft (generierter oder nachbearbeiteter)[15] digitaler Bilder gegenüber den vorhergehenden technischen Bildmedien ist also, dass theoretisch alle Arten von Darstellungsverfahren – fotorealistische wie nicht-fotorealistische (vgl. Strothotte/Schlechtweg 2002) – gleichermaßen optional sind. In diesem Punkt steht das Computerbild somit etwa der Malerei näher als den (durch die Gesetze der Optik geprägten) fotografischen und filmischen Bildern. So wurde bereits 1968 der Computer von Licklider und Taylor als »moldable medium« (1968: 22), als formbares Medium bezeichnet. Wobei eine solche Formbarkeit keineswegs mit einer Art ›Formlosigkeit‹ gleichgesetzt werden darf. Oder aus intermedialer Perspektive argumentiert:

»Einerseits können die selbst unspezifischen Computer [...] mathematisch alle formalisierbaren ›medienspezifischen‹ Formen approximativ simulieren oder einfach samplen, dadurch von ihren materialen Substraten ablösen und vielfältig archivier-, kombinier- und transformierbar machen.« (Schröter 2008: 584)

Doch andererseits ist

»[d]ie These, alle bisherigen Medien würden im ›Universalmedium‹ [Computer] irgendwie ›verschmelzen‹ [...] viel zu vage. Vielmehr bestehen sie [...] als Formen weiter, die das lose gekoppelte Medium des Digitalen strikter koppeln können – und müssen, denn der digitale Code ist an sich weitgehend unbestimmt und wird erst durch eine solche Kopplung überhaupt ein ›Medium‹ (oder etwas anderes).« (Paech/Schröter 2008: 11)

15 Heuristisch kann man bei digitalen Bildern zwischen *digitalisierten* und *generierten* Bildern unterscheiden. Bei digitalisierten Bildern werden (per Digitalkamera und Scanner) abgetastete Lichtwerte in digitalen Code umgesetzt. Generierte Bilder hingegen werden (etwa mit Grafikprogrammen) algorithmisch erzeugt (vgl. Schröter 2004b). In vielen Fällen liegen Mischformen vor, d.h. digital nachbearbeitete digitalisierte Bilder oder generierte Bilder, in die digitalisiertes Bildmaterial eingearbeitet wurde. Die folgenden Überlegungen beziehen sich stets auf generierte Bilder oder Mischformen – diejenigen Bildtypen also, die im Computerspiel Verwendung finden.

Anders formuliert: Zwar sind Überlegungen zur Auflösung medialer Stilmerkmale in der Tradition historischer und aktueller Intermedialitätsdebatten nicht untypisch, denn natürlich ist nicht nur im Fall des Computerspiels feststellbar, dass Einzelmedien »rapide an struktureller Orientierungsleistung verloren haben« (Leschke 2010: 7). Allerdings ändert dieser Umstand letztlich wenig an der ästhetischen Relevanz bestimmter Stilformen – innerhalb wie außerhalb des akademischen Diskurses.

Doch was bedeutet diese stilistische Vielfalt – oder vielleicht besser: das stilistische Durcheinander – nun für die Bildlichkeit des zeitgenössischen Computerspiels? Der durch die TWISTED METAL-Spiele und die GOD OF WAR-Reihe bekannt gewordene Computerspiel-Designer David Jaffe beschrieb 2008 eine Demo des Action-Adventures GOD OF WAR III mit den Worten: »It looks like a painting come to life.«[16] Nun kann eine solche Äußerung schlicht als (nicht zuletzt auch vermarktungswirksamer) Versuch gesehen werden, dass noch junge Medium Computerspiel »im Rahmen der Malereitradition zu nobilitieren und damit eine entsprechende Positionierung innerhalb der gültigen Rangfolge der künstlerischen Bilder zu erzielen« (Spies 2007: 162). Doch ergibt sich damit eine durchaus problematische Perspektive, die Jacques Aumont einst für den Vergleich von Film und Malerei sehr treffend beschrieben hat: »Man droht stets in die Sackgasse aller Reflexionen über den Film als *belebte* Malerei zurückzufallen.« (Aumont 1992: 80; Herv. i.O.)

> »Wenn nun Film und Malerei in Beziehung zueinander oder vielmehr in einem Verwandtschaftsverhältnis stehen, so impliziert dies weder ein Plagiat der einen Kunst durch die andere noch ein paralleles Arbeiten über gemeinsame Problemstellungen, sondern einzig die Wiederaufnahme von Fragen, Konzepten, Prinzipien, die im Laufe der Geschichte der repräsentativen abendländischen Malerei (zum größten Teil *vor* der Erfindung des Kinos) entwickelt wurden, durch den Film oder vielmehr durch die Kunst des Films als visueller und narrativer Kunst.« (Ebd.: 79; Herv. i.O.)

Gleiches gilt für den Formentransfer zwischen Computerspiel und Malerei (Fotografie, Film etc.). Was die »Wiederaufnahme von Fragen, Konzepten, Prinzipien« betrifft, so wird einer solchen Perspektive in Kap. IV (exempla-

---

16 http://www.totalvideogames.com/God-of-War-III/news/God-of-War-III-Looks-Like-A-Painting-Come-To-Life-Jaffe-13465.html

risch mit Bezug auf das Motiv der Rückenfigur) detailliert nachgegangen. Zunächst einmal bleibt schlicht anzuerkennen, dass das stetig wachsende visuelle Repertoire des zeitgenössischen Computerspiels durch eine Vielzahl intermedialer Anspielungen und Stilimporte wesentlich geprägt ist. So ist etwa der Cel-Shading-Look des First-Person-Shooters XIII unübersehbar durch den grafischen Stil der Comic-Vorlage des Spiels beeinflusst (Abb. 05/06); die Darstellung des Third-Person-Shooters WET erinnert durch die Simulation eines stark beschädigten Filmmaterials mit Schmutz und Klebestellen, Überbelichtungs- und Vignettierungseffekten an das Exploitationkino der 1960/70er Jahre (sowie dessen Neuinterpretation durch Tarantinos KILL BILL; Abb. 07/08); KANE & LYNCH 2: DOG DAYS orientiert sich an neueren Stilformen, die irgendwo zwischen YouTube-Clip und Reality-TV angesiedelt sind, und überzieht seine stark verwackelten Bilder mit Lichtreflexionen, Unschärfen, digitalem Rauschen und Artefakten (Abb. 09/10). Einen Schritt weiter gehen Spiele wie ECHOCHROME und ŌKAMI, indem sie ihre intermedialen Vor-Bilder nicht nur visuell aufgreifen, sondern auch spielerisch ›interpretieren‹: Im grafisch minimalistischen ECHOCHROME werden die unmöglichen Objekte M.C. Eschers zum Kern des Spielprinzips (Abb. 11/12), zum »Spiel mit der Perspektive« (Beil 2009a). Im Action-Adventure ŌKAMI ist nicht nur die Cel-Shading-Darstellung des Spiels durch japanische Tuschemalerei (Sumi-e) inspiriert, auch kann die Spielwelt durch den Einsatz verschiedener ›Pinseltechniken‹ manipuliert werden (Abb. 13/14).

Neben diesen intermedialen Formzitaten erschafft die Computerspielgeschichte mittlerweile natürlich auch ihre eigenen charakteristischen Stile und verarbeitet diese weiter. So bindet NO MORE HEROES 2: DESPERATE STRUGGLE eine Reihe von 8-Bit-Mini-Games und ›verpixelte‹ Menü-Icons in seine Spielwelt ein (Abb. 15/16); SUPER PAPER MARIO thematisiert die Entwicklung von 2D- zu 3D-Darstellungen, indem es zweidimensionale Spielfiguren und Items mit einer dreidimensionalen Umgebung verbindet (vgl. Kap. II); 3D DOT GAME HEROES schließlich erweist mit seiner eigenwilligen Mischung aus Retro-Ästhetik und zeitgenössischen Grafikeffekten den ZELDA-Titeln der NES-Ära seine Referenz (Abb. 17/18).

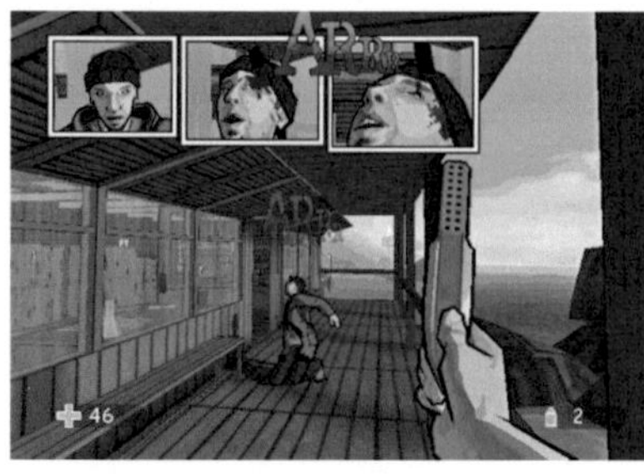
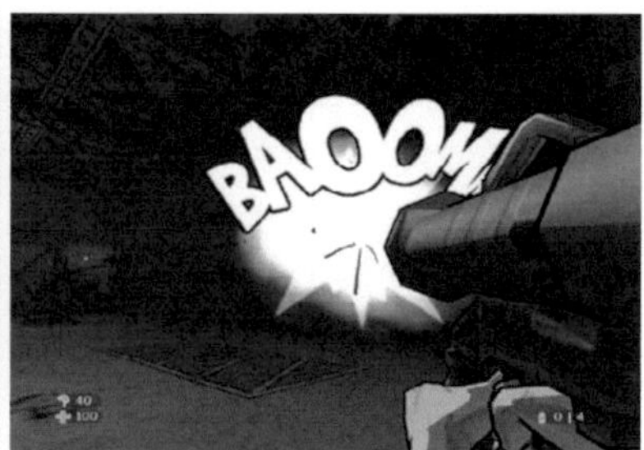

Abb. 05 & 06: XII (2003)

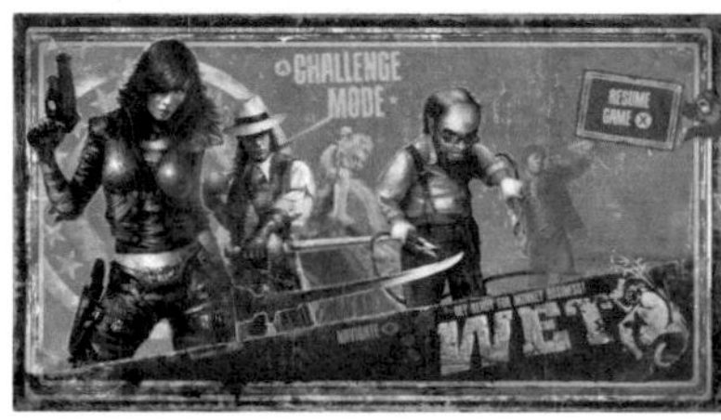

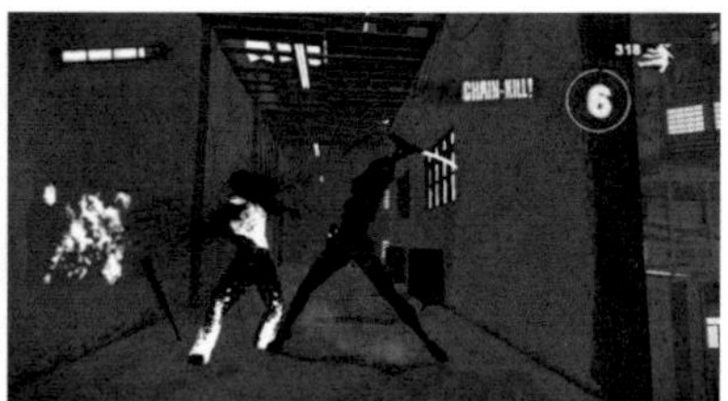

Abb. 07 & 08: Wet (2009)

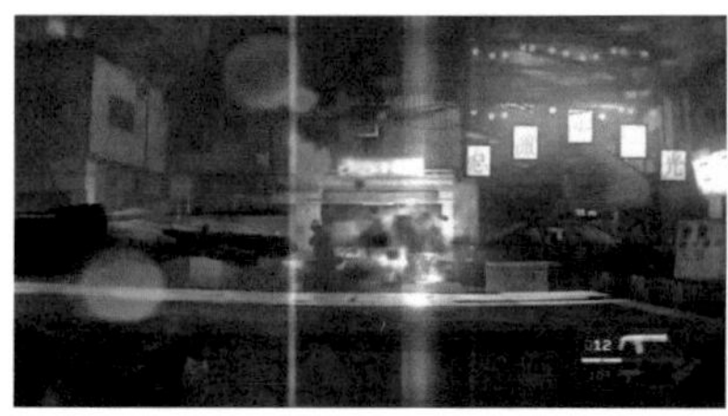
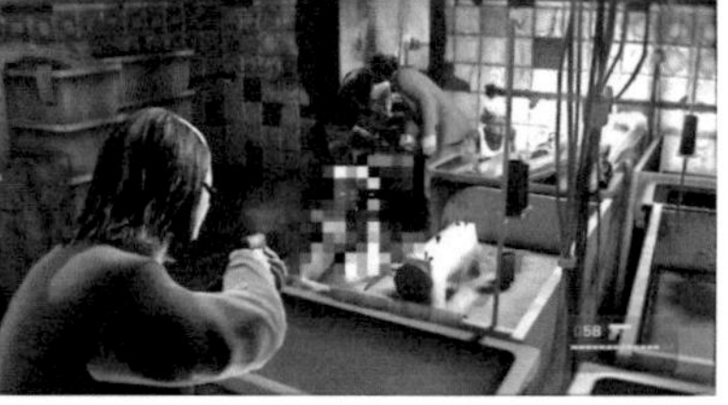

Abb. 09 & 10: Kane & Lynch 2: Dog Days (2010)

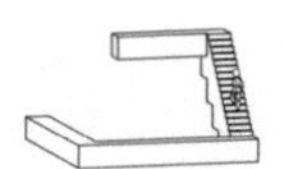

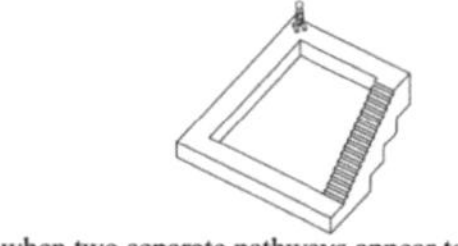

Abb. 11 & 12: Echochrome (2008)

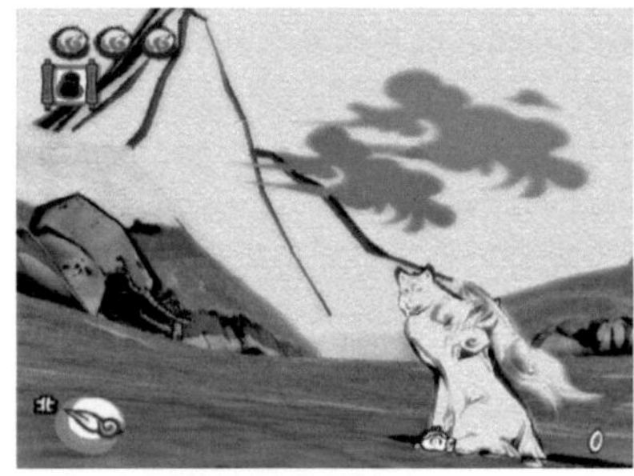
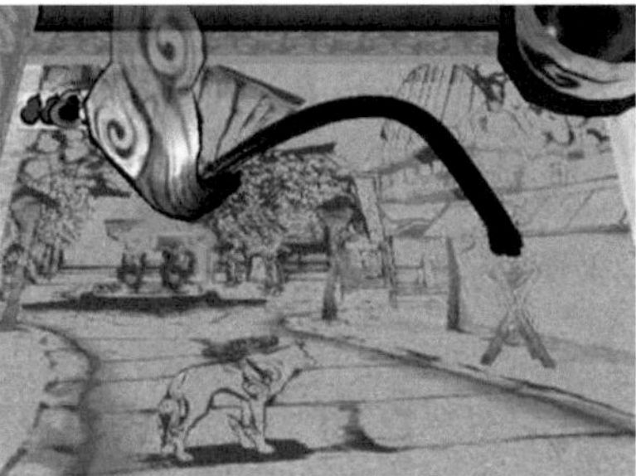

Abb. 13 & 14: Ōkami (2006)

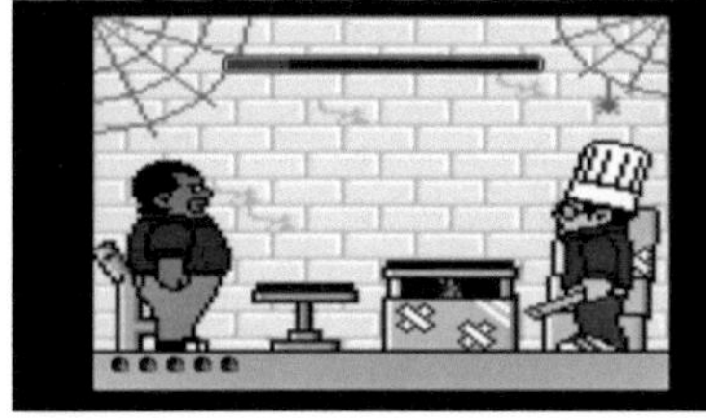
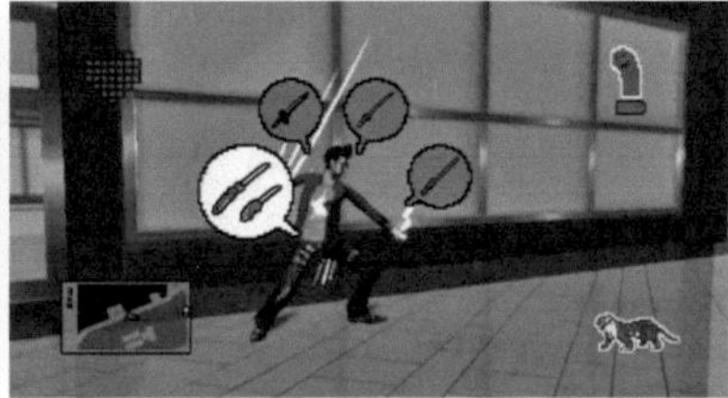

Abb. 15 & 16: No More Heroes 2: Desperate Struggle (2010)

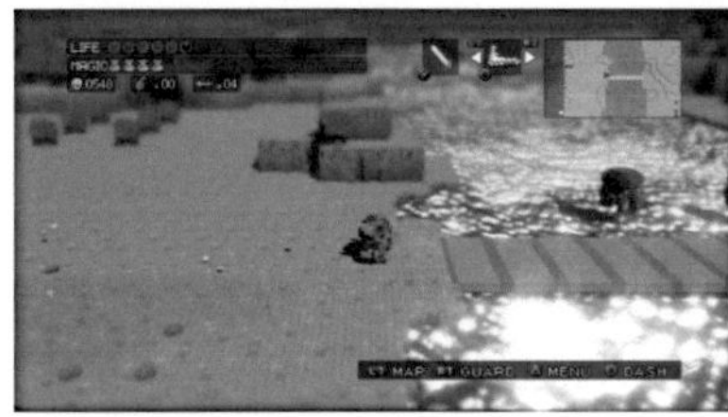
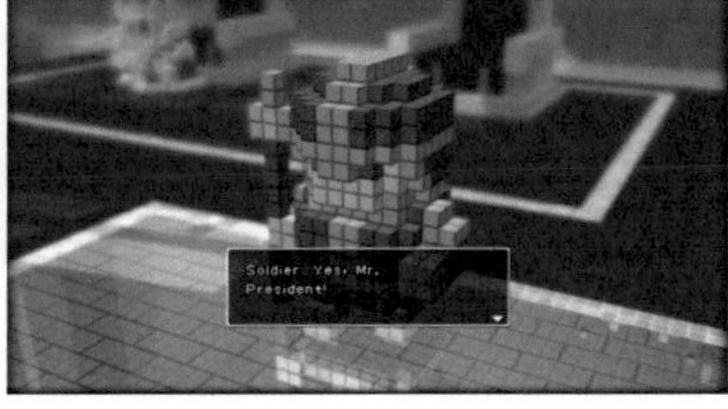

Abb. 17 & 18: 3D Dot Game Heroes (2010)

Was bleibt also als Fazit? Weder soll hier der Nutzen noch die Relevanz von Stilvergleichen[17] grundsätzlich infrage gestellt werden – ganz im Ge-

17 Vgl. etwa Schwingeler (2008: 110-112) zu den Parallelen zwischen dem Computerspielbild und der Ägyptischen Malerei, Flynn (2005) für einen Vergleich mit den axonometrischen Darstellungsverfahren chinesischer und japanischer Zeichenkunst, oder Günzel (2008a) für eine Engführung der Geschichte des Computerspielbildes mit den kunstgeschichtlichen Epochen und Stilen der Renaissance, des Barock sowie des Surrealismus.

genteil. Fragwürdig erscheinen jedoch Versuche holistisch gefärbter stilgeschichtlicher Beschreibungen, die »von der Absicht geleitet sind, die Werke zu stimmigen entwicklungsgeschichtlichen Reihen zu ordnen« (Thürlemann 1990: 12) – eben insbesondere im Hinblick auf eine vermeintliche Realismus-Tendenz. Denn als leitendes Paradigma des Computerspielbildes erscheinen solche Ordnungsprinzipien in ihrer Brauchbarkeit sehr begrenzt.

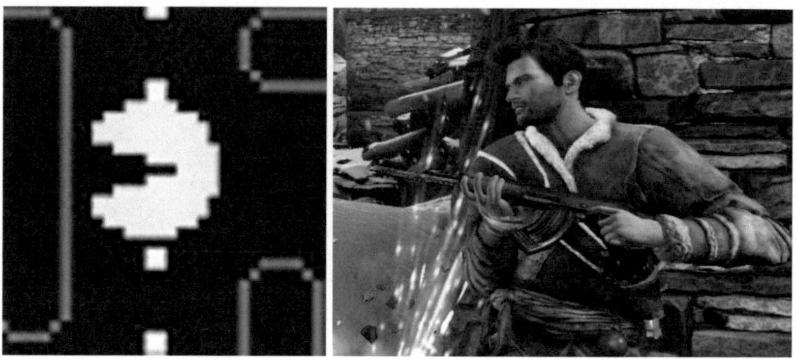

Abb. 19: Pac-Man (1972) *Abb. 20: Uncharted 2 (2009)*

Es geht im Folgenden also nie um eine zielgerichtete Entwicklungslinie von Pac-Man, einem zweidimensionalen 8-Bit-Pixelklumpen, zu dem aus 30.000 Polygonen zusammengesetzten Nathan Drake-Avatar in UNCHARTED 2 (vgl. Wade 2010: 55-85), sondern vielmehr stets ›nur‹ um eine diffuse, anspielungsreiche Vielfalt von Darstellungsformen, die der Avatar durchwandert. Die Strategie ist sozusagen eine bewusste Kapitulation vor der Vielfalt des Materials, die aber gleichzeitig von einem umfangreichen Streifzug durch die stilistische Fülle zeitgenössischer Computerspielbilder begleitet wird. Es geht um eine Zusammenschau von Einzelanalysen bestimmter besonders charakteristischer oder aber besonders ungewöhnlicher Beispiele für Bildästhetiken des modernen Computerspiels – auch wenn diese Analysen aus film- oder kunstgeschichtlicher Warte manchmal (zu) fragmentarisch anmuten mögen. Die einzelnen Kapitel bilden also keineswegs ein in sich abgeschlossenes Theoriegebäude, das letztlich der extremen Komplexität des Computerspiels zuwider laufen würde. Vielmehr gilt es, in einer dezidierten Hinwendung zum spielästhetischen Material aus verschiedenen Perspektiven die wichtigsten Facetten des Avatarbildes als *Hebelpunkte* einer Analyse aufzuzeigen. Dementsprechend sind die folgenden Beobachtungen vielmehr als *Momentaufnahmen* des zeitgenössischen Computerspiels zu sehen. Diese sind mal breiter, mal enger gefasst, aber stets eher als Schlaglichter denn als gleichmäßige Ausleuchtungen zu verstehen. So verzichtet die Arbeit schließlich auch auf ein Fazit und endet vielmehr in Kapitel V mit dem Eintauchen in die Grenzbereiche des Untersuchungsgegenstandes.

Zunächst geht es in Kapitel I um grundlegende Aspekte des interaktiven Bildes und daran anschließend um die Rolle des Avatars als zentrales Strukturelement des handlungsevozierenden Computerspielbildes. Kapitel II und III unternehmen zwei Versuche einer grundlegenden Kategorisierung der verschiedenen Formen von Avatarbildern. Die maßgeblichen Kriterien bilden hierbei die Raumdarstellung und die Interface-Visualisierung. Beide Kapitel müssen dabei einerseits in den tieferen Kategorisierungsebenen natürlich stets an der Komplexität des Computerspiels scheitern, andererseits präparieren sie dabei aber erste Hebelpunkte zur (Avatar-)Bildanalyse heraus. Kapitel IV und V widmen sich schließlich detaillierten Analysen der beiden wichtigsten (oder prägnantesten) Formen von Avataren des zeitgenössischen Computerspiels – dem Third-Person- und dem First-Person-Avatar. Kapitel IV erprobt dabei anhand des Motivs der Rückenfigur sowie dem Konzept der ästhetischen Grenze die bereits benannte »Wiederaufnahme von Fragen, Konzepten, Prinzipien« anderer Bildformen im Computerspiel. Kapitel V führt einerseits diese Überlegungen für die First-Person-Perspektive weiter, löst sich aber andererseits wieder aus einer intermedial geprägten Fokussierung, um anhand der First-Person-View – als Avatarbild-ohne-Avatar – die Grenzen des Avatarbildes und damit des Objektbereichs dieser Arbeit zu erkunden.

EPILOG ZUR EINLEITUNG: SCREENSHOTS UND MOMENTAUFNAHMEN

Obgleich unter den genannten *Momentaufnahmen* im Folgenden meist die Diskussion einer Spielsituation, d.h. einer längeren interaktiven Sequenz, und nicht ein einzelnes Bild verstanden wird, stellt sich an dieser Stelle unweigerlich die Frage nach dem problematischen Status des herangezogenen Bildmaterials – den Screenshots, an denen sich die Bildanalysen entlang bewegen. Denn nicht nur kann sich das Einzelbild dem Bewegtbild über Bildserien allenfalls kläglich annähern, es muss gar vor den interaktiven Momenten des Computerspielbildes vollständig kapitulieren. So sind Avatarbilder immer »momenthaft ›erspielte‹ Bilder« (Bausch/Jörissen 2005: 347), die »sobald vergangen, als bildhafte Szene unwiederholbar verschwunden« (ebd.) sind.

Was tun? Es bleibt der fortwährende Versuch einer steten Annäherung, einer thesenhaft strukturierten, mit Einzelbildern flankierten Bildbeschreibung, die »das kompositorische Geflecht« (Fließ 1994: 24) aus Bewegung und Interaktion (ansatzweise) zu entwirren und für die textuelle Analyse fruchtbar zu machen versucht – gilt doch stets »aller Ehrgeiz dem schwer Zugänglichen, dem medial eigentlich Versperrten« (Koebner 2006: 62). Dabei soll im Wesentlichen einer Strategie gefolgt werden, die Thomas Koebner für das filmische Bewegtbild einmal pointiert auf die Formel *Koexistenz durch Sukzession* gebracht hat, d.h. es gilt zu prüfen, ob nicht »viele Blick-Perspektiven [...] dieselbe Atmosphäre [...] bestätigen« (ebd.: 64), ein bestimmtes filmisches bzw. spielerisches Moment bildlich verdichten. Screenshots bleiben dabei »Notbehelfe« (Hinterwaldner 2010: 12), die stets Gefahr laufen,

»den gezeigten [Aufnahmen] mehr Gewicht [zu] verleihen, als ihnen eigentlich zukommen sollte. Sie stellen nur entrissene und dekontextualisierte Augenblicke dar, und sollen doch den Kern einer Anwendung aufzeigen, deren Charakteristikum in einem sich immer wieder anders aktualisierenden Ablauf besteht.« (Ebd.)

Kapitel I: Interaktion

Handlungsevozierende Bilder

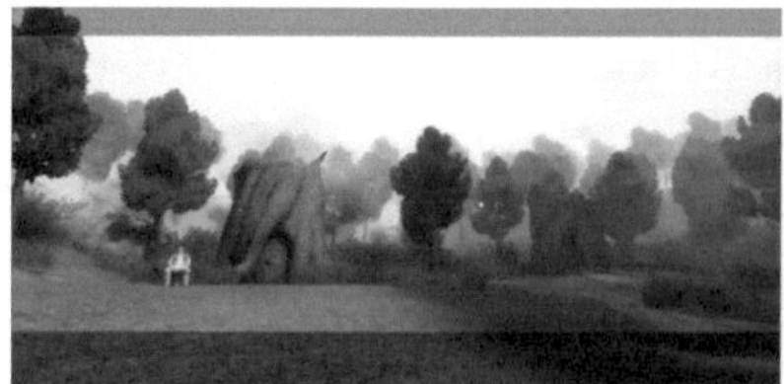

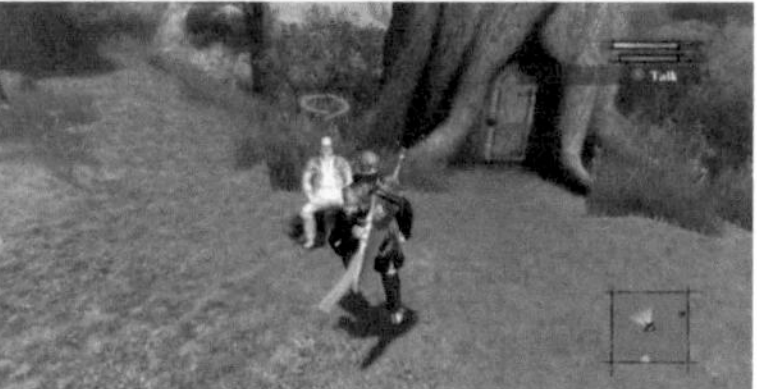

Abb. I-01 & I-02: Nier (2010)

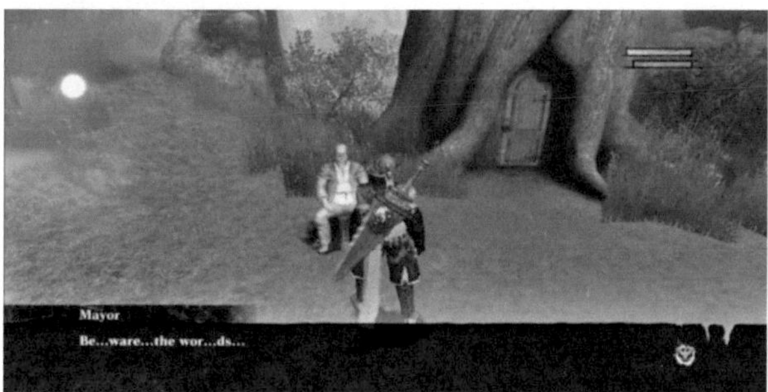

Abb. I-03: Nier (2010)

Im Action-Rollenspiel Nier kann der Spieler eine sonderbare Region namens »Mythical Forest« besuchen, deren Bewohner von einer Art Schlaf- oder vielmehr Traum-Krankheit befallen sind. Die titelgebende Avatarfigur Nier, begleitet von dem sprechenden Buch Grimoire Weiss, trifft kurz nach Betreten eines kleinen, scheinbar nur aus Bäumen bestehenden ›Dorfes‹

(Abb. I-01) auf einen apathisch wirkenden Mann – es ist der Bürgermeister des Ortes (Abb. I-02). Ein schmaler, an der Oberkante leicht ausgefranster, schwarzer Balken wird in der unteren Bildhälfte eingeblendet, ein Text-Fenster, das für die (meist nicht vertonten) Dialoge des Spiels genutzt wird (Abb. I-03). Der Bürgermeister scheint den Avatar und seinen Begleiter bemerkt zu haben. Er ›stottert‹: »Be…ware…the wor…ds…« und fügt auf die verwunderte Nachfrage Niers hinzu: »Contagious…words…Those… who…dr…eam…« Nach diesen Worten ändert sich plötzlich die Darstellung der Dialogsequenz. Zunächst unmerklich, dann jedoch immer schneller schiebt sich mit jedem Satz der schwarze Balken weiter ins Bild (Abb. I-04). Grimoire Weiss kommentiert gleichermaßen irritiert wie begeistert: »Hold a moment … There is a strange new sensation in my mind.«

Der Bürgermeister berichtet von einer Krankheit namens »Deathdream«, die die Infizierten in einem fortwährenden Tagtraum gefangen hält, und scheinbar durch Wörter (»contagious words«) übertragen wird. Oder genauer: Ein Erzähler – der gleichsam die schwindende visuelle Ebene des Spiels kompensiert – berichtet von den Worten des Bürgermeisters in der dritten Person (Abb. I-05). Daran anschließend drängt die schwarze Fläche noch weiter ins Bild, überlagert die Darstellung des Forest of Myth nun fast vollständig (Abb. I-06). Passend zu dieser Dominanzverschiebung nimmt auch die Schriftgröße zu. Grimoire Weiss beginnt die Situation zu realisieren: »Are you saying that we have been absorbed into your dream?« Für einige Momente ist aufgrund der leichten Transparenz der Schwarzfläche noch ein Schimmer der Landschaft sichtbar, doch auch dieser verschwindet schließlich komplett in der Schwärze der nun alles beherrschenden ›Text-Box‹. Die bildliche Darstellung des Spiels ist durch den schwarzen Schleier ausgelöscht worden, der nunmehr das geschriebene Wort in den Vordergrund treten lässt (Abb. I-07).

Folgte die Spielmechanik in NIER zuvor (weitgehend innovationslos) den zeitgenössischen Action-Rollenspiel-Konventionen aus Welt-Erkundung und Optimierung der Spielfigur, ändert sich mit dem hereinbrechenden schwarzen Schleier das Gameplay grundlegend. NIER spielt sich fortan wie ein Text-Adventure, wenn auch in einer leicht vereinfachten Form, da keine freie Texteingabe möglich ist. Es gilt sozusagen die »contagious words« mit Worten zu bekämpfen, d.h. durch die Auswahl der richtigen Antwortmöglichkeiten dem Traum wieder zu entfliehen.

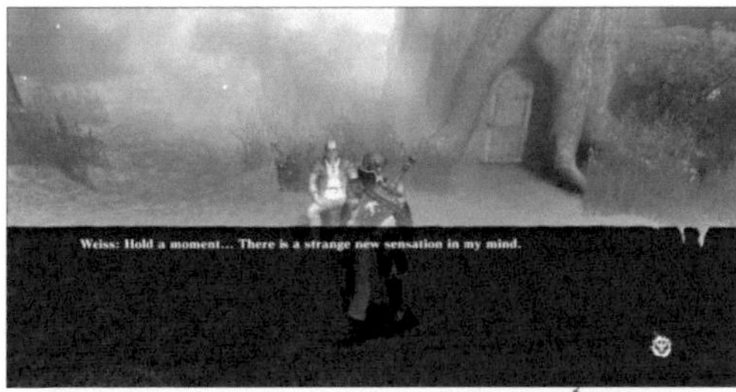

Abb. I-04: Nier (2010)

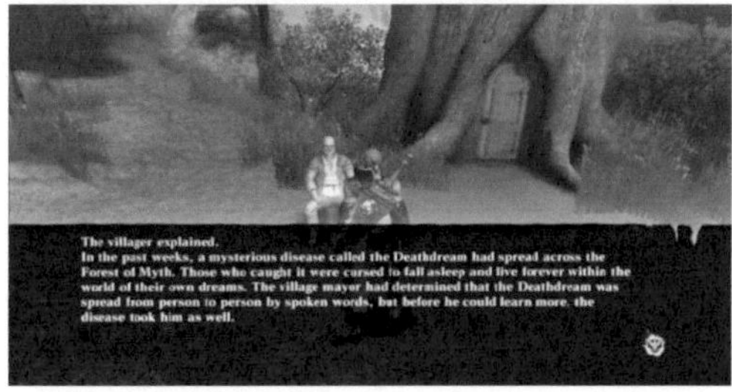

Abb. I-05: Nier (2010)

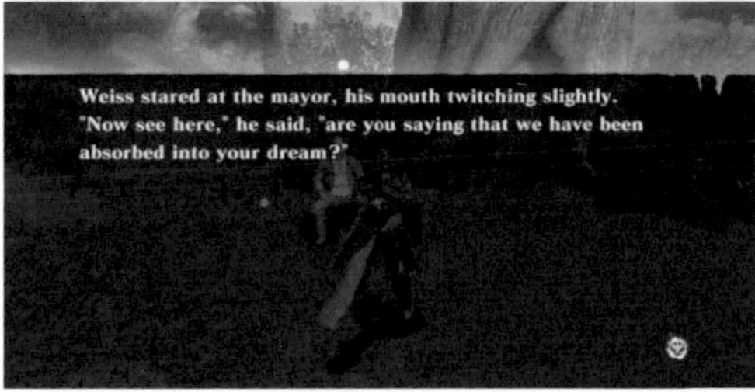

Abb. I-06: Nier (2010)

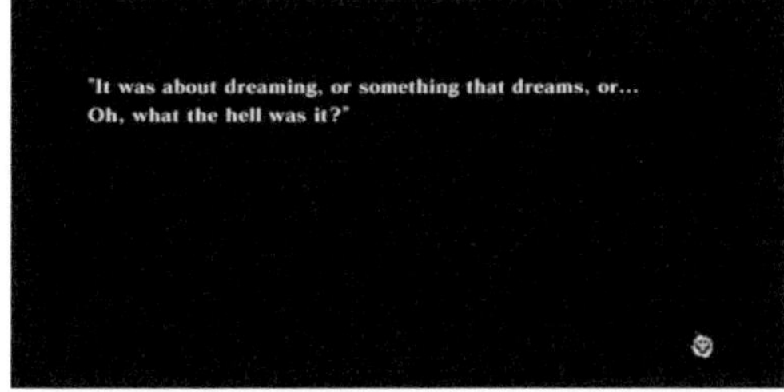

Abb. I-07: Nier (2010)

NIER inszeniert hier – auf letztlich simple aber dennoch originelle Art und Weise – einen Übergang zwischen bildlichen und nicht-bildlichen Interaktionsformen im Computerspiel. Natürlich ließe sich streiten, inwiefern die Textgestaltung nicht doch bildästhetische Komponenten aufweist.[1] Doch soll es hier nicht darum gehen, dass »[d]ie Berührungen von Schrift und Bild […] zahlreich und fließend [sind]« (Bruhn 2009: 18), denn für eine lohnende Diskussion der oft schwierig zu ziehenden »Grenzen von Bild und Nicht-Bild« (ebd.) erscheint das vorliegende Beispiel dann doch zu simpel konstruiert. Vielmehr geht es – vor dem Hintergrund der Entwicklungsgeschichte des Computerspiels – um die anschauliche Gegenüberstellung eines Bild- bzw. Spielraums und einer ›Text-Welt‹ (vgl. Ryan 2001: 89-114), um den Kontrast zwischen einer dreidimensionalen illusionistisch geprägten Weltdarstellung und einer ›schmucklosen‹ Text-Box-Optik.

Ohnehin zelebriert NIER das geschriebene oder gesprochene Wort. Der Begleiter des Avatars ist ein schwebendes Buch (!), das nicht nur sprechen kann, sondern durch magische Worte – im Spiel ist schlicht von »words« die Rede – Zauber auslöst sowie Waffen und Items verstärkt. Doch insbesondere in der beschriebenen Sequenz erhält ›die Macht der Worte‹ noch einmal eine neue Qualität. Das Forest of Myth-Quest ist eine spielerische Auseinandersetzung mit der Geschichte des Computerspiels. Das Spiel träumt hier – buchstäblich – von seiner textbasierten Vergangenheit. Die Fragestellung, die sich aus diesem Beispiel entfaltet, gilt damit, anders als in der Einleitung, nicht einem ›charakteristischen‹ Bild-Stil des Computerspiels, vielmehr geht es darum, inwiefern eine bildliche Darstellung für das Computerspiel überhaupt von grundlegender Bedeutung ist.

INTERAKTIVITÄT UND INTERAKTIVE BILDER I

Sucht man nach einem verbindenden Kriterium zwischen der 3D- und der Text-Adventure-Welt NIERS, stößt man unweigerlich auf das Stichwort *Interaktivität*: NIER kontrastiert bild- und rein textbasierte Formen der spielerisch-narrativen Interaktion. Nun mag die Möglichkeit solcher nicht-

1 Allein schon weil das Cursor-Symbol am unteren rechten Bildschirmrand (zum Weiterschalten der Textabschnitte) aus der Standard-Ansicht des Spiels übernommen wird.

bildlichen Interaktivitätsformen auf den ersten Blick einen nicht unproblematischen Punkt im Rahmen eines bildwissenschaftlich konturierten Zugangs zum Computerspiel darstellen. Polemisch ließe sich hier fragen: Ist die bildgebundene Interaktion für das Computerspiel überhaupt grundlegend oder ist sie letztlich nur spektakuläres Beiwerk? Denn was in NIER als durchaus augenzwinkerndes Spiel mit der bildlichen und nicht-bildlichen Geschichte des Computerspiels funktioniert, entwickelt sich im Game Studies-Diskurs nicht selten zu ontologisch gefärbten Oppositionen. Dementsprechend lässt sich eine Reihe von Ansätzen benennen, die die Interaktivität des Computerspiels explizit nicht an dessen bildliche Potenziale koppeln. So findet sich etwa – um hier mit einer vergleichsweise radikalen Position zu beginnen – in Daniel Cermak-Sassenraths Monographie *Interaktivität als Spiel* folgende Passage:

»Entscheidend für das Erlebnis des Computerspielers scheint in erster Linie das zu sein, was er tun kann [...] die Darstellung ist [...] nicht unwichtig aber deutlich zweitrangig.« (Cermak-Sassenrath 2010: 316)

»Interaktivität ist weder eine Frage der Computergraphik noch einer realistischen Abbildung der Welt. Es geht bei Interaktion um die Vermittlung von Handlungsmöglichkeiten gegenüber dem user, und realistische Graphik ist dafür keine Voraussetzung, man denke nur an Weizenbaums ELIZA. [...] Die Graphik hat Interaktivität nicht bedingt; umgekehrt war das Streben nach photorealistischer Abbildung lange Zeit ein Hindernis auf dem Weg zu Interaktivität.« (Ebd.: 317)

Interessant ist vor allem eine bestimmte Rhetorik dieser Argumentation, die durch eine Form der Entkopplung von Interaktivität und Bildlichkeit eine Tendenz zur ›Abwertung‹ oder ›Abschwächung‹ der grafischen Elemente des Computerspiels deutlich werden lässt – eine Tendenz, die gerade in ludologisch geprägten Ansätzen nicht selten zu finden ist. So argumentiert etwa James Newman in seinem viel zitierten Aufsatz *The Myth of the Ergodic Videogame* provokativ: »when playing videogames, appearances do not matter« (2002: o.S.). Zur weiteren Begründung fährt er fort: »Many great games have poor visuals – an entire generation of players grew up with blips of light, @ signs and even text-only games – but there are few good games with bad controls.« (Ebd.) Auch wenn der gern bemühten These, dass eine gute Grafik noch kein gutes Spiel macht, schwerlich widersprochen werden kann – allenfalls über die Definition eines guten oder schlechten Spiels wäre trefflich zu streiten –, bleibt Newmans Argumentationsstrategie doch problematisch. Denn sie läuft letztlich darauf hinaus, grafische Elemente – egal ob sie nun eher spektakulär oder eher minimalistisch ausfallen – an eine Randposition der Analyse zu drängen. So ist der Textabschnitt, dem das vorangegangene Zitat entnommen ist, dann auch vielsagend mit »Beyond Visualism« betitelt.[2]

Doch wie lässt sich eine solche ›Bildskepsis‹ der Game Studies begründen? Zunächst einmal scheint sie eng mit der Zentralität des Interaktivitätsbegriffs verknüpft zu sein, einem Interaktivitätsbegriff in dem »alles seinen konzentrierten Ausdruck [findet], was den Computer (das laufende Programm) vom Buch, vom Fernseher, ja gar vom Telefon unterscheidet« (Nake 2008: 140), sei es in Gestalt einer spielerischen Interaktivität in ludologischen Ansätzen oder eines *Interactive Storytelling* in narratologisch geprägten Arbeiten.[3]

»Dadurch, dass sich unterschiedliche Disziplinen mit dem Phänomen der Interaktivität auseinandersetzen und den Begriff immanent bestimmen, entsteht ein Set unter-

---

2 Viele gemäßigte Positionen der Ludologie führen diese Argumentation in leicht modifizierter Form weiter. Dort findet sich etwa die These, dass die grafischen (wie auch die narrativen) Elemente des Computerspiels sich mit der Zeit (oder besser: mit jedem Spieldurchgang) abnutzen – im Gegensatz zu den spielerischen Elementen, die gegen solche Wiederholungen scheinbar ›unempfindlicher‹ sind, gar ihr Attraktionspotenzial erst aus der Wiederholung, aus dem Training und der Perfektionierung beziehen. So stellt bspw. Rob Fullop fest: »When you play a game 10.000 times, the graphics become invisible. It's all impulses. It's not the part of your brain that processes plot, character, story.« (Fullop zit. n. Rosenberg 1993: o.S.) Auch wenn eine solche ›graduelle‹ Polemik phänomenologischen Wert haben mag, so muss doch äußerst fraglich bleiben, inwieweit eine vollständige ›Ausblendung‹ der »narrative textures« (Bizzocchi/Woodbury 2003: 554) tatsächlich stattfindet, schließlich ist und bleibt es ein bildliches Interface, das zur Steuerung des Spielgeschehens dient.

3 Eine solche Zuspitzung mag den unterschiedlichen Strömungen dieses jungen, aber bereits dicht bevölkerten Forschungsfelds zugegebenermaßen im Detail kaum gerecht werden, hat jedoch für eine erste diskursive Verortung der Bildlichkeit des Computerspiels heuristischen Wert.

> schiedlicher Begriffsbestimmungen, die alle das Phänomen unterschiedlich modellieren und entsprechende Erwartungshaltungen erzeugen. Eine einheitliche transdisziplinäre Begriffsbestimmung scheint aufgrund der Inkompatibilität sowohl der Begriffsbestimmungen als auch der evozierten Erwartungen kaum realisierbar zu sein.« (Leschke/Kolb/Schemer-Reinhard 2008: 92)

In dieser Hinsicht schwanken die Game Studies stets zwischen zu weiten oder zu restriktiven Konzepten der Interaktivität, zwischen unspezifischen Kategorien oder abwertenden Polemiken.[4] Das gerade die Bildebene immer wieder ein Ziel solcher ›strategischen Abwertungen‹ ist, lässt sich vor diesem diskursiven Hintergrund in vielen Fällen dann schlicht über eine gewisse Skepsis gegenüber der *kommerziellen* Bedeutung der Computerspielgrafik erklären. Denn da die bildlichen Elemente so unmittelbar wie kaum ein anderer Aspekt des Computerspiels von der stetigen Steigerung der Rechenleistung profitieren, verwundert es kaum, dass die grafische Darstellung eines Spiels für die Computerspiel-Industrie einer der wichtigsten

4 Dies zeigt sich insbesondere auch in der prominenten Auseinandersetzung von Ludologen und Narratologen, die inzwischen zum festen Bestandteil eines ›Gründungsmythos‹ der Game Studies gehört. Exemplarisch sei hier nur die ebenso berühmte wie polemische ›Abrechnung‹ des Ludologen Markku Eskelinen mit narratologischen Arbeiten angeführt: »[S]tories are just uninteresting ornaments or gift-wrappings to games, and laying any emphasis on studying these kinds of marketing tools is just a waste of time and energy. It's no wonder gaming mechanisms are suffering from slow or even lethargic states of development, as they are constantly and intentionally confused with narrative or dramatic or cinematic mechanisms.« (Eskelinen 2001: o.S.) Allerdings zeigt gerade die Ludologie vs. Narratologie-Debatte ebenso, dass solche Auseinandersetzungen in ihrer Schärfe gern überbetont werden. Denn rückblickend erscheint es fragwürdig, dass die Frage, ob Computerspiele nun in erster Linie als Spiel oder als Erzählung analysiert werden sollten, die Game Studies wirklich jemals in zwei Lager gespalten hat (vgl. Frasca 2003; vgl. hierzu auch Neitzel/Nohr 2010: 417-420). Vielmehr erscheint eine solche Reduktion auf zwei radikale Positionen häufig eher aus einer Außenperspektive heraus erfolgt zu sein, während sich in den Game Studies selbst von Anfang an gemäßigte Positionen (etwa Jenkins 2004; Juul 2005) durchsetzten, die allenfalls durch ludologische bzw. narratologische Interessenschwerpunkte geprägt waren.

Vermarktungsfaktoren war und ist.[5] Dementsprechend scheint stets der Verdacht nahezuliegen, dass spielerische (oder auch erzählerische) Innovationsarmut mit einer aufwändigen grafischen ›Verpackung‹ kaschiert werden soll. Wenn Cermak-Sassenrath argumentiert, dass die »photorealistisch[e] Abbildung [...] ein Hindernis auf dem Weg zu Interaktivität« (2010: 317) sei, ist es bezeichnend, dass es nicht einfach um die vermeintliche Dichotomie von Interaktivität und Bild,[6] sondern um das Verhältnis von spielerisch-abstrakter Interaktivität und *fotorealistischen* (modernen/aufwändigen/kostenintensiven) Darstellungsformen geht. Deshalb ist eine Bildskepsis nicht selten auch nostalgisch gefärbt und betont eine (vermeintlich) größere Imaginationsleistung des Spielers bei einer auf Text oder abstrakter Grafik basierenden Interaktion. So schwärmt bspw. Heiko Gogolin: »Anders als die sogenannten realistischen Spiele lassen [abstrakte Spiele] viel Raum für die Persönlichkeit des Spielers; statt Reizüberflutung, die am Ende nichts in der Erinnerung haften lässt, bleibt [...] ein intensives Spielgefühl.« (2008, 40)[7]

*

Allerdings löst eine solche Diagnose natürlich noch nicht das Problem einer Definition der Kategorie der Interaktivität für einen bildwissenschaftlichen Zugang zum Computerspiel. Im Folgenden wird weder eine grundlegende Auseinandersetzung mit den verschiedenen Interaktionskonzepten des Computerspiels (vgl. hierzu z.B. Mertens 2004) angestrebt, noch soll der Begriff *interaktiv* durch eine vermeintlich spezifischere Wortwahl, z.B. *ergodisch* (Aarseth 1997; vgl. hierzu auch Furtwängler 2005), ersetzt werden – ein solcher Ansatz mag in meta-theoretisch ausgerichteten Arbeiten sinnvoll sein, bei materialnahen Analysen tauscht man i.d.R. nur eine problematische Kategorie durch eine andere aus. Die folgenden Überlegungen verwenden vielmehr eine recht offene Definition: So wird Interaktivität im

---

5 Für eine historische Übersicht und Kategorisierung vgl. etwa Wolf: »Game graphics were, and to a large extent still are, the main criteria by which advancing video game technology is benchmarked by the buying public.« (2003: 53)

6 Bzw. »graphics vs. game play« (ebd.: 315), so der Titel des Unterkapitels.

7 Zur Funktion dieser ›nostalgischen Rhetorik‹ im Bereich der Game Studies vgl. Fenty 2008 sowie Felzmann 2010.

Rahmen der Hybridstruktur des Computerspiels als *eine steuernde, manipulierende Einflussnahme eines Spielers auf eine dynamische, durch Text-/Bild-/Ton-Elemente vermittelte Spielwelt, inklusive einer damit verbundenen Rückkopplung* verstanden.

Wie eine *Interaktion mit dem Bild* nun aussehen kann – oder vielmehr welche Eigenschaften ein Bild aufweisen muss, um als ein *interaktives* gelten zu können – wird damit erst im nächsten Abschnitt dieses Textes zu diskutieren sein. Diese erste Definition dient lediglich einer weiter gefassten Einbettung, die vor allem die Notwendigkeit einer medialen Vermittlungsebene betont,[8] jedoch noch nicht zwischen den verschiedenen Handlungsoptionen des Computerspiels differenziert, seien sie nun spielerisch oder eher narrativ geprägt. Zudem stellt die Text-, Bild- und/oder Ton-Ebene des Computerspiels hier stets eine Art Kombinationskategorie dar. Auf die Bildlichkeit bezogen, lässt sich somit etwa von einer *spielerischen Handlung mittels eines Bild-Interfaces* sprechen – oder aber auch von einer *durch Interaktionsbilder inszenierten Erzählung.*

*

Es bleibt die einleitend präsentierte Opposition zwischen bildlichen und textbasierten Interaktionsformen. Noch einmal zurück zu NIER: Die Forest of Myth-Sequenz veranschaulicht, dass auch die Spielwelten des zeitgenössischen Computerspiels nicht grundsätzlich eine bildliche, sondern ebenso auch eine rein textbasierte Interaktion realisieren können. Es genügt eine schlichte weiße Schrift auf schwarzem Grund, um die »Fantasie [des Spielers] auf die Reise zu schicken« (Gogolin 2008: 39). Doch auch wenn NIER scheinbar das geschriebene wie gesprochene Wort zelebriert, entfaltet die Text-Adventure-Sequenz letztlich erst durch den *Kontrast* zur 3D-Spielwelt ihr eigentliches Attraktionsmoment. So geht es in NIER vor allem um die Inszenierung der *Übergänge* zwischen beiden ›Welten‹, um die Bedrohlichkeit der schwarzen Fläche, die langsam über den Bildschirm kriecht und die Spielwelt verschluckt – und dementsprechend ist das spielerische Ziel der textbasierten Traum-Sequenz auch das *Erwachen*, die Rückkehr in die bildliche Welt des Computerspiels. NIER zeigt in spielerischer Art und Weise, dass das Text-Adventure heutzutage zwar noch einen nostalgischen

8 Und damit insbesondere »Echtraumspiel[e]« (Günzel 2008b: 299) ausschließt.

Reiz besitzt, doch auch wenn die rein textbasierte Interaktion durchaus als ›eigenständiges‹ Spiel zu unterhalten weiß, nutzt sich der Novitätsfaktor des Alten im Neuen (»There is a strange new sensation in my mind...«) doch schnell ab. Vor diesem Hintergrund gilt es im Rahmen eines bildwissenschaftlichen Zugangs zum Computerspiel zwar stets zu berücksichtigen, dass es auch eine rein textbasierte (oder auch rein auditive[9]) Interaktion geben kann, doch erscheinen diese Varianten im Vergleich zu den im Wesentlichen bildlich geprägten Interaktionsformen des zeitgenössischen Computerspiels eher als ein historisches Artefakt, ein nostalgisches bzw. selbstreflexives Element – oder eben eine Traumpassage.

INTERAKTIVITÄT UND INTERAKTIVE BILDER II

Damit bleibt noch die Frage, auf welche Art und Weise ein Bild *interaktiv* sein kann. Die Problematik eines zu weiten oder zu engen Interaktivitätsbegriffs durchzieht den bildwissenschaftlichen Diskurs ebenso wie die Game Studies. Doch während im Fall des Computerspiels i.d.R. die Frage nach der Dominanz oder ›Hierarchie‹ verschiedener Interaktivitätsformen im Mittelpunkt steht, ist die bildwissenschaftliche Debatte zur Interaktivität eher entlang einer historischen Perspektive angelegt. So könnte hier die zentrale Frage lauten: Was ist das Neue an den interaktiven Bildern? Oder etwas provokativer: Waren Bilder nicht schon immer interaktiv?

Ein Großteil der Beiträge zu interaktiven Bildern findet sich Ende der 1990er Jahre im Rahmen der Diskussion zur Interaktiven Medienkunst (vgl.

9 So gibt es auch einige wenige Spiele, die komplett auf Bild- oder Text-Elemente verzichten, etwa die HALF-LIFE 2-Modifikation THE BLIND MONK'S SOCIETY. Der Spieler navigiert hier allein über (je nach Entfernung lauter bzw. leiser werdende) Audiosignale durch die Spielwelt, während der Bildschirm stets schwarz bleibt. Zwar verzichtet THE BLIND MONK'S SOCIETY damit auf eine bildliche Interaktion, bezieht seinen Reiz aber – wie die Forest of Myth-Sequenz – gerade aus dem Kontrast zu der für den First-Person-Shooter so zentralen Bildebene; mehr noch: THE BLIND MONK'S SOCIETY setzt ein Wissen über die Konventionen des bildbasierten Spielens voraus, ist die Geräuschkulisse des Spiels doch vor allem durch die Sounds bekannter First-Person-Shooter (eben insbesondere HALF-LIFE 2) geprägt.

insbesondere Gendolla et al. 2001), aber auch im Zusammenhang mit der Virtual Reality-Debatte (vgl. Schröter 2004a; vgl. zudem Kap. V). Es wird hier bewusst keine ausführliche Zusammenschau dieser Debatte(n) erfolgen, da viele der oft mit übermäßiger Euphorie oder Polemik – oder beidem – versetzten Beiträge aufgrund zweifelhafter technischer Utopien unergiebig für die zeitgenössische bildwissenschaftliche Auseinandersetzung bleiben. Wenn es etwa in der euphorischen Variante heißt: »In Zukunft können wir in Bilder eintreten« (Quéau 1995: 61), so ist dies zwar eine schöne Metapher, die sich allerdings in der konkreten Bildanalyse eher als diffus denn als hilfreich entpuppt (vgl. hierzu weiterführend Kap. V). Abseits dieser technischen Utopien, entzündet sich die Diskussion vor allem an der vermeintlich neuen – inter*aktiven* – Rolle des Betrachters. Dabei wird zurecht immer wieder kritisiert, dass in der Rede vom interaktiven Bild (oder allgemeiner vom interaktiven Werk), eine Kategorisierung als interaktiv oder nicht-interaktiv allzu gern mit einer Dichotomie zwischen passiver und aktiver Rezeption gleichgesetzt wird.[10]

Eine solche Kritik an der vermeintlich ›neuen‹ Rolle des aktiven Rezipienten[11] findet sich bspw. bei Bazon Brock:

»Das Neue an den interaktiven Medien scheint darin zu liegen, dass zwischen Produktion und Rezeption nicht mehr unterschieden wird. Aber [das] galt [...] bereits für die Malerei des 15. Jahrhunderts. Ein zentralperspektivisch organisiertes Bildwerk bezog bereits den Betrachterstandpunkt in den Bildraum ein. Der Blick ins Bild und der Blick aus dem Bild interagierten in der aktiven Wahrnehmung.« (Brock 2001: 215)

Anders zugespitzt findet sich dieses Argument auch bei Lev Manovich, der den interaktiven Bildern bzw. der interaktiven Medienkunst eine ›Trivialisierung‹ des Interaktivitätskonzepts vorwirft:

»Die gesamte klassische und umso mehr die moderne Kunst war bereits ›interaktiv‹, da sie einen Zuschauer voraussetzte, der fehlende Informationen (beispielweise El-

10 Die darüber hinaus oft noch an weitere Attribute gekoppelt wird, etwa analog vs. digital (vgl. Schröter/Spies 2006: 116).

11 Heutzutage würde man wohl vom *Prosumenten* sprechen, wie eine aktuelle Debatte nahelegt (vgl. hierzu kritisch Griesbach 2009).

lipsen in der literarischen Erzählung, fehlende Teile eines Gegenstandes in der modernen Malerei) ersetzte und seine Augen (die Komposition in der Malerei und im Film) oder seinen Körper (für die Wahrnehmung von Skulptur und Architektur) bewegen musste. Die interaktive Computerkunst versteht ›Interaktion‹ wörtlich, indem sie diese auf Kosten der psychischen Interaktion mit einer rein physikalischen Interaktion zwischen einem Benutzer und einem Kunstwerk (das Drücken eines Knopfes) gleichsetzt.« (Manovich 1997: 125-126)

Nun wurde die Problematik der unterschiedlichen *Reichweiten* des Interaktivitätsbegriffs (vgl. Schröter/Spies 2006: 116) hier bereits diskutiert; und so sollen Brocks wie auch Manovichs Argumente vor allem als Beitrag zu eben jener problematischen Begriffsdebatte gelesen werden. Denn dem Vorschlag, dass bereits allein der Wahrnehmungsakt die Bezeichnung »interaktives Bild« bedingen müsste, soll hier terminologisch nicht gefolgt werden – deshalb wird etwa das Tafelbild im Rahmen der hier vorgenommenen Begriffsdefinition nicht als interaktives Bild bezeichnet, obgleich es selbstverständlich einen aktiven Betrachtungsvorgang voraussetzt.[12]

Die grundlegenden Einwände von Brock und Manovich gilt es jedoch aufzunehmen, wenn auch in einer etwas anderen Zuspitzung: So lässt sich formulieren, dass die interaktiven Bilder in erster Linie eine Erweiterung ›klassischer‹ Bildformen und keineswegs eine Art ›Neuerfindung‹ der Bildlichkeit sind.[13] Mit anderen Worten: Auch interaktive Bilder

»präsentieren sich dem Betrachter gegenüber zuallererst als sichtbare Ereignisse und sprechen damit dieselben Wahrnehmungsbedingungen des Betrachters an, die auch für das traditionelle Bild von Bedeutung sind. Im Unterschied zu weiten Teilen der

12 Davon abgesehen wäre auch Manovichs Knopf-Beispiel nicht als interaktiv zu werten, da der Knopfdruck – die »physikalische Interaktion« – nur eine interaktive Geräteform beschreibt. Von einer Anzeigeform, die wiederum eine »psychische Interaktion« voraussetzt, ist nicht die Rede, zumindest nicht in der knappen Schilderung Manovichs.

13 Oder gar das Ende der Bildlichkeit. So erscheint bspw. die These, dass das interaktive (illusionistische) Simulationsbild »das Ikonische in seiner Eigenart [zerstört]« (Boehm 1995: 28) äußerst fragwürdig und demonstriert wiederum, dass man i.d.R. »ein bestimmtes Bildmodell im Blick [hat], wenn man das Ende der Bildkünste beklagt« (Winter 1999: 17).

medientheoretischen Debatte müssen deshalb die sichtbaren Artikulationsformen der codierten Bildinformationen, d.h. die sichtbaren Oberflächen der [...] digitalen Bilder zur Sprache kommen, die in der direkten Kontinuität zu denjenigen der traditionellen Bilder stehen. Kurz gesagt: Auch die technisch avancierten Verfahren sind durch eine Bildlichkeit [...] im traditionellen Sinne geprägt, wenn Bildsignale und Codierungen – in welcher Form auch immer – in eine medial konkretisierte Sichtbarkeit überführt werden.« (Spies 2007: 156)

Eine solche Feststellung mag auf den ersten Blick selbstverständlich erscheinen, erweist sich aber als äußerst wichtig, da in der Debatte um interaktive Bilder die grundlegenden bildlichen Aspekte nicht selten an den Rand gedrängt werden. So kritisiert Inge Hinterwaldner, dass in vielen Ansätzen zum interaktiven Bild – man möchte fast sagen paradoxerweise – »implizit die Vorstellung mit[schwingt], dass [...] gerade bildliche Qualitäten zu den austauschbaren oder abgelösten Elementen gehören« (Hinterwaldner 2010: 390):

»[So] wird immer wieder die mathematische Basis der digitalen Arbeiten hervorgehoben. Interessanterweise ist die betreffende rege Diskussion über kalkulierte Bilder dadurch gekennzeichnet, dass sie allzu schnell die weiterhin vorhandenen ikonischen Qualitäten aus dem Blick verliert und den Stellenwert des Bildes allein aufgrund der binären Codierung, Speicherung und Prozessierung diskutiert.« (Ebd.: 389)

Eine vergleichbare Rhetorik wurde hier bereits für bildskeptische ludologische Ansätze aufgezeigt; auch scheinen wiederum ähnliche Gründe benennbar, insbesondere eine Strategie der Überbetonung bestimmter Differenzierungsmerkmale des interaktiven Bildes.[14] Dass hierbei vor allem

14 Vgl. hierzu noch einmal Christian Spies: »Dies geht soweit, dass jedes Interesse an der sichtbaren Oberfläche des Bildes schließlich sogar als eine Verunklärung seiner medientechnischen Strukturmerkmale verstanden und gewissermaßen als ›oberflächlich‹ abgewiesen wird. [...] Endlich wird dieses ›Desinteresse‹ an der Sichtbarkeit sogar als eine methodische Notwendigkeit präsentiert: Mit der Beschränkung der Diskussion auf die Bildtechnik geht es zum einen darum, eine vermeintlich objektive und methodisch gesicherte Basis zu schaffen, zum ande-

technische Aspekte auf Kosten der bildlichen akzentuiert werden, überrascht kaum; schließlich wurde das »Spannungsverhältnis zwischen den Codes und der Visualisierung dieser Codes als Bilder« (Schneider 2009: 191) bereits in der Debatte zu (nicht-interaktiven) digitalen Bildern immer wieder hervorgehoben. Birgit Schneider verweist in diesem Zusammenhang auf den Begriff des *prekären Bildes.*[15]

*

Bei aller Diskurskritik bleibt die Frage nach einer Definition des interaktiven Bildes – oder vor dem Hintergrund der zuvor geschilderten Begriffsunschärfen wäre exakter zu formulieren: Welche spezifischen Eigenschaften muss ein Bild aufweisen, um als interaktiv im Sinne der hier beschriebenen Definition gelten zu können?

Zuallererst handelt es sich aufgrund der technischen Plattform um *digitale Bilder*, genauer um *generierte digitale Bilder* (vgl. FN 15). Doch die Digitalität ist nur eine notwendige aber nicht hinreichende Eigenschaft des interaktiven Bildes. Weiterhin ist das Bild manipulierbar bzw. enthält manipulierbare Bildelemente, genauer: seine *Anzeigeform* ist durch Eingabegeräte (*Geräteform*) veränderbar und gibt ein visuelles Feedback – es koppelt auf diese Weise Betrachter(/User/Spieler) und Bild.

ren ist damit jedoch ebenso eine intendierte Trennschärfe zwischen den neuen Bildern beabsichtigt.« (Spieß 2007: 156)

15 »Der Status digitaler Bilder wurde [...] immer wieder als ›prekär‹ eingestuft – also als zweifelhaft, heikel und schwierig. Die Einschätzung des Prekären entwächst der Frage nach einer Bildontologie, die fragt, ›was ist das digitale Bild?‹. Was dem digitalen Bild einen ontologisch so heiklen Status verleiht, wird in der Verbindung des digitalen Bildes zwischen dem, ›was sich zeigt‹ und dem Code, der nicht sichtbar ist, verankert. Was sich an der Oberfläche zeige, sei das Bild, nicht jedoch die Kette alphanumerischer oder hexadezimaler Zeichen oder die Ebene von ›Null und Eins‹. Ebenso blieben die Prozesse, die den Code verarbeiten bzw. verrechnen, verborgen, und dies auch im Anbetracht von Hardware und Silizium, welches der physikalische Träger der Codes ist. Das Verhältnis von Bildcode, Bild und Bildträger brachte folglich mit den digitalen Bildern ein ungelöstes Krisenmoment in die Reflexion über Bilder.« (Schneider 2009: 190)

Für diese Art von Bildern wurden im bildwissenschaftlichen Diskurs eine Reihe verschiedener Bezeichnungen vorgeschlagen: So stößt man auf Kategorien wie *Simulationsbild* (Wiesing 2005), *Interaktionsbild* (Groh 2005), *algorithmisches Bild* (Nake 2005) oder auch schlicht *elektronisches Bild* (Sachs-Hombach 2003) oder *manipulierbares Bild* (Günzel 2010). Hinzuziehen lassen sich ähnlich ausgerichtete (enger wie weiter gefasste) Begriffe wie *systemisches Bild* (Hinterwaldner 2010) oder *Bilder der Steuerung* (Pias 2002), um hier nur einige zu nennen.

Im Folgenden soll es weder um eine detaillierte Zusammenschau noch um eine Fusion dieser Ansätze gehen. Hierzu sind die jeweiligen Problemstellungen, Lösungswege und Theorie-Ebenen der einzelnen Modelle in den meisten Fällen zu disparat (vgl. auch FN 14). Ziel ist vielmehr eine Zuspitzung verschiedener Aspekte dieser Arbeiten auf das Computerspielbild. Dabei gilt es zunächst, die Grundstruktur interaktiver Bilder noch einmal präziser in den Blick zu nehmen, um daran anschließend »Kriterien der ästhetischen Qualität zu entwickeln, die über eine bloße Beschreibung der technischen Möglichkeiten hinausgehen« (Dinkla 2001: 65).

Lev Manovich hat für die Struktur des digitalen bzw. interaktiven Bildes die Begriffe *Cultural Layer* und *Computer Layer* geprägt, die er unter dem Prinzip des *Transcoding* zusammenfasst:

»The [...] principle of cultural transcoding aims to describe what in my view is the most substantial consequence of media's computerization. As I have suggested, computerization turns media into computer data. While from one point of view computerized media still displays structural organization which makes sense to its human users – images feature recognizable objects; text files consist from grammatical sentences; virtual spaces are defined along the familiar Cartesian coordinate system; and so on – from another point of view, its structure now follows the established conventions of computer's organization of data. [...] The structure of a computer image is a case in point. On the level of representation, it belongs to the side of human culture, automatically entering in dialog with other images. [...] But on another level, it is a computer file which consist from a machine-readable header, followed by numbers representing RGB values of its pixels. On this level it enters into a dialog with other computer files. The dimensions of this dialog are not the image's content, meanings or formal qualities, but file size, file type, type of compression used, file format and so on. In short, these dimensions are that of computer's own cosmogony rather than of human culture. Similarly, new media in general can be thought of as consisting from two distinct layers: the ›cultural layer‹ and the ›computer layer‹.« (Manovich 2001: 45-46)

Auch wenn Manovichs – etwas diffuse – Argumentation noch nicht explizit auf das interaktive Bild, sondern allgemeiner auf digitale Artefakte ausgerichtet ist, können seine Aussagen auf interaktive Bilder zugespitzt werden.[16] So ist vor allem die Struktur der Zusammensetzung des Bildes, die Kopplung beider Ebenen entscheidend. *Cultural Layer* und *Computer Layer* müssen als stetiger Übersetzungsprozess gedacht werden. Das interaktive Bild »verkörpert sowohl eine darstellerische als auch eine operative Seite« (Hinterwaldner 2010: 399). Es kann somit weder auf seinen Code noch auf dessen Visualisierung reduziert werden, sondern ist in seiner Grundstruktur eine untrennbare Verbindung dieser beiden Eigenschaften – eine Verbindung, die die Interaktivität des Bildes überhaupt erst ermöglicht.

»Demnach sollte weder die Bilddatei noch der auf Papier erfolgte Ausdruck als elektronisches [= interaktives; B.B.] Bild bezeichnet werden, denn die auf einer Pixelmatrix beruhende Bilddatei enthält nur eine Beschreibung der Farbwerte der einzelnen Bildpunkte, aus der das elektronische Bild auf einem Bildschirm erst erzeugt (oder visualisiert) werden muss, und der Ausdruck ist lediglich ein *elektronisch erzeugtes* Bild, das keine prinzipiellen Unterschiede zu anderen gedruckten Bildern

16 Das Prinzip des *Transcoding* findet bei Manovich sowohl auf interaktive wie auf nicht-interaktive digitale Bilder Anwendung – auch wenn seine Überlegungen später eindeutig auf die interaktive Variante in Form eines »Cultural Interfaces« (Manovich 2001: 62-115) fokussiert sind. Es erscheint jedoch unergiebig diese Unterscheidung präziser fassen zu wollen, da Manovichs Argumentation auf ein sehr allgemein gefasstes Fazit hinausläuft. So geht es ihm bei der Definition der Begriffe des *Cultural Layer* und des *Computer Layer* vor allem um eine Kontrastierung, um dann in der anschließenden Verbindung der beiden Ebenen Überlegungen zu einer »new computer culture« zu formulieren: »In summary, the computer layer and media/culture layer influence each other. To use another concept from new media, we can say that they are being composited together. The result of this composite is the new computer culture: a blend of human and computer meanings, of traditional ways human culture modeled the world and computer's own ways to represent it.« (Ebd.: 46)

aufweist. […] Die Besonderheit des am Bildschirm erscheinenden elektronischen […] Bildes besteht dagegen in der Verknüpfung mit einer entsprechenden Datenstruktur, die es erlaubt, Pixelbilder auch relativ zu programminternen Befehlsfolgen zu bearbeiten und zu erzeugen.« (Sachs-Hombach 2003: 234; Herv. i.O.)

Ein ähnliches Modell findet sich bei Frieder Nake (2005; 2008), der interaktive Bilder als *doppelte* oder *algorithmische* Bilder bezeichnet. Nake entwickelt seine Überlegungen ebenfalls ausgehend von der Grundstruktur des interaktiven Bildes als Zusammensetzung von Code und Visualisierung. Er spricht von einer *Unterfläche* und einer *Oberfläche* des Bildes:

»Was wir auf dem Bildschirm als Ausgabe des laufenden Programms erblicken […] ist die materielle, sinnlich wahrnehmbare Seite des [Bildes]. Diese wahrnehmbare Seite ist Licht auf dem Bildschirm. Sie ist aufs Innigste […] mit den Inhalten des Bildspeichers verknüpft. Was im Bildspeicher steht, wird vom Display Prozessor gelesen und in Signale verwandelt, die die Beschichtungen des Monitors anregen bzw. – bei anderer Technologie – die LCD Elemente. Zwischen sichtbarem Bild und unsichtbarem Speicherinhalt besteht eine eindeutige Beziehung: sie ist eindeutig in beide Richtungen. Das ist auch der gute Grund dafür, dass wir oft ohne Unterscheidung von diesen beiden Erscheinungen zusammen als ›dem Bild‹ sprechen. Etwas genauer scheint mir jedoch jene Sprachregelung zu sein, die Bildern auf dem Computermonitor eine *Oberfläche* und eine *Unterfläche* zuschreibt. Die Oberfläche ist sichtbar. Sie ist für uns. Die Unterfläche ist unsichtbar. Sie ist für den Computer.« (Nake 2008: 149)

Entscheidend ist somit auch hier, »dass die Fläche des Bildes von *zwei* Instanzen betrachtet und verändert werden [kann] – vom Nutzer und vom Computer« (Nake 2005: 48; Herv. i.O.). Anders formuliert: Das interaktive Bild kann »operativ und maschinell bearbeitet werden« (Schneider 2009: 197).

Nakes Argumentation ist bis zu diesem Punkt mit den Überlegungen Manovichs vergleichbar. Doch während Manovich das Zusammenspiel aus *Cultural Layer* und *Computer Layer* in der Kategorie des *Transcoding* (bewusst) eher weit fasst, spitzt Nake sein Modell stärker auf die Schnittstelle beider Ebenen zu. Er geht von einer Art ›doppelten Bildinterpretation‹ aus, eine durch den Betrachter (an der Oberfläche) und eine weitere durch den Computer (in der Unterfläche) – wobei entscheidend ist, dass sich beide Interpretationen im Bild-Interface treffen,[17] d.h. sowohl an der *Oberfläche* wie in der *Unterfläche* funktionieren.

»Präsentiert ein Bild u.a. ein Parallelogramm, so repräsentiert es in dieser Zeichnung den Sachverhalt, dass gegenüberliegende Seiten parallel und gleich lang sind. Ihn selbst kann nur der menschliche Betrachter feststellen. Die Zeichnung als Material enthält ihn nicht. Und dennoch zeichnet der Umstand, dass das digitale Bild ihn gespeichert enthalten kann, es vor dem traditionellen Bild aus. Etwas von dem, was gewöhnlich den Menschen als Semantik vorbehalten war, ist auf algorithmische Syntaktik reduziert worden, ist damit aus der mentalen in die maschinelle Dimension abgewandert.« (Nake 2005: 46)

Oder noch pointierter: Das interaktive Bild ist ein *doppeltes* »insofern, als in ihm selbst (und nicht erst in unserem Wahrnehmen) Teile dessen enthalten sind, um die es geht, wenn wir Bilder schaffen und betrachten« (ebd.: 50). Als sehr kurzes wie treffendes Fazit fügt Nake dieser These hinzu: »Das ist neu.« (Ebd.) Und in der Tat lässt sich in diesem Punkt sehr präzise der Unterschied zwischen ›klassischen‹ Bildformen – analogen wie (nicht-interaktiven) digitalen – und interaktiven Bildern aufzeigen: Nur interaktive Bilder enthalten eine Art Funktionslogik (in der Unterfläche). Diese kann einerseits vom Betrachter/User/Spieler mit Hilfe der Oberfläche (sozusagen ›durch die Oberfläche hindurch‹) verändert werden. Genauso kann sie vom Computer direkt (in der Unterfläche) manipuliert werden, was wiederum an der Oberfläche visualisiert wird. Nur in dieser ›beidseitigen‹ Manipulierbarkeit, kann es zu einem Rückkopplungseffekt kommen: »Erst das verdoppelte Bild erlaubt die technische Interaktion. Es wird geradezu zur Schnittstelle seiner selbst: Die sichtbare Oberfläche des Bildes wird zum *Interface* seiner unsichtbaren Unterfläche.« (Ebd.: 49; Herv. i.O.)

Im Computerspielbild wird dies besonders deutlich, denn hier ist die Unterfläche gewissermaßen das spielerische Regelwerk – oder zumindest sind Aspekte der spielerischen Form »explizit im digitalen Material mitgefasst« (ebd.: 48). Damit der Computer die Aktionen des Spielers (die Manipulation des Bild-Interfaces) auswerten – ›interpretieren‹ – kann, müs-

17 Vgl. hierzu auch Pias: »So ergibt sich eine methodische Trennung zwischen [...] menschlicher Bildbetrachtung und maschineller Bildverarbeitung. Der Ort, an dem sich beide begegnen, sind Steuerungsprozesse.« (Pias 2002: 47)

sen beide (›)Interpretationen(‹)[18] zusammenpassen: Der Spieler erteilt über die Oberfläche des Bildes einen Befehl, »das Bild im gewünschten Sinne zu verändern« (ebd.: 47); der Computer ändert – im Rahmen des Spielregelwerks – die Unterfläche des Bildes; daraufhin interpretiert der Spieler das Ergebnis dieser Änderung an der Oberfläche usw.

Vor diesem Hintergrund wird noch einmal deutlich, dass es im Computerspielbild keinen Sinn macht, Bild und Interaktion getrennt zu betrachten, da Oberfläche und Unterfläche nicht losgelöst voneinander verändert werden können – mit anderen Worten: die bildlichen Elemente sind nicht einfach *austauschbar* (vgl. wiederum Hinterwaldner 2010: 390). Mehr noch: Es zeigt sich aufgrund der ›doppelseitigen Interpretation‹, dass technische und ästhetische Kriterien verschmelzen:

»Interaktion, gestiftet über Bildlichkeit, ist so im Verborgenen schon immer eine Frage auch der Ästhetik. Denn diese ist eine Frage der Wahrnehmung. Eine völlig neue Dimension im Umgang mit komplexer Maschinerie schält sich seit Mitte der 1970er Jahre durch die Verbildlichung des Interface heraus. Der Mainstream der Human-Computer Interaction [...] hat dies lange Zeit nicht wahrhaben wollen. Er sah im Computer wesentlich eine bilderlose Maschine, auch wenn das Interface längst zweidimensional geworden war. Noch längst nicht war es deswegen Bild geworden.« (Nake 2005: 49)

---

18 Bei dieser Wortwahl erweist es sich als wichtig, Nakes Anmerkungen zum Gebrauch des Begriffs *Interpretation* zu ergänzen: »Während Menschen Material und Form sehen und interpretieren, sieht der Computer nicht und nichts. Er empfängt Signale, mit denen er das macht, was er machen muss. Wenngleich er ebenso wenig in der Lage ist, zu interpretieren wie zu sehen, entspricht sein Operieren *formal* betrachtet, einem Akt der Interpretation. Inhaltlich betrachtet ist die Interpretation des Computers lediglich eine Determination. Dem Computer (d.h. dem Programm) bleibt keinerlei Spielraum zu interpretieren. Streng den Regeln der Programmiersprache folgend, wird die Operation bestimmt, die allein an der betrachteten Stelle im Programm ausgeführt werden soll. Die Komplexität der im Programm beschriebenen Abläufe und ihres Zusammenwirkens mit der Umgebung im Computer ist jedoch so sehr angestiegen, dass dem Computer oft eine Interpretations-Leistung zugeschrieben wird, zu der er de facto nicht fähig ist.« (Nake 2005: 48; Herv. i.O.)

Nakes Definition des interaktiven Bildes lässt sich auch bildphänomenologisch vollziehen – unter Rückgriff auf Lambert Wiesings Modell des *Simulationsbildes*.[19] Wiesing unterscheidet in seiner Bildtheorie zwischen (1) Tafelbildern, (2) bewegten Bildern, (3) Animations- und (4) Simulationsbildern. Im ersten Fall erscheint ein Bildobjekt starr, im zweiten Fall beweglich, jedoch in seiner Bewegung determiniert. Beim Animationsbild ist eine freie Manipulation des Bildes möglich (wie sie etwa – ansatzweise[20] – in Grafik- oder Animationsprogrammen gegeben ist), beim Simulationsbild hingegen wird diese freie Veränderbarkeit eingeschränkt. Die Interaktion mit dem Bild ist hier bestimmten Regeln unterworfen:

»In jedem Fall ist die Simulation gegenüber der Animation eine freiwillige Selbsteinschränkung und damit nochmals ein qualitativer Sprung in der Geschichte des Bildes. Denn erst hier wird den imaginären Bildobjekten künstlich eine Physik angehängt – und das heißt: Obwohl man auch noch bei der Simulation nur Bilder auf einem Monitor betrachtet, schaut man nun doch nicht mehr in eine physikfreie Zone. Denn Simulationen sind die artifizielle Präsenz einer Physik.« (Wiesing 2005: 121)[21]

---

19 Zwar sind Nakes semiotischer Ansatz und Wiesings phänomenologisches Modell durchaus nicht durchweg kompatibel, auf der Ebene der hier vollzogenen Überlegungen erscheinen die beiden Arbeiten jedoch weitestgehend vergleichbar. So dürfte unstrittig sein, dass Nakes Modell auch Simulationsbilder beschreibt. Ob es hingegen auch Animationsbilder umfasst, kann und soll aufgrund der utopischen Komponente dieses Punktes in Wiesings Argumentation (vgl. FN 37) hier nicht beantwortet werden.

20 So lässt Wiesing weitgehend offen, ob er eine völlig freie Modellierbarkeit – wie er in Anlehnung an Vilém Flusser formuliert: eine *Externalisierung der Imagination* – bereits in der zeitgenössischen Computertechnik verwirklicht sieht oder ob sie eine Technik-Utopie markiert (vgl. Wiesing 2005: 116-120). Denn selbst die elaborierteste Software wird (schon aus Gründen der Komplexität bzw. der Steuerbarkeit) dem Anwender nicht jede erdenkliche Manipulationsmöglichkeit eines Bildobjekts bieten können. Als argumentativer Gegenpol zum Simulationsbild funktioniert das ›Ideal‹ eines Animationsbildes aber durchaus.

21 Gerade die positive Konnotation der Interaktion-Beschränkungen des Simulationsbildes ist beachtenswert. Denn während häufig die scheinbar grenzenlose Freiheit der virtuellen Welten eine Art Ideal des interaktiven Bildes markiert

Die Analyse eines Simulationsbildes verlangt also nicht nur die Beschreibung der sichtbaren Bildelemente, sondern stets auch die Berücksichtigung der den interaktiven Bildobjekten zugrundeliegenden artifiziellen Physik.[22] Wiesing fügt hinzu: »Diese in die Bildwelt künstlich implementierte Physik kann, muß aber nicht die Physik der außerbildlichen Realität sein.« (Ebd.: 121) Im Computerspielbild manifestiert sich die artifizielle Physik demnach als ein Set von Spielregeln und -konventionen, das die Möglichkeiten der Interaktion mit der Spielwelt bestimmt.

COMPUTERSPIELBILDER ALS AVATARBILDER

Ausgehend von einer solchen Modellierung des interaktiven Bildes, lässt sich nun eine zentrale Frage dieser Arbeit formulieren: Wie vermittelt das Computerspielbild über die (sichtbare) Oberfläche das Spielregelwerk der (unsichtbaren) Unterfläche? Oder: Wie vermittelt es bildlich seine spielmechanisch geprägte artifizielle Physik? Ein solcher Analysefokus betrachtet das Computerspielbild vor allem als »handlungsevozierendes Bild« (Hinterwaldner 2010: 454):

> »Die Darlegung dessen, was passiert, wenn der Interagierende etwas tut, ist [...] bereits Ergebnis einer Auseinandersetzung zwischen Betrachter und sinnlichem Artefakt. Das Bild ermöglicht oder verhindert dadurch, dass es Angebote unterbreitet, und zwar häufig dergestalt raffiniert, dass man sich oft nicht *explizit* für oder gegen etwas entscheidet. Zu fragen wäre nun, wie diese Bildwelten die Optionen des Spielers bedingen. Wie ordnen sich in einem System derartiger Wechselwirkungen Ereignisse in konkreten Interventionen?« (Ebd.: 396; Herv. i.O.)

(vgl. kritisch Schröter 2004a; Schneider 2009), stehen bei diesem Modell die Qualitäten einer stärker *regelgeleiteten* Interaktion mit dem Bild im Zentrum (vgl. hierzu auch Kap. V).

22 Oder mit Andreas Schelske formuliert: »Bei der Navigation in Bildern mit einem Bild – z.B. mit einem ikonischen dargestellten Avatar – konstruieren Nutzer die handlungsrelevanten Bedeutungen, indem sie das visuell Sichtbare als auch des interaktiv Erfahrbare interpretieren.« (Schelske 2005: 101)

Wenn es also um die Frage geht, wie Computerspielbilder »zu bestimmten Handlungen verleiten« (ebd.), wird wiederum die zentrale Bedeutung des Avatars deutlich. Denn als grafische Instanz, über die der Spieler mit der Bildwelt des Spiels verbunden ist, funktioniert der Avatar gewissermaßen als *Vermittler zwischen Darstellung und Spielmechanik*. Einerseits durch seine *instrumental Agency* (Klevjer 2006), als zentrales Interface-Element, darüber hinaus aber ebenso im Rahmen seiner *fictional Agency* als »Person geworden[e] Betrachteranweisung« (Kemp 1988: 250),[23] die eine Art »Integration der Teilnehmerperspektive in die Beobachterperspektive« (Rautzenberg 2002: 63) realisiert.

Eine solche These mag zunächst reichlich diffus wie überhöht anmuten, schließlich ist der Avatar i.d.R. nicht das einzige interaktive Bildelement, die einzige Verknüpfungsstelle zwischen Oberfläche und Unterfläche. Entscheidend ist jedoch, dass der Avatar die Interaktionsmöglichkeiten mit dem Bild i.d.R. stärker/prägnanter als andere Elemente strukturiert. Anders formuliert: Die Darstellung des Avatars markiert ein Set von Konventionen, das den handlungsevozierenden Charakter des Computerspielbildes in besonderem Maße prägt – wie die folgenden Kapitel zeigen werden …

23 Ein ähnliches Konzept findet sich in den filmtheoretischen Überlegungen Edward Branigans. So spricht Branigan von einem »personality effect« (1984: 181) des filmischen Bildes.

Kapitel II: Raum

Bildraum & Spielraum

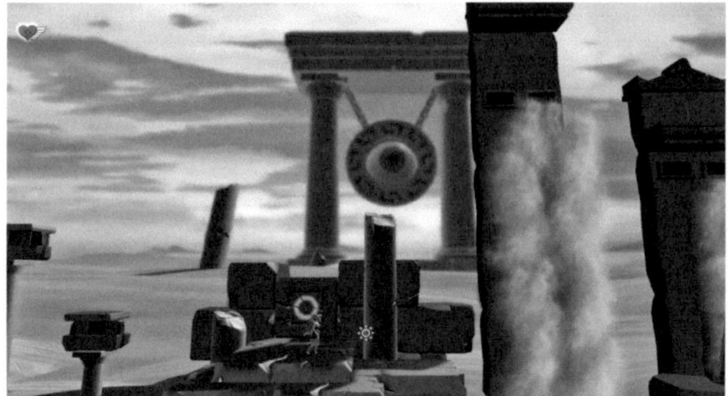

Abb. II-01: Nyxquest (2009)

Abb. II-01 und II-02 zeigen eine Spielszene aus dem Jump'n'Run NYXQUEST: KINDRED SPIRITS, genauer: aus dem Level »Fields of Argos« – dessen Titel nicht zufällig auf den hundertäugigen Riesen aus der griechischen Mythologie verweist. Denn der Gegner dieses Levels ist ein gigantisches Auge im Bildhintergrund, das sich in regelmäßigen Abständen öffnet und schließt. Wenn das Auge die Avatarfigur Nyx – ein rätselhaftes Mädchen mit Flügeln (untere Bildmitte) – erblickt, beschwört es einen tödlichen Sandsturm herauf. Die Spielmechanik des Levels besteht somit darin, hinter den Blöcken und Säulen der Tempelruinen vor dem Blick des Auges Deckung zu suchen. Die Welt von NYXQUEST besitzt eine ausgeprägte räumliche Tiefenwirkung. Große Säulen und Steinquader im Vordergrund ragen z.T. aus der Ansicht heraus, andere Elemente der comichaft stilisierten,

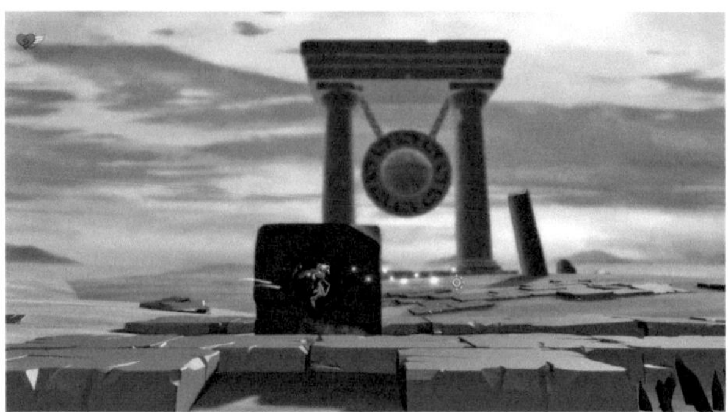

Abb. II-02: Nyxquest (2009)

aber mit detaillierten Beleuchtungseffekten versehenen Tempelruinen reichen weit in die Bildtiefe hinein, verschmelzen mit der Unschärfe des Hintergrunds. Die Avatarfigur hingegen ist auf Bewegungen nach links, rechts, oben und unten, d.h. auf die X- und Y-Achse einer bestimmten Bildebene beschränkt. Eine Bewegung auf der Z-Achse – in die Tiefe der Darstellung hinein (bzw. heraus in den Bildvordergrund) – ist nicht möglich. Die 3D-Darstellung ist nur in zwei Dimensionen ›bespielbar‹. Somit entbehrt die Wahl des Antagonisten dieses Levels nicht einer gewissen Ironie. Der Blick des riesigen Auges in der Tiefe des Bildraumes, der hier geradezu zum Sinnbild zentralperspektivischer Raumkonstruktion mutiert, wird mit einer Spielmechanik, die nur die Fläche kennt, kontrastiert – man möchte in der Bildbeschreibung geradezu formulieren: die Avatarfigur bewegt sich auf der Projektionsebene eben dieses tödlichen Blickes.

Es erscheint allerdings diskussionswürdig, ob eine solche Analyse letztlich zu weit zugespitzt ist. Denn die Spielmechanik betrifft durchaus mehrere Bildebenen, da bestimmte Säulen und Quader nicht nur zur Erzeugung einer Tiefenwirkung dienen, sondern auch spielfunktional von Bedeutung sind (als Blickschutz, d.h. als eine simple Form von Stealth-Gameplay). Darüber hinaus lassen sich einige dieser Objekte sogar manipulieren, allerdings nicht direkt durch die Avatarfigur, sondern ausschließlich mit Hilfe des Cursors, einem Sonnensymbol, das in NYXQUEST göttliche Mächte repräsentiert – doch die Varianten einer solchen Verknüpfung von Avatar und Cursor sind Gegenstand des nächsten Kapitels. Der Aspekt, der an dieser Stelle hervorgehoben werden soll, ist vielmehr die Spannung, die zwischen den verschiedenen ›Raumkonzepten‹ entsteht, zwischen einer Raumrepräsentation

sentation mit Tiefenwirkung und einem 2D-Spielraum (bzw. einer Staffelung von 2D-Interaktionsebenen).

Bei den meisten Spielern wird der beschriebene Gegensatz von räumlicher Darstellung und spielerischer Bewegungsfreiheit – oder vielmehr: Bewegungsbeschränkung – kaum für Irritation sorgen. Die Kopplung bestimmter grafischer Präsentationsformen mit bestimmten Spielmechaniken war und ist eine gebräuchliche, in vielen Fällen stark konventionalisierte Technik. Denn nicht eine viel beschworene ›entfesselte Kamera‹ beherrscht die virtuellen Welten des Computerspiels, sondern eine Montage sorgfältig inszenierter Einzelansichten. Teils fällt der Gegensatz zwischen perspektivisch-räumlichen und spielmechanischen Aspekten dabei so eindeutig aus wie im einleitenden Beispiel, teils sind die spielerischen Restriktionen subtiler oder zumindest besser kaschiert.

Die in NYXQUEST aufgezeigte Spannung zwischen der räumlichen Darstellung und den spielerisch-interaktiven Aspekten des Computerspielbildes, lässt sich mit Nake als Verbindung aus repräsentiertem Bildraum der Oberfläche und spielfunktionalem Regelraum der Unterfläche des Bildes beschreiben; die unsichtbare Unterfläche fügt der sichtbaren Oberfläche des interaktiven Bildes gewissermaßen einen regelhaften Bewegungsraum hinzu. Und mit Wiesing lässt sich analog dazu formulieren: Der Avatar bildet in NYXQUEST den Kern der artifiziellen Physik des interaktiven Bildes, indem er durch seine Bewegungsoptionen den spielerischen Raum, der durchquert werden muss, vorgibt. Somit veranschaulicht NYXQUEST noch einmal das Fazit des vorangegangenen Kapitels: Das Avatarbild markiert bestimmte bildliche Interaktionskonventionen, denn die Bewegungsmöglichkeiten – die Bewegungseinschränkungen – des 2D-Avatars prägen maßgeblich die handlungsevozierenden Aspekte des Bildes. Dies wird auch in der Genrebezeichnung des einleitenden Beispiels deutlich: NYXQUEST ist ein 2D-Jump'n'Run – die 3D-Spielwelt-Darstellung ist in diesem Fall also nicht entscheidend. Wichtig hierbei ist, dass die ›2D-Bespielbarkeit‹ des 3D-Raumes nicht allein durch die Interaktion mit dem Bild deutlich wird, sondern ebenso durch verschiedene bildliche Konventionen, deren Interpretation dem eigentlichen Spielvorgang vorgelagert ist. Diese Konventionen manifestieren sich etwa durch eine charakteristische Seitenansicht der Avatarfigur, kombiniert mit einer 2D-Jump'n'Run-typischen Positionierung innerhalb der Aufreihung von Felsen- und Tempel-Elementen im Bildvordergrund. Die Wahrnehmung des interaktiven Bildes bestimmt sich somit stets durch ein Wechselspiel von Darstellungskonventionen *und* Interaktionsmöglichkeiten, wobei gerade die Reibungsfläche dieser beiden Prozesse ein Attraktionsmoment des Spiels bilden kann.

RAUMDARSTELLUNG UND AVATARBILD

Einen Schritt hinter die in NYXQUEST aufgezeigte Spannung zwischen Darstellung und artifizieller Physik des interaktiven Bildes zurückgehend, erscheint es notwendig, zunächst die unterschiedlichen Raumdarstellungen des Computerspiels grundlegend in den Blick zu nehmen. Denn obgleich das einleitende Beispiel gerade den Kontrast zwischen räumlicher Darstellung und Avatar-basierter Interaktion betont, gehören Raumkategorien zu den zentralen Beschreibungskriterien des Computerspielbildes (vgl. bspw. Poole 2000; Wolf 2001; Stockburger 2006; Rumbke 2005; Fernández-Vara/Zagal/Mateas 2005, Schwingeler 2008; Nitsche 2008), auf die auch die folgenden Analysen nicht verzichten können.

Das zentrale Kriterium bei der Unterscheidung verschiedener Raumkonzepte ist der Wechsel zwischen zwei- und dreidimensionalen Darstellungen. Im 2D-Bereich kann unterschieden werden zwischen sogenannten *Bildschirmcontainern*, die die komplette Spielfläche auf einem Bildschirm zeigen, und *Multiscreen*-Darstellungen, deren Spielwelt sich über mehrere Bildschirm-Ansichten erstreckt, die durch Umschaltung oder Scrolling (vertikaler oder horizontaler Bildlauf) gewechselt werden. Im 3D-Bereich (*Realtime 3D*) kann die Positionierung der virtuellen Kamera als Unterscheidungskriterium herangezogen werden, bspw. *First-Person-* und *Third-Person-View*. Außerdem sind Übergangsphänomene von 2D- zu 3D-Spielwelten zu berücksichtigen, insbesondere isometrische Ansichten[1] und soge-

1 Bei der Isometrie handelt es sich um eine Parallelprojektion, die über keine Fluchtpunkte verfügt und alle drei räumlichen Ebenen gleichwertig darstellt. Alle diagonalen Linien verlaufen in einem Winkel von 30 Grad zur horizontalen Ebene. Die isometrische Darstellung erzeugt dabei trotz Parallelprojektion einen starken räumlichen Eindruck, da sie die Objekte der Spielwelt von drei Seiten zeigt und den Eindruck von Höhenstufen vermitteln kann (vgl. etwa Rumbke, 2005: 69-70; Beil/Schröter 2011: 133-137) – auch wenn im Vergleich zur Realtime 3D natürlich Einschränkungen bestehen: »Yet while axonometric projec-

nannte *Fake-3D*-Techniken, die mittels 2D-Grafiken einen räumlichen Eindruck erzeugen.

Im Folgenden soll gezeigt werden, dass für die Beschreibung des Computerspielbildes als interaktives Bild, diese Raumkategorien zwar durchaus grundlegend sind, aber stets durch den Aspekt ihrer ›Bespielbarkeit‹ (bzw. ihrer artifiziellen Physik) ergänzt werden müssen. Dies geschieht, wie bereits im einleitenden Beispiel NYXQUEST demonstriert, durch die Verknüpfung von Raumdarstellung und ›Avatar-Raum‹ (im Sinne eines Bewegungs- bzw. Handlungsraums der Avatarfigur). Hier ergeben sich im Wesentlichen drei Kombinationsmöglichkeiten: 2D-Raum (bzw. Fake-3D) & 2D-Avatar, 3D-Raum & 2D-Avatar, 3D-Raum & 3D-Avatar. Im letzten Fall kommt eine Binnendifferenzierung hinsichtlich der Möglichkeit einer Blickpunkt-Steuerung (Third-Person/First-Person) hinzu.

2D-RAUM & 2D-AVATAR

Zwar sind 2D-Spielwelten auch im zeitgenössischen Computerspiel noch vielfach anzutreffen, allerdings vor allem auf mobilen Plattformen (mit schwächerer Rechenleistung). Auf aktuellen Konsolen und PCs sind – abgesehen vom Bereich der Retro-Games (vgl. Camper 2009; Suominen 2008; Felzmann 2010) – 2D- oder Fake-3D-Spielwelten hingegen nur noch selten vertreten, da auch die ›klassischen‹ 2D-Genres (etwa Jump'n'Runs) in den meisten Fällen eine dreidimensionale Raumdarstellung (in Kombination mit einem 2D-Avatar) nutzen. Kommt eine 2D- oder Fake-3D-Spiel-

---

tions brought new possibilites to video game graphics, the three-dimensional spaces they create are visually limited in that character sprites do not change size (and thus seem to always remain at the distance from the player), and also because implied camera movement is restricted to lateral tracking (as in ZAXXON) as opposed to the movement possible in a scene rendered from a linear perspective, in which objects can be moved along the z-axis. After true three-dimensionally generated graphics became commonplace, axonometric projections saw much less use, since a three-dimensional game could generate a view similar to the axonometric one by positioning the implied camera over the game's scenery, only one which had more potential for camera movement and interaction.« (Wolf 2009: 159-160)

welt zum Einsatz, lässt sich dies dementsprechend oft nicht nur spielmechanisch begründen, vielmehr ist meist ein nostalgischer oder reflexiver Effekt intendiert (vgl. Beil 2011). So wird es im Folgenden nicht nur um besonders typische Beispiele der Räumlichkeit von 2D-Spielwelten gehen, sondern vor allem um Grenzfälle, die die Spezifika oder Paradoxien ihrer jeweiligen Darstellungsvarianten thematisieren.

Ein (sehr kurzer) historischer Überblick: Die frühen Klassiker der Computerspielgeschichte wie SPACE INVADERS oder DEFENDER verfügen allesamt über einen 2D-Raum, der sich allerdings aufgrund der rudimentären grafischen Darstellung nicht selten durch eine perspektivische Mehrdeutigkeit auszeichnet. Das wohl berühmteste wie prägnanteste Beispiel ist PONG (Abb. II-03), dessen grafischer Aufbau von Stephan Schwingeler wie folgt beschrieben wird:

»PONG bringt eine Art Kippbild mit zwei Lesarten hervor. Es gibt keine darstellerischen Mittel, die anzeigen, ob die vom Spieler bewegten Balken (Schläger) aufsichtig oder als in der Seitenansicht schwebende Elemente gedacht sind. Der Raum ist darstellerisch völlig undefiniert und konstituiert sich als Spielerfahrung nur durch die Bewegung der Elemente und damit der Zeit des Spielverlaufs.« (Schwingeler 2008: 110)

Nach dieser Ära perspektivischer Undefiniertheit ist durch eine Steigerung der Grafikleistung in den 1980er Jahren die Ausdifferenzierung unterschiedlicher Projektionsarten, aber gleichzeitig auch deren Vermischung zu beobachten. Charakteristisch ist hier wiederum ein Klassiker der Computerspielgeschichte – PAC-MAN (Abb. II-04):

»Während das Labyrinth als Grundriss dargestellt ist, sind die Sprites der Geister frontal von vorne dargestellt. Der den Spieler repräsentierende Sprite Pac-Man ist von der Seite zu sehen. Diese unterschiedlichen Formen der Projektion (Grundriss, Ansicht, Schnitt), die in PAC-MAN simultan im selben Bild erscheinen, sind den technischen Limitationen der Pixelgrafik geschuldet.« (Ebd.: 110-111)

Dasjenige Element, das diese perspektivische Mehrdeutigkeit gewissermaßen stabilisiert, ist bezeichnenderweise der Avatar – oder vielmehr dessen 2D-Bewegungsoptionen. Denn da die Raum-Darstellung perspektivisch

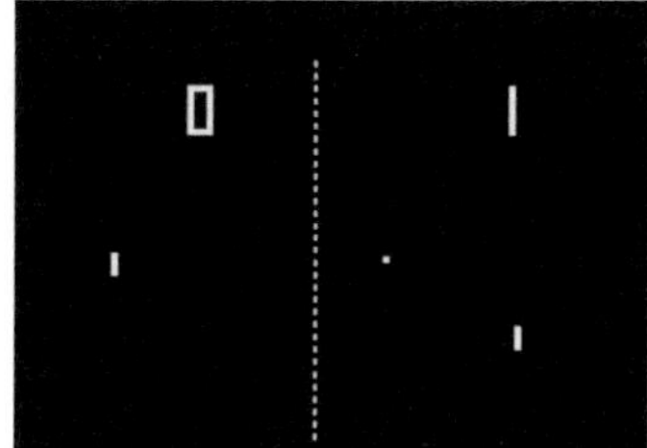

Abb. II-03: Pong (1972)

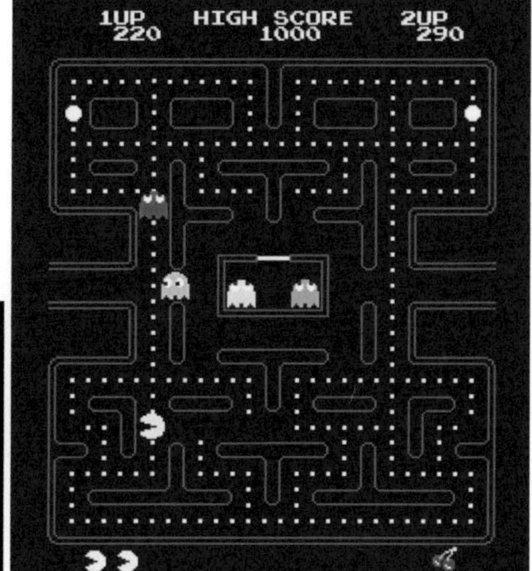

Abb. II-04: Pac-Man (1980)

nicht (eindeutig) aufgelöst werden kann, werden die Handlungsmöglichkeiten des interaktiven Bildes hier zum ausschlaggebenden Faktor.Anders formuliert: Während in NYXQUEST der 2D-Avatar in Verbindung mit der 3D-Welt eine bildliche Spannung erzeugt, führt er in PAC-MAN gewissermaßen zur ›Festigung‹ der Bildkomposition der 2D-Welt.

Allerdings zeigt sich, dass ein solcher Prozess der Stabilisierung über die artifizielle Physik des Bildes nur im begrenzten Maße auf grafisch aufwendigere Spielwelten übertragbar ist. PAC-MAN funktioniert mit seiner einfachen Darstellung, trotz bildlicher ›Ungereimtheiten‹ ausgezeichnet. Dies liegt vor allem daran, dass das Spielsystem als »abstract, largely symbolic« (Poole 2000: 183) gelesen werden kann. Die Frage nach einer perspektivisch eindeutigen Darstellung tritt in den Hintergrund.[2]

So wird erst bei stärker ikonisch geprägten Repräsentationen mit steigendem Detailgrad die Frage nach der perspektivischen Darstellung überhaupt zunehmend relevant – etwa im Arcade-Actionspiel INDIANA JONES AND THE TEMPLE OF DOOM (Abb. II-05).

2 Wie auch ein Blick auf die grafisch aufwendigere, aber weitgehend missglückte, isometrische Variante PAC-MANIA zeigt.

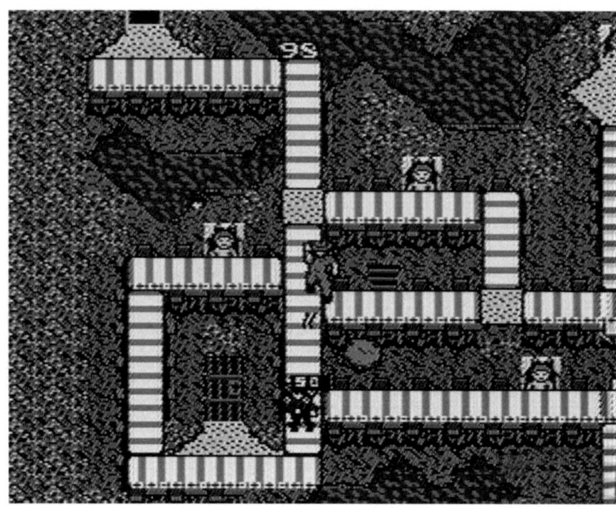

Abb. II-05: Indiana Jones and the Temple of Doom (1988)

Der Spieler steuert Indiana Jones durch eine 2D-Landschaft (Multiscreen) und geht allerlei heldentypischen Tätigkeiten nach: Fledermäuse-, Schlangen- oder Thuggee-Wachen werden mit der Peitsche bekämpft, Kinder müssen aus Felshöhlen gerettet werden. In der Mitte des Bildschirms befindet sich der 2D-Avatar, der aus einer leicht abgeschrägten Perspektive je nach Bewegungsrichtung von vorne oder von der Seite zu sehen ist. Die gestreiften auf Schwellen aufliegenden Wege suggerieren eine Draufsicht, der mit verschiedenfarbigen Felsenmustern versehene Unter-/Hintergrund lässt hingegen offen, ob es sich um eine Drauf- oder eine Seitenansicht handelt. Die an den Weg angrenzenden Türen und Höhlen sind (ähnlich wie der Avatar) in einer Frontalansicht abgebildet. Als wahrscheinlichste ›Auflösung‹ der perspektivischen Widersprüche erscheint damit zunächst eine Parallelprojektion einer leicht nach hinten gekippten Spielfläche, also eine Art Hang. Allerdings wirft dies – um an dieser Stelle einmal narrative Kriterien hinzuzuziehen – nicht nur die Frage auf, wer auf die reichlich merkwürdige Idee kommt, eine Abenteuergeschichte komplett an einem Hang spielen zu lassen, auch wird die Plausibilität einer geneigten Spielfläche durch die artifizielle Physik des Bildes weitgehend unterbunden. Die Bewegung der Spielfigur auf den Wegen lässt aufgrund der konstanten Fortbewegungsgeschwindigkeit nämlich auf eine Draufsicht schließen. Verlässt der Avatar allerdings den Wegbereich, fällt er nach unten, was wiederum eine abgeschrägte (oder eine seitliche) Ansicht plausibel erscheinen lässt. INDIANA JONES AND THE TEMPLE OF DOOM deutet also eine Art 3D-Avatar an, der in einer 2D-Raumdarstellung natürlich schwerlich realisiert werden kann – was somit letztlich nur zu widersprüchlichen oder gar paradoxen Bildkompositionen führt. Kritisch werden diese Elemente dabei nicht nur, weil sie die Ansicht der Spielwelt – viel stärker als bei der abstrakten Darstellung PAC-MANs – irritieren, sondern vor allem, weil sie sich auf wesentliche Spielmechaniken (vor allem auf das Springen) störend auswirken.

Eine Auflistung solcher problematischen Kombinationen ließe sich fortführen – insbesondere bezogen auf den weiteren Verlauf der Computerspielgeschichte. Denn gerade zu Beginn der 3D-Ära finden sich zahlreiche Beispiele perspektivisch paradoxer Darstellungen, die auf die Verbindung von ›echter‹ 3D-Grafik (Realtime 3D) mit zweidimensionalen Elementen (sogenannte *Sprites*) zurückzuführen sind. Da sich aber auch diese Beispiele weitestgehend in perspektivischen Unzulänglichkeiten erschöpfen, soll an dieser Stelle vielmehr der Wechsel zu zeitgenössischen 2D-Spielwelten erfolgen, die ihre im Hinblick auf aktuelle grafische Standards geradezu veraltet anmutende Darstellungstechnik bewusst einsetzen – für nostalgische, atmosphärische oder auch selbstreflexive Zwecke.

Zentral ist dabei die Thematisierung von Fake-3D-Techniken.[3] So ist die Geschichte der Raumdarstellung im Computerspiel nicht nur die Umstellung von einer 2D- hin zu einer 3D-Modellierung der Spielwelt, sondern ein fließender Übergang, bei dem die 2D-Spielwelt nach und nach mit visuellen Techniken zur Erzeugung von Tiefe innerhalb der Darstellung angereichert wurde:

> »Over time, video games incorporated all of the techniques used to imply depth in graphic art, including overlap, apparent size, linear perspectives, foreshortening, texture gradients, aerial perpective, and shadowing.« (Wolf 2009: 151-152)

Somit zeigt sich hier äußerst anschaulich die von Aumont beschriebene »Wiederaufnahme von Fragen, Konzepten, Prinzipien, die im Laufe der Geschichte der repräsentativen abendländischen Malerei [...] entwickelt wurden« (Aumont 1992: 79).

3 Teils findet sich auch die Bezeichnung »2.5 dimensional graphics« (Wolf 2009: 157).

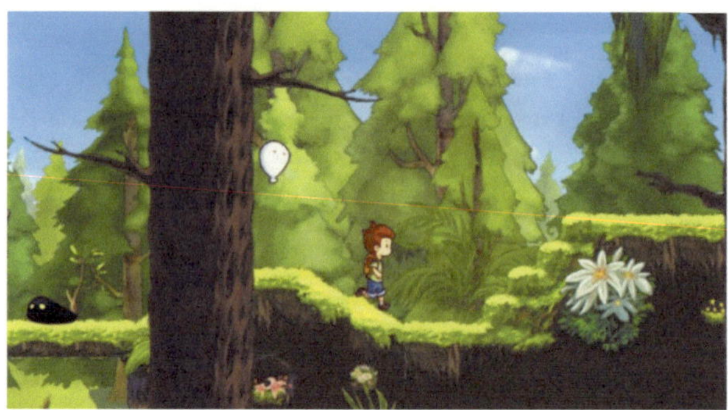

Abb. II-06: A Boy and his Blob (2009)

Bei den Fake-3D ist insbesondere das sogenannte *Parallax Scrolling* hervorzuheben, bei dem der Bildschirm in mehrere Vorder- und Hintergrundebenen unterteilt wird, die mit unterschiedlicher Geschwindigkeit scrollen:

»Dieser Effekt macht sich die Erkenntnis zu Nutze, daß sich vom Betrachterstandpunkt entfernt befindliche Objekte trotz gleicher Geschwindigkeit langsamer bewegen, als Elemente des Vordergrunds. Teilt ein Programmierer die Spielansicht in mehrere grafische Ebenen, die dieser Regel unterliegen, auf und verknüpft er sie zudem mit einer entsprechenden Zeichenreihenfolge (›Z-Sortierung‹), entsteht allein aus dem Gefüge von Größen, Geschwindigkeiten und Überlappungen ohne aufwendige 3D-Berechnungen ein starker räumlicher Eindruck.« (Rumbke 2005: 69)

Die Wirkung dieser Technik lässt sich im zeitgenössischen Computerspiel bspw. in A BOY AND HIS BLOB, eine Mischung aus Puzzle-Game und Jump'n'Run, beobachten. Die mittlere 2D-Ebene, auf der sich die Avatarfigur (der kleine Junge in der Bildmitte; Abb. II-06) befindet, wird mit mehreren Ebenen im Vordergrund wie im Hintergrund kombiniert, die sich in unterschiedlichen Geschwindigkeiten bewegen. Verstärkt wird die räumliche Wirkung durch den dezenten Einsatz luft- und farbperspektivischer Techniken. Der nostalgische Effekt, den die grafische Gestaltung von A BOY AND HIS BLOB hervorruft, ist dabei durchaus intendiert, handelt es sich bei dem Spiel doch um eine modernisierte Fassung, ein Re-Imagining, des NES-Klassikers A BOY AND HIS BLOB: TROUBLE on BLOBOLONIA (1990).

Abb. II-07: Limbo (2010)

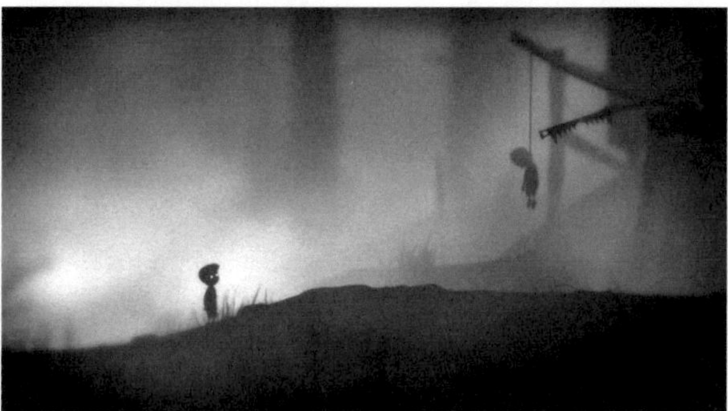

Abb. II-08: Limbo (2010)

Einen Gegenentwurf zu dieser nostalgischen Wirkung bietet LIMBO (Abb. II-07/II-08). Wiederum handelt es sich um einen Puzzle-Jump'n'Run-Hybriden, wiederum ist der Protagonist ein kleiner Junge und auch hier ist die Spielwelt aus mehreren 2D-Ebenen zusammengesetzt – die jedoch nur Silhouetten zeigen. Die vorderen Ebenen sind tiefschwarz – mit Ausnahme der seltsam leuchtenden Augen der Avatarfigur –, die hinteren Ebenen verblassen in dichtem Nebel. Damit bedient sich Limbo zwar ›klassischer‹ Fake-3D-Techniken, überhöht diese jedoch geradezu, indem sie zur einzigen Quelle tiefenräumlicher Wirkung werden, während der Silhouetten-Effekt alle übrigen Details in der Schwärze tilgt. In Kombination mit einer düster-minimalistischen Soundkulisse und erstaunlich grausamen Tötungsanimationen (der kleine Junge wird durch Fallen und Gegner verstümmelt oder auch enthauptet) entwirft LIMBO eine alptraumhafte Atmosphäre, die gerade durch die ›räumlichen Beschränkungen‹ der Fake-3D-Spielwelt noch verstärkt wird. Denn die Tiefe verwehrt nicht nur durch die Nebelschwaden dem Spieler einen Blick auf die grauenhaften Wesen, die sich in den Wäldern und Fabrikruinen der Spielwelt verstecken. Mehr noch kann diese Tiefe niemals erkundet, ihre Geheimnisse niemals gelüftet, ihre Monstren niemals bekämpft werden – denn diese Tiefe ist der unerreichbare Hintergrund der Fake-3D-Welt. Der Avatar ist nicht nur in seiner Alptraumwelt, sondern auch in seiner 2D-Ebene gefangen.

Was in LIMBO als bedrückende Raumverengung funktioniert, ist in SUPER PAPER MARIO der Anlass für ein selbstreflexives Spiel mit den räumlichen Konventionen der Fake-3D-Welten. Denn hier findet sich die Avatarfigur (in Abb. II-09 Prinzessin Peach, links) nach dem Betreten einer grünen Röhre plötzlich in der Hintergrundebene der Spielwelt wieder (Abb. II-10). Die Röhre ist dabei als Verbindungselement zwischen Bildvorder- und-hintergrund nicht zufällig gewählt. Sie gehört zu den Markenzeichen der SUPER MARIO-Reihe und teleportiert die Avatarfigur normalerweise in andere Level-Abschnitte oder führt zu Bonus-Stages. Insofern reflektiert SUPER PAPER MARIO hier das Bildelement der Röhre als eine Markierung paradoxer Raumanordnungen bzw. -verbindungen und sprengt gleichzeitig die Kategorie der Fake-3D-Spielwelt, indem die Hintergrundebene(n) nicht mehr nur als grafisches Mittel zur Erzeugung einer Tiefenwirkung dienen, sondern tatsächlich ›bespielbar‹ werden. Der Bruch mit den Konventionen der Fake-3D-Welt akzentuiert somit die paradoxe räumliche Form der ›gestapelten‹ – und damit im Grunde in der dritten Dimension angeordneten – zweidimensionalen Ebenen.

Die Auseinandersetzung SUPER PAPER MARIOS mit der grafischen Entwicklungsgeschichte des Computerspielraumes führt allerdings noch weiter. So erlaubt ein besonderes Gameplay-Feature eine kurzzeitige Umschaltung von der zweidimensionalen Spielansicht in eine um 90 Grad gedrehte Darstellung (Abb. II-11/II-12).[4] In dieser ›gedrehten Ansicht‹ besteht die

4 Der Wechsel von der 2D- zur 3D-Ansicht dient im Laufe des Spiels dazu, verborgene Wege und Items sichtbar zu machen. Versperrt in der 2D-Ansicht ein massiver Block den Weg, kann Mario in der 3D-Ansicht meist einfach an diesem Hindernis vorbei laufen. Dabei kann der Avatar nur eine kurze Zeit in der 3D-Ansicht verbleiben. Ein Statusbalken in der linken oberen Bildschirmecke

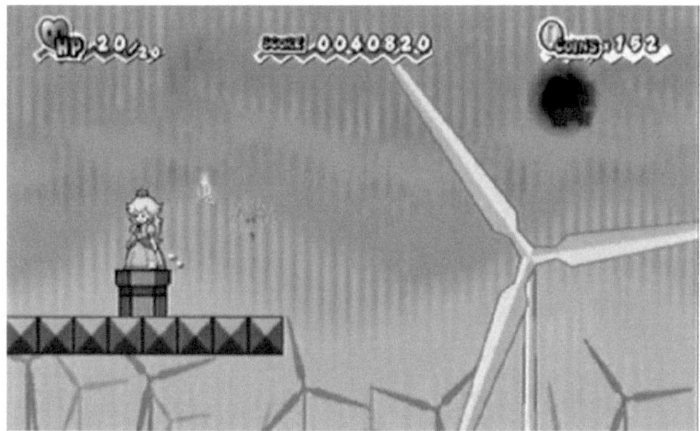

Abb. II-09: Super Paper Mario (2007)

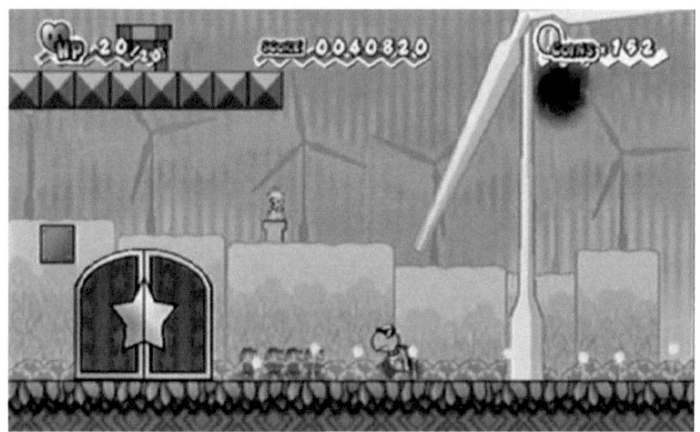

Abb. II-10: Super Paper Mario (2007)

Spielwelt nicht wie erwartet aus einer zweidimensionalen Fläche, sondern ist dreidimensional gestaltet – eine lange zentralperspektivisch korrekt ins Unendliche verlaufende Straße, die mit Blöcken und Röhren versehen ist. Die Transformation ist bewusst nicht vollständig, sondern wiederum eine

zeigt die verbleibende ›3D-Zeit‹ an. Ist diese abgelaufen, werden der Spielfigur »Health-Points« abgezogen. Aufgrund dieser Zeitbeschränkung bildet die 2D-Ansicht den ›dominanten‹ Darstellungsmodus, nicht zuletzt auch weil sich die Jump'n'Run-Elemente, die die grundlegende Spielmechanik bilden, in der 2D-Ansicht leichter und präziser ausführen lassen.

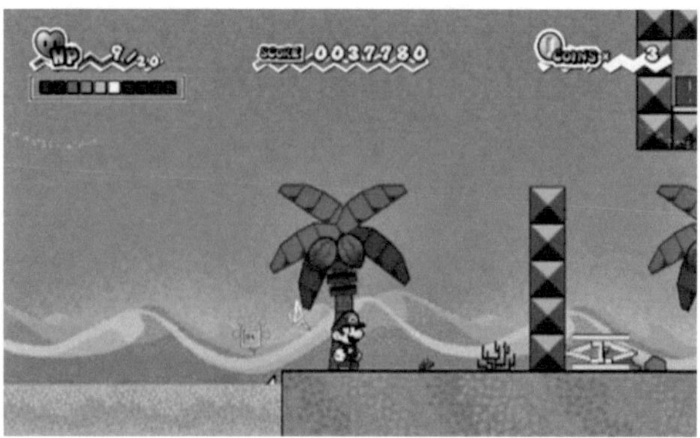

Abb. II-11: Super Paper Mario (2007)

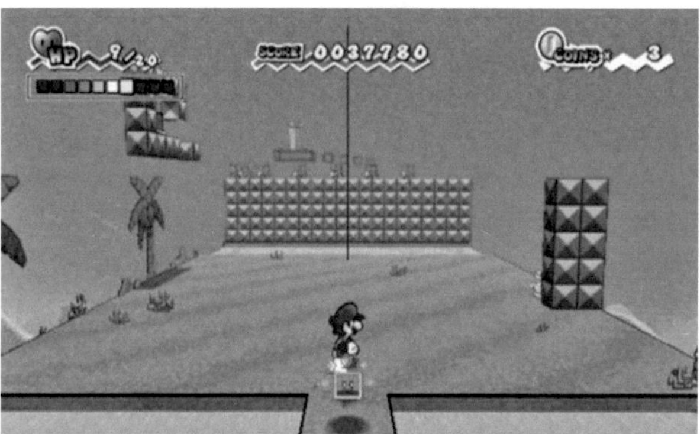

Abb. II-12: Super Paper Mario (2007)

geschickte Kombination unterschiedlicher grafischer Entwicklungsstufen der Computerspielgeschichte. So entpuppt sich der Hintergrund (der 2D-Ansicht) auch in der 3D-Ansicht als eine zweidimensionale ›Bildtapete‹, als eine geschickte optische Täuschung. Außerdem bleibt der Avatar eine 2D-Figur, die nur durch eine leichte Drehung in der 3D-Umgebung überhaupt sichtbar wird. Damit ergibt sich eines der wohl ungewöhnlichsten Avatarbilder dieser Arbeit: eine ›quasi-zweidimensionale‹ Avatarfigur, die sich paradoxerweise in drei Dimensionen bewegen kann, allerdings nur dann, wenn die Spielwelt von der ›richtigen‹ Seite aus betrachtet wird.

3D-RAUM & 2D-AVATAR

Die Kombination aus 3D-Spielwelt und 2D-Avatar ist bereits anhand des Beispiels NYXQUEST unter verschiedenen Gesichtspunkten diskutiert worden und soll an dieser Stelle lediglich durch einige prägnante Variationen ergänzt werden.

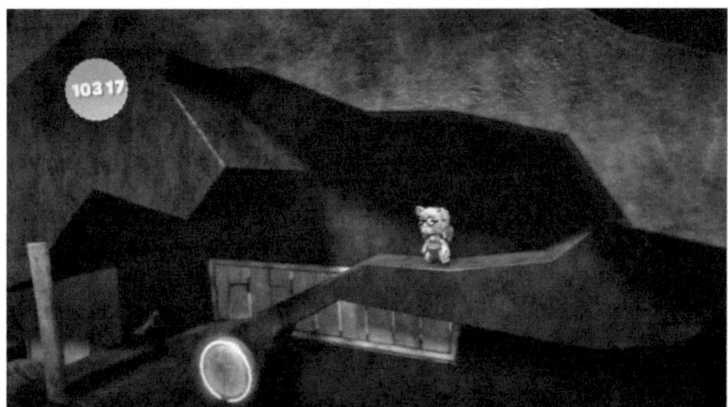

Abb. II-13: Little Big Planet (2008)

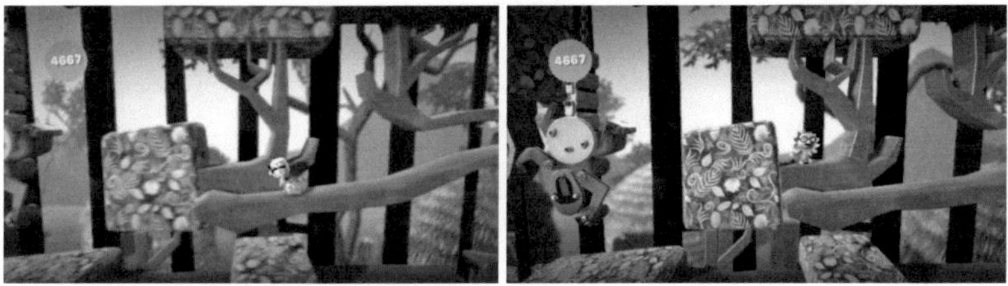

Abb. II-14 & II-15: Little Big Planet (2008)

Eine Modifikation der einleitend beschriebenen 2D-Bewegungsbeschränkungen in einer 3D-Darstellung findet sich im Jump'n'Run LITTLE BIG PLANET. Die Dreidimensionalität der Spielwelt ist hier ebenfalls durch die Tiefenwirkung der Darstellung stets präsent und wird in einigen Abschnitten, in denen die Seitenansicht des Spiels leicht gekippt ist, sogar noch gesteigert (Abb. II-13). Doch auch spielmechanisch ist LITTLE BIG PLANET nicht auf zwei Dimensionen beschränkt. So ist die 2D-Spielebene an vielen Stellen ›breiter‹ und gestattet eine (eingeschränkte) Bewegung des Avatars auf der Z-Achse in Form eines Sprungs auf eine dahinter- oder davorliegende Ebene (Abb. II-14/II-15). Diese Bewegung in der Bildtiefe mag auf den ersten Blick an den Ebenenwechsel aus SUPER PAPER MARIO erinnern. Doch funktioniert diese Technik in LITTLE BIG PLANET kaum als reflexiver Bruch der Räumlichkeit der Spielwelt, sondern wird eher zur Konvention, da der Ebenensprung aufgrund der Level-Architektur eine fortwährende Spielmechanik bildet. Zudem ist diese (punktuelle) Modifikation der artifiziellen Physik in einer dreidimensionalen Spielwelt – im Gegensatz zur gestaffelten Struktur der (Fake-)Fake-3D-Welt von SUPER PAPER MARIO – räumlich gewissermaßen plausibel(er).[5]

Ein drittes und letztes Beispiel dieser Kategorie: das Action-Adventure SHADOW COMPLEX. Die Darstellung der Spielwelt ist hier wiederum ›betont dreidimensional‹, die Avatarbewegung auf zwei Richtungen innerhalb einer mittleren Bildebene beschränkt. Wie in NYXQUEST können – die in diesem Fall weniger symbolisch aufgeladenen – Gegner auch hinter der Ebene der Avatarfigur positioniert sein. In SHADOW COMPLEX kann der Avatar diese Gegner jedoch angreifen, d.h. mit Maschinengewehren, Laserpistolen und anderen tödlichen Werkzeugen unter Beschuss nehmen (Abb. II-16/II-17). Diese spielfunktionale Öffnung der Avatar-Ebene ist während des Spielverlaufs dabei keinesfalls eine einmalige Modifikation der artifiziellen Physik des Spielbildes, sondern findet ständig und in mehreren Variationen statt. So springen einige Gegner aus den hinteren Ebenen in die Ebene des Avatars; einer der Endgegner, ein Kampfhubschrauber, vermag gar auch diese Ebene zu überwinden und in den Bildvordergrund zu gelangen, wobei die Rotorblätter aus der Spielansicht hinausragen (Abb. II-18/II-19). SHADOW COMPLEX bezieht seine Faszination somit nicht unwesentlich aus einem Spiel mit den Konventionen des handlungsevozierenden Bildes des 2D-Avatars. Es nutzt einerseits eine ›klassische‹ Seitenansicht, akzentuiert andererseits jedoch ständig die Dreidimensionalität seiner Spielwelt. Eben-

5 Hinsichtlich dieser (vergleichsweise) ›großen‹ Bewegungsfreiheit mag die Einordnung von LITTLE BIG PLANET in die 2D-Avatar-Kategorie schon fast fraglich erscheinen, doch sowohl räumlich wie auch spielmechanisch bleibt der Titel eher vergleichbar mit NYXQUEST und anderen 2D-Jump'n'Runs, denn die Erweiterung des Bewegungsraums des Avatars bleibt auf den ›kontrollierten‹ Ebenensprung beschränkt. Dabei kann die Avatarfigur weder von der jeweils vordersten oder hintersten Ebene herunterfallen, d.h. die Seitenansicht der Spielwelt bleibt ›geschlossen‹.

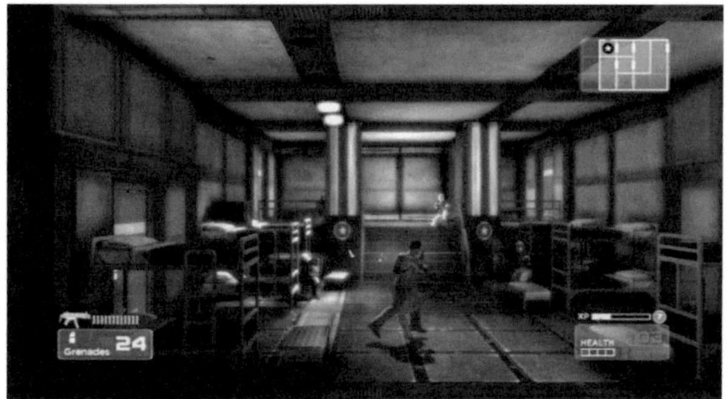

Abb. II-16: Shadow Complex (2009)

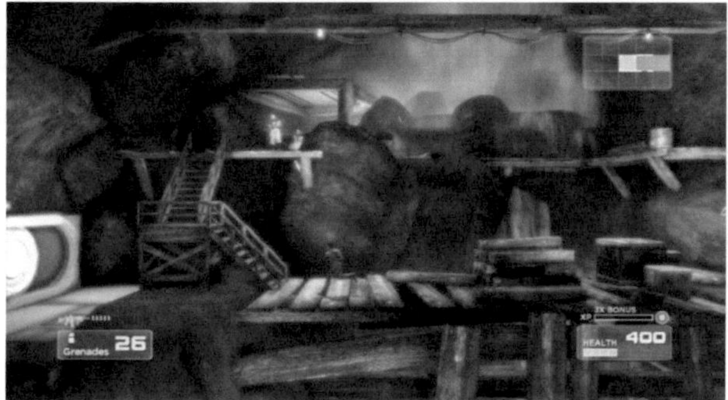

Abb. II-17: Shadow Complex (2009)

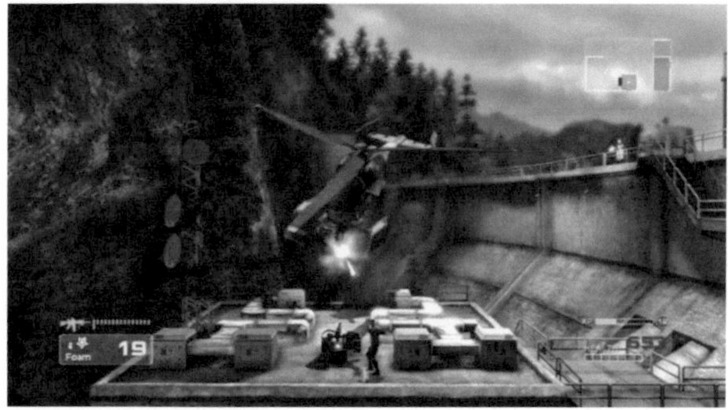

Abb. II-18: Shadow Complex (2009)

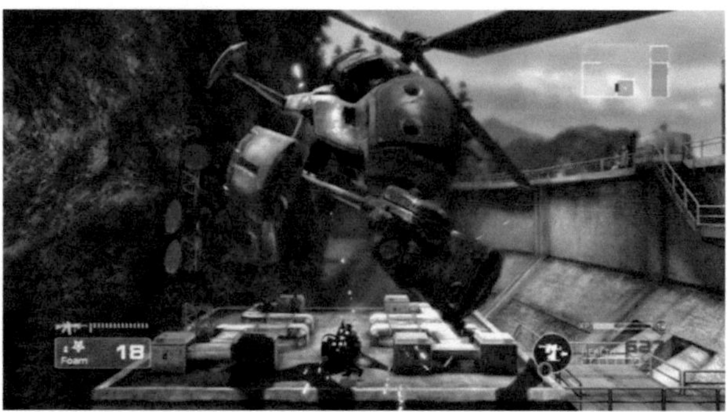

Abb. II-19: Shadow Complex (2009)

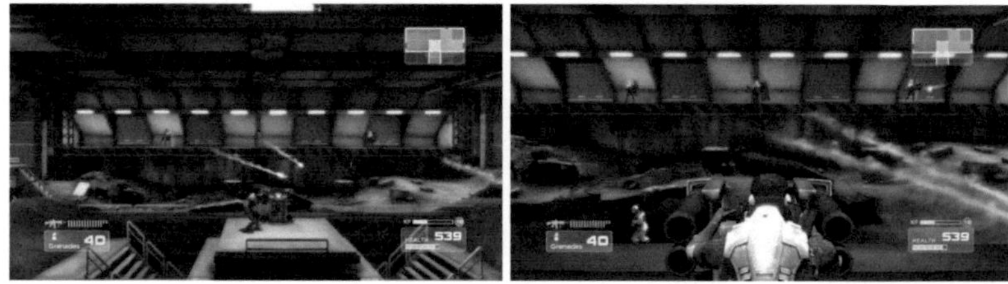

Abb. II-20 & II-21: Shadow Complex (2009)

so wird der ›Ausbruch‹ des Avatars aus der 2D-Ebene mehrfach angedeutet ohne jedoch jemals vollständig vollzogen zu werden, denn alle 2D/3D-Wechsel bleiben stets spielmechanisch restriktiv. Selbst ein vermeintlicher ›Ausbruch‹ in eine Third-Person-View, der an die Benutzung einer stationären Kanone gekoppelt ist (Abb. II-20/II-21), entpuppt sich nur als eine Anomalie, bei der der Avatar auf seine Ebene beschränkt bleibt, denn wiederum sind es nur die Projektile der Schusswaffe, die sich auf der Z-Achse in die Tiefe des Bildes bewegen können.

3D-RAUM & 3D-AVATAR

Eine Angleichung der Dimensionalität von Raumdarstellung und ›Avatar-Raum‹ findet in der Kombination von 3D-Raum und 3D-Avatar statt. Überspitzt formuliert, realisiert erst in diesem Fall eine dreidimensionale Raumdarstellung im Computerspiel ihr volles ›Potenzial‹, indem sie nicht mehr nur schmückender Hintergrund (oder Anlass für selbstreflexive Effekte) ist, sondern ›begehbarer‹ (oder vielmehr ›bespielbarer‹) Raum wird.[6] Allerdings ist auch diese Form des Avatarbildes durch seine Regelhaftigkeit geprägt. Der wichtigste Aspekt ist hier die Kategorie der Perspektivierung, im Sinne der Möglichkeit bzw. der Art und Weise einer Blickpunktsteuerung. So lässt sich bspw. mit Britta Neitzel (2007a, in Anlehnung an Jean Mitry (1998 [1963-1965])) eine objektive Ansicht,[7] ein semi-subjektiver und ein subjektiver *Point of View* unterscheiden, wobei die beiden letzten Kategorien im Wesentlichen der Genre-prägenden Third-Person- bzw. First-Person-View entsprechen:

- In der objektiven Ansicht ist keine Blickpunktsteuerung des Avatars möglich, obgleich der Bildausschnitt häufig mit den Bewegungen der Avatarfigur gekoppelt wird (vgl. Neitzel 2007a: 15-17).
- Ein semi-subjektiver Point of View hingegen präsentiert sich als eine Art Verfolgerkamera, d.h. die Perspektive ist i.d.R. so angelegt, dass sie sich dem Blickwinkel der Figur annähert, diesen aber nie einnimmt. Neitzel spricht hier von einem »Mitsehen« (ebd.: 19).
- Eine Übereinstimmung der Blickpunkte liegt beim subjektiven Point of View vor. In diesem Fall wird der Avatar meist nur in Form einer Hand/ Waffe an der Unterseite des Bildschirms visualisiert (vgl. ebd.: 21).

Auch andere Systematisierungen folgen diesem Schema (vgl. z.B. Rouse 1999; Wolf 2001; Taylor 2002; Thon 2006); so spricht etwa Rune Klevjer von einem »dual-locus« und einem »first-person avatar« (2006: 149).

---

6 Vgl. hierzu auch Klevjer: »[It] is not 3D in itself that matters, but 3D-generated forms of embodiment.« (2006: 154)

7 Diese Arbeit wird sich zwar im Folgenden an Neitzels Kategorisierung orientieren, jedoch soll ihre Bezeichnung »objektiver Point of View« nicht übernommen werden, denn im Fall einer nicht vom Blickpunkt einer diegetischen Figur hergeleiteten Darstellung erscheint es nicht sinnvoll, von einem Point of View zu sprechen. Stattdessen wird von einer objektiven *Ansicht* die Rede sein. Zudem ist damit i.d.R. die 3D-Raum & 3D-Avatar-Variante gemeint, während bei Neitzel für die objektive Ansicht keine Binnendifferenzierung zwischen 2D und 3D vorgenommen wird.

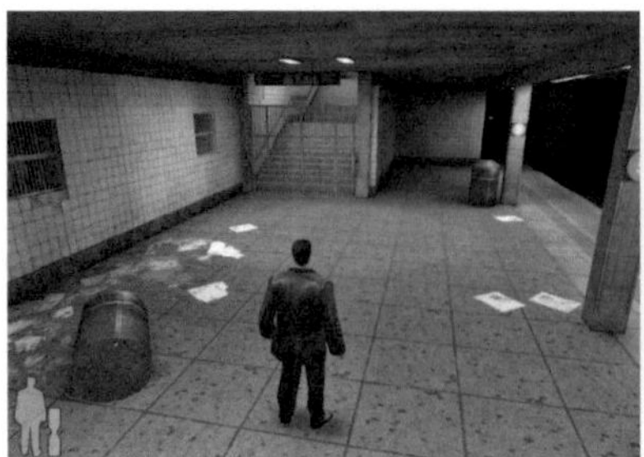 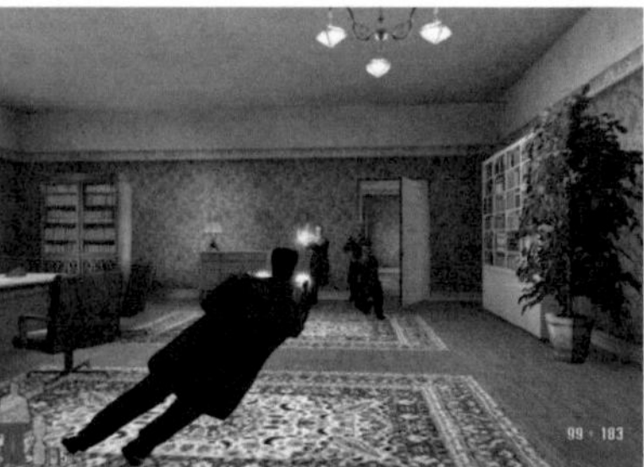

Abb. II-22 & II-23: Max Payne (2001)

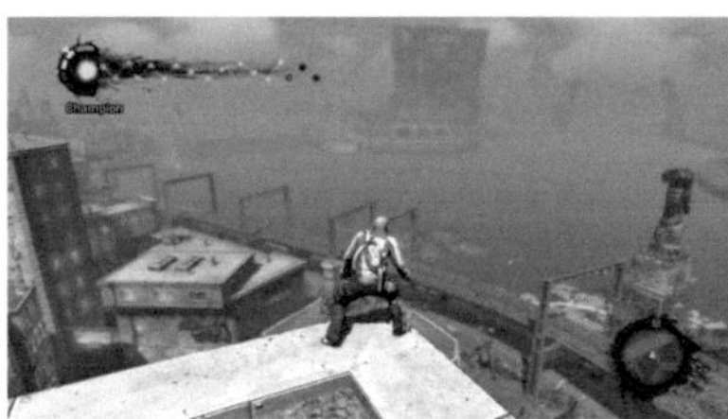 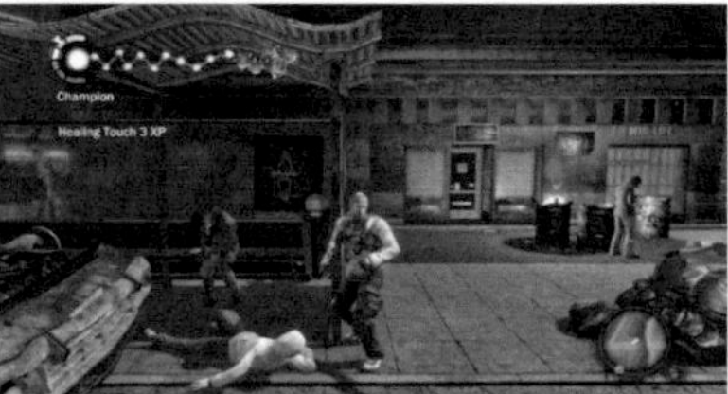

Abb. II-24 & II-25: Infamous (2009)

Allerdings nimmt Klevjer eine weitere Differenzierung vor, indem er die Third-Person-Kategorie um den Aspekt der ›Flexibilität‹ der Blickpunkt-Kamera erweitert. Dabei fügt er zwischen der semi-subjektiven und subjektiven Perspektive die Kategorie »›over the shoulder‹ point of view« ein, die eine relativ feste Kopplung zwischen Verfolger-Kamera und Avatarfigur bezeichnet: »The ›over the shoulder‹ point of view in games like Max Payne or Hitman 2: Silent Assassin [...] keeps the camera behind the extended avatar at all times, always moving and turning together with it in a fixed relationship.« (Ebd.: 153) So zeigt Max Payne eine ›starre‹ Verfolger-Perspektive, die stets hinter dem Protagonisten bleibt (Abb. II-22/ II-23), d.h. (hierin der First-Person-Perspektive ähnelnd) eine vergleichsweise feste Kopplung zwischen Kamera- und Avatarblick realisiert. Für den Einsatz der starren Form der Third-Person-View sieht Klevjer vor allem spielmechanische Gründe: »This configuration works well for fast shooter action, as the player will always be targeting enemies from a point of view directly behind the extended avatar.« (Ebd.)

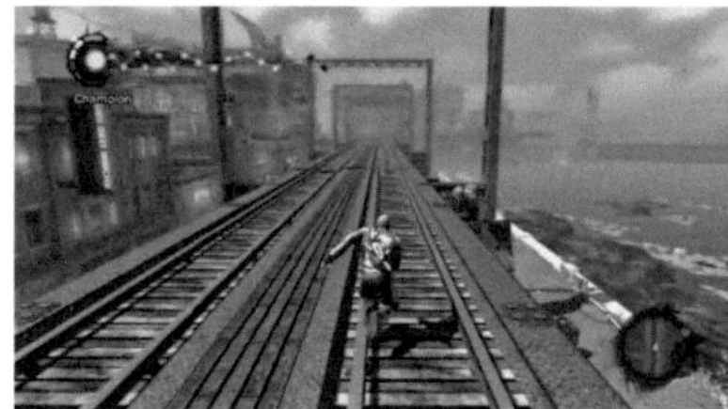

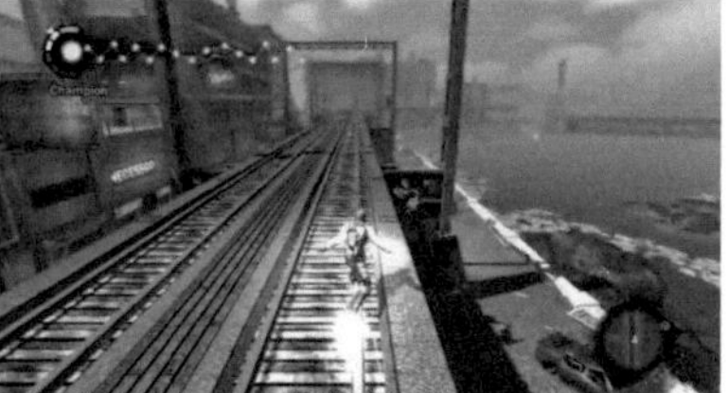

Abb. II-26 & II-27: Infamous (2009)

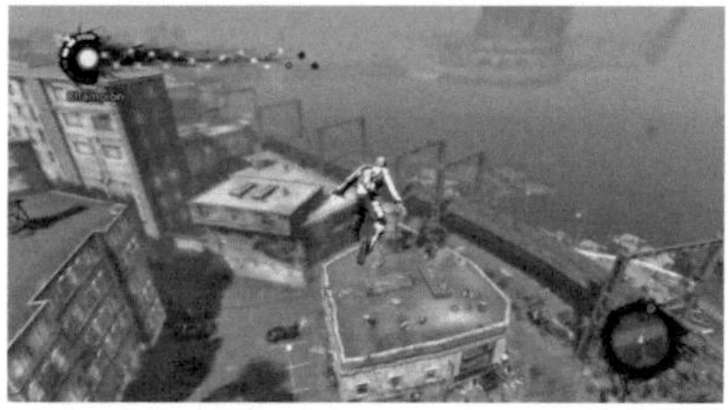

Abb. II-28: Infamous (2009)

Das Action-Adventure INFAMOUS hingegen, dessen Third-Person-Kamera über einen größeren Bewegungsspielraum verfügt, erlaubt auch eine 360 Grad-Drehung um den Avatar (Abb. II-24/II-25). Verfolgt man diesen Aspekt weiter, zeigt sich, dass die Varianten der Third-Person-Kamera noch weiter differenziert werden können – und das auch bspw. INFAMOUS keine völlig ›freie‹, sondern eher eine Art ›adaptive‹ Kamera besitzt, die sich der jeweiligen Spielsituation anpasst. So ist zwar eine relativ freie Drehung um den Avatar (als Angelpunkt der Darstellung) *möglich*, jedoch sind letztlich nur wenige Positionierungen der Kamera spielmechanisch *sinnvoll*. Anders formuliert: Der Third-Person-Avatar erlaubt eine ›hierarchische‹ Unterteilung zwischen möglichen und spielmechanisch motivierten Perspektiven. INFAMOUS weist hier drei wesentliche Darstellungsvarianten auf: (1) Lauf- bzw. Sprung- und Flugmodus, (2) Kletter-Modus, (3) Shooter-Modus.

Ad 1. Im ersten Fall ist der (mit übermenschlichen Fähigkeiten ausgestattete) Avatar in der Mitte der horizontalen Bildachse platziert – wobei er im Standard-Lauf-Modus am unteren Bildrand zu sehen ist (Abb. II-26); gleitet er auf Bahnschienen, rückt er näher zur Bildmitte, die Verfolgerkamera entfernt sich und zeigt das Geschehen aus einer leichten Obersicht (Abb.

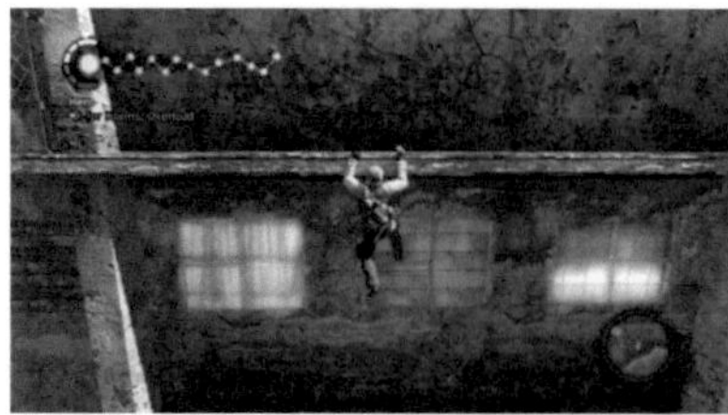
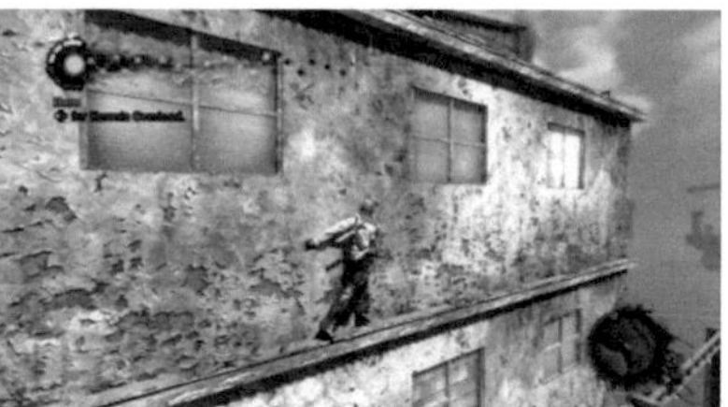

Abb. II-29 & II-30: Infamous (2009)

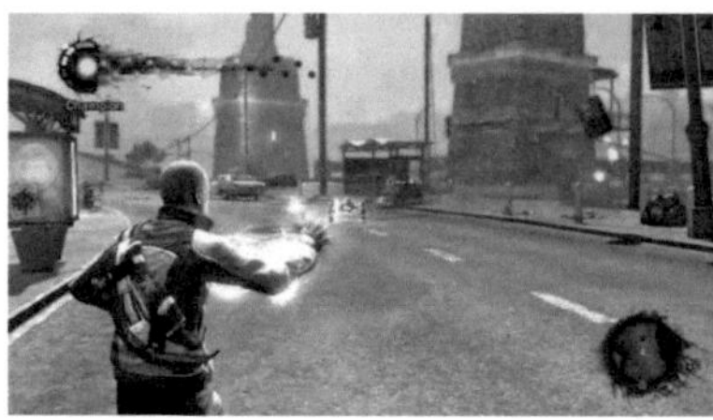
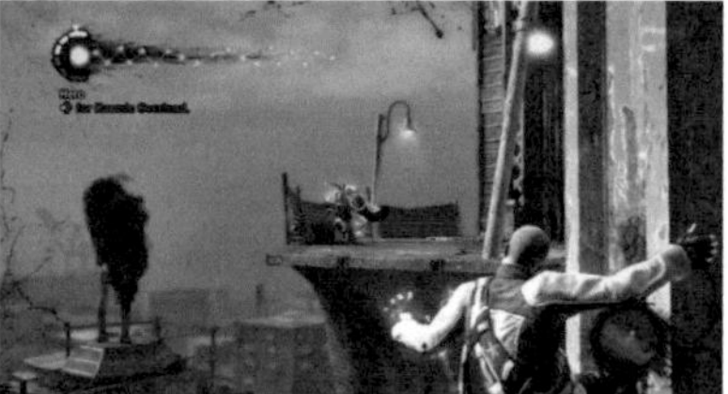

Abb. II-31 & II-32: Infamous (2009)

II-27); im Sprung- und Flug-Modus schließlich wandert die Kamera noch weiter nach oben, z.T. fast in eine Draufsicht (Abb. II-28). Die drei Varianten dienen jeweils einer Verbesserung der Navigation durch die Spielwelt-Architektur, d.h. sie sind vor allem spielmechanisch motiviert: Im Bahnschienen-Gleitmodus gewinnt der Avatar an Geschwindigkeit, deshalb wird durch die weiter entfernte Kamera die Übersicht erhöht; im Sprung- bzw. Flug-Modus ist der Landeplatz des Avatars von Bedeutung, somit ist eine Obersicht notwendig.

Ad 2. Im Kletter-Modus kommt primär eine (ggf. leicht schräge) Seitenansicht zum Einsatz, die den Kletterpfad bzw. die jeweiligen Elemente, an denen sich der Avatar beim Erklimmen von Gebäuden festhalten kann, ins Bild rückt (Abb. II-29/II-30).

Ad 3. Der Shooter-Modus entspricht im Wesentlichen Klevjers starrer Third-Person-Kamera, allerdings ergänzt durch eine veränderte Platzierung der Avatarfigur. Während der Avatar im Lauf- und Sprung-Modus komplett im Bild ist, ist er im Shooter-Modus stärker in den Bildvordergrund gerückt und i.d.R. nur bis zur Hüfte sichtbar. Außerdem ist er nach links oder rechts

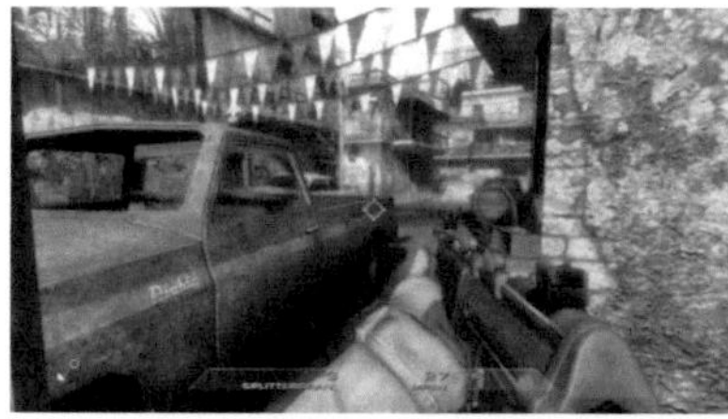
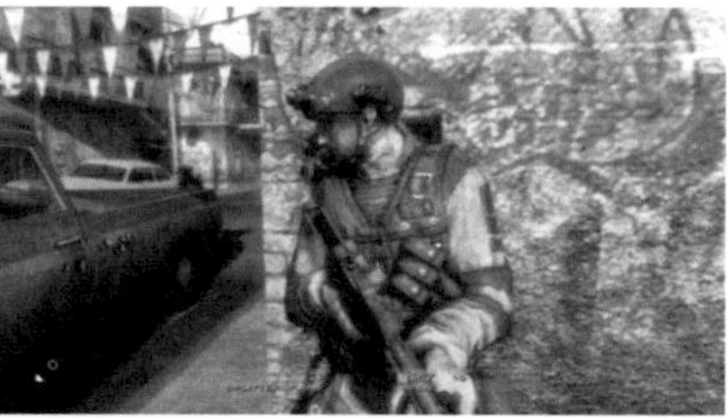

Abb. II-33 & II-34: Rainbow Six: Vegas (2006)

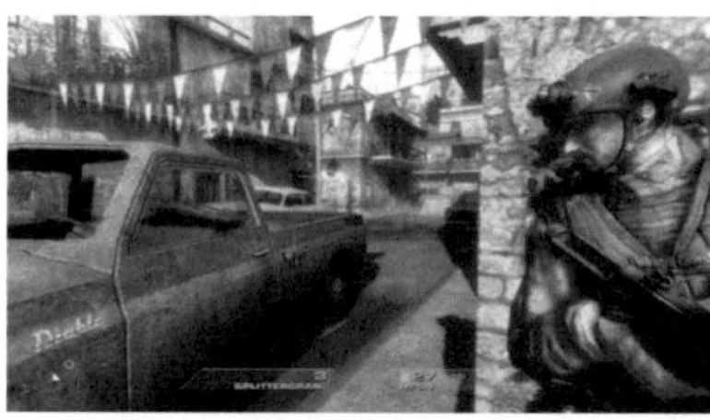
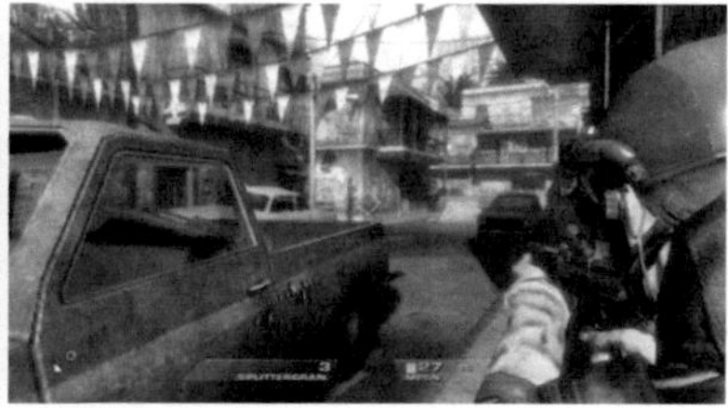

Abb. II-35 & II-36: Rainbow Six: Vegas (2006)

verschoben, damit der Blick auf das Angriffsziel frei wird (Abb. II-31/ II-32). In vielen zeitgenössischen Shootern wird dieser Modus zudem durch eine Cover-Ansicht ergänzt (vgl. Ashcraft 2010), die zum Einsatz kommt, wenn der Avatar Deckung vor feindlichem Beschuss sucht (vgl. etwa Abb. II-55/II-56).

Die adaptive Kamera muss nicht auf Varianten einer Third-Person-Ansicht beschränkt bleiben. So ist etwa in RAINBOW SIX: VEGAS ein kontextbezogener Wechsel zwischen First-Person- und Third-Person-View möglich. Die Standard-Ansicht ist eine First-Person-View, die eine Waffe und den linken Unterarm des Avatars visualisiert (Abb. II-33). Bewegt der Spieler den Avatar in die Nähe einer Wand oder einer anderen Struktur, die Deckung bietet, kann per Controllereingabe die Ansicht in eine Third-Person-View umgeschaltet werden (Abb. II-34), die eine bessere Übersicht in der Cover-Position erlaubt. Aus dieser Übersichtsdarstellung heraus erfolgt dann wiederum eine schrittweise Umschaltung (Abb. II-35), die über einen »›over the shoulder‹ point of view« (Abb. II-36) schließlich in die First-Person-Perspektive zurückführt (vgl. hierzu ausführlicher Beil 2010, 98-103).

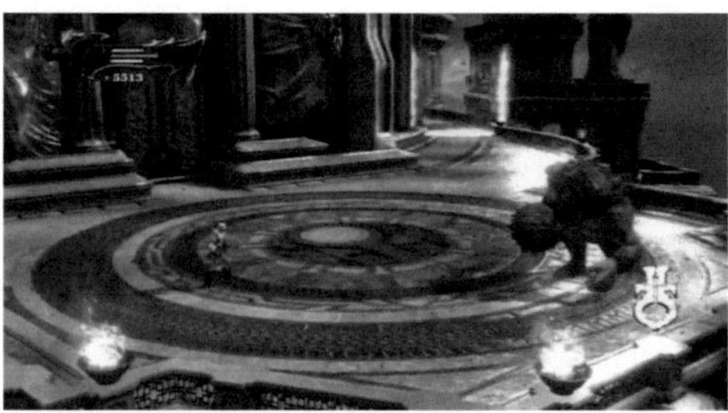

Abb. II-37: God of War III (2010)

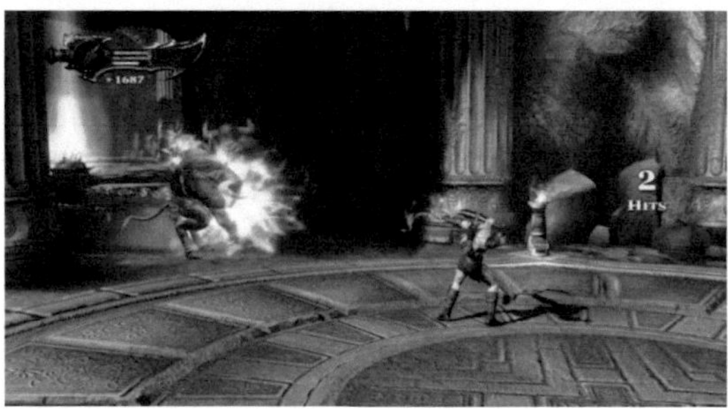

Abb. II-38: God of War III (2010)

Neben diesen Variationen und Verknüpfungen der Third-Person- und First-Person-Perspektive, ist im Zuge der steigenden Hybridisierung von Genrekonzepten bzw. Spielmechaniken im zeitgenössischen Computerspiel auch eine zunehmend diffuser werdende Grenze zwischen einem semi-subjektiven bzw. subjektiven Point of View und einer nicht Blickpunkt-gebundenen Darstellung zu beobachten; einerseits in Form einer ›flexiblen‹ objektiven Ansicht, andererseits hinsichtlich einer partiell arretierten Third-Person-Kamera.

Zur objektiven Ansicht: Im Action-Adventure GOD OF WAR III kann die Kamera (und damit der Blickpunkt des Avatars) vom Spieler nicht direkt manipuliert werden. Die Spielansicht verändert sich durch die Fortbewegung der Avatarfigur in der Spielwelt (bzw. durch das Erreichen bestimmter Wegpunkte) oder auch durch Aktionen wie das Betätigen eines Schalters oder das Besiegen bestimmter Feinde. Die jeweilige Ansicht ist dabei in den meisten Fällen spielmechanisch begründet – etwa eine taktische

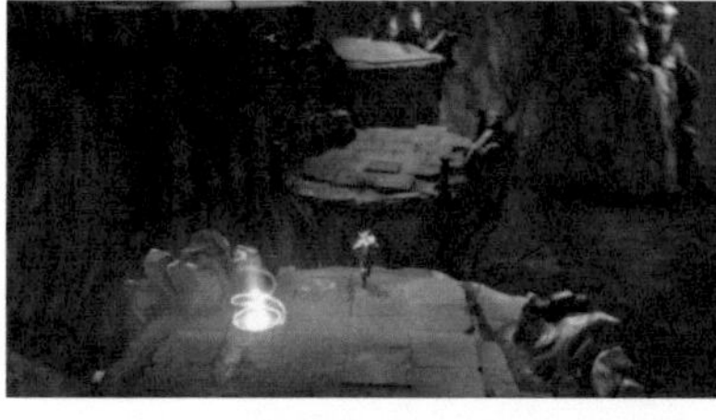
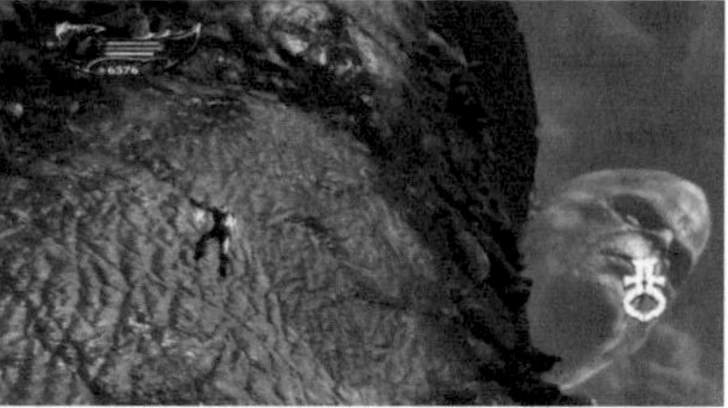

Abb. II-39 & II-40: God of War III (2010)

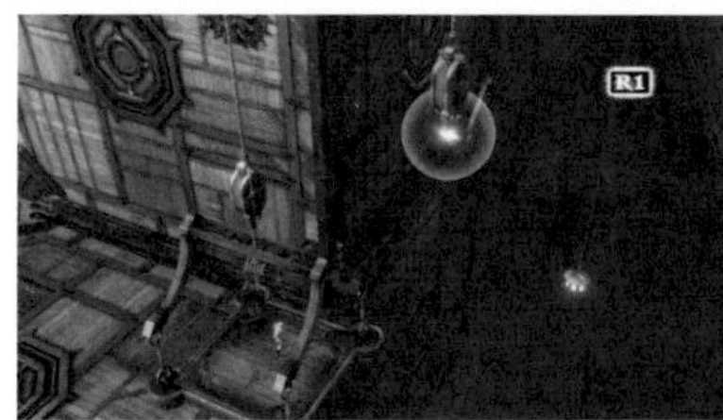

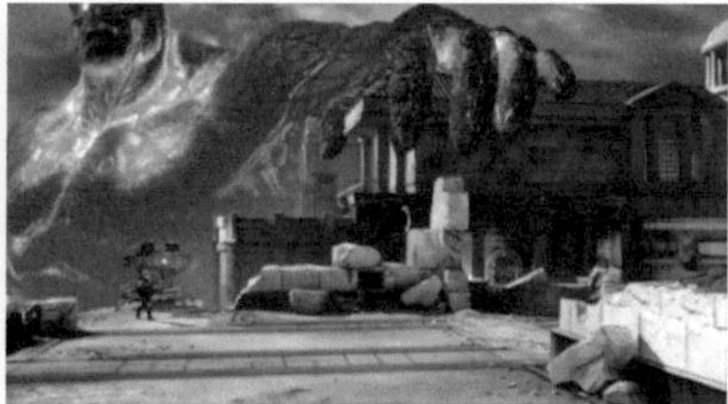

Abb. II-41 & II-42: God of War III (2010)

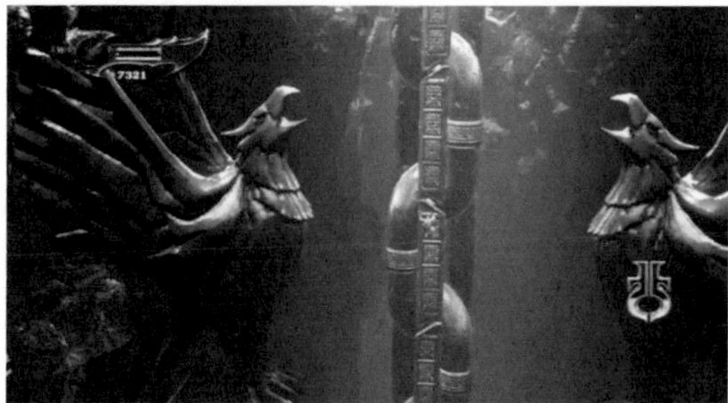

Abb. II-43: God of War III (2010)

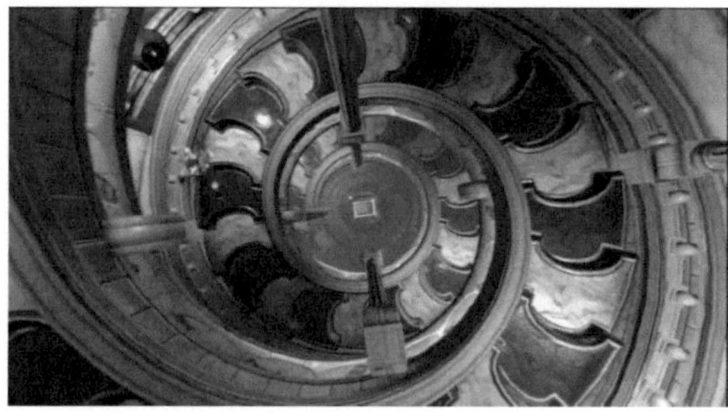

Abb. II-44: God of War III (2010)

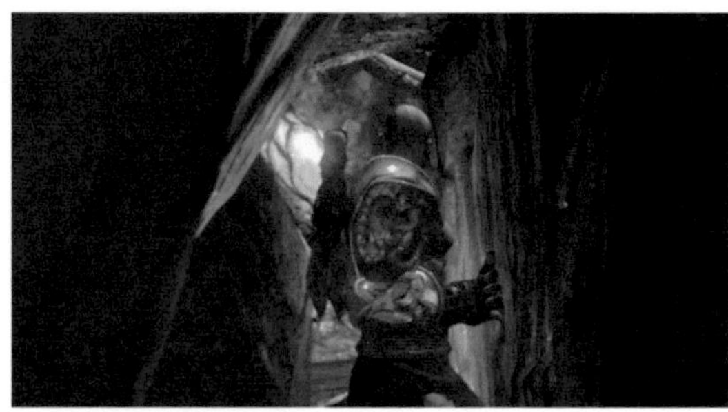

Abb. II-45: God of War III (2010)

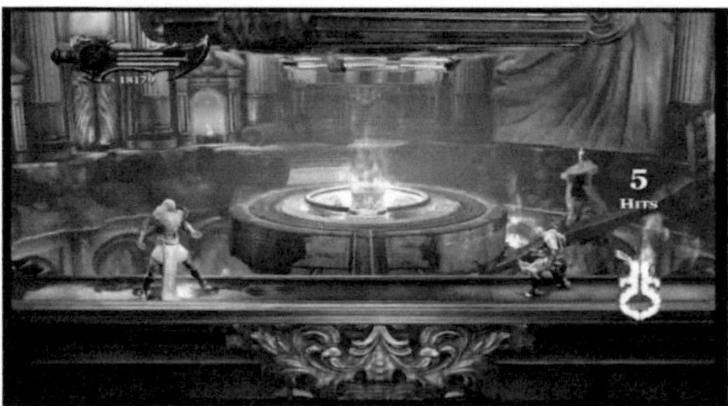

Abb. II-46: God of War III (2010)

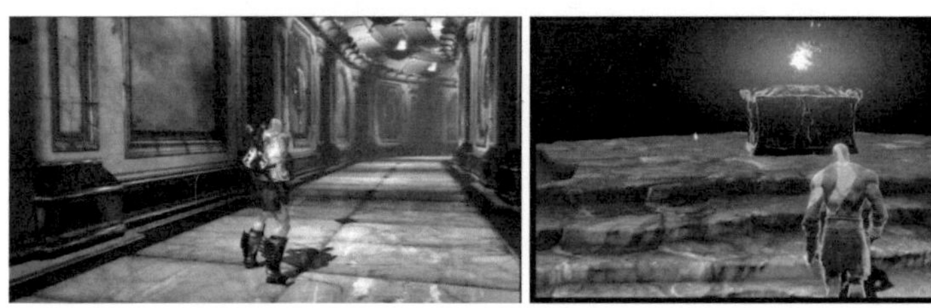

Abb. II-47 & II-48: God of War III (2010)

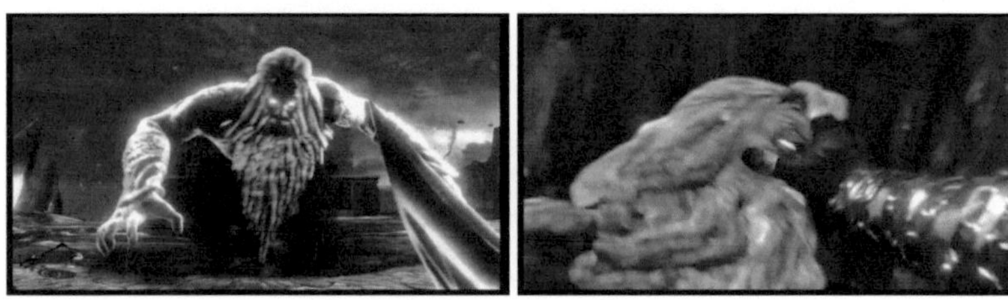

Abb. II-49 & II-50: God of War III (2010)

Übersicht in Kämpfen (Abb. II-37/II-38), eine Fokussierung auf einen zu überwindenden Abgrund oder einen Kletterpfad (Abb. II-39/II-40/II-41) –, nicht selten aber auch schlicht einer möglichst spektakulären Visualisierung der Spielwelt-Architektur verpflichtet (Abb. II-42/II-43/II-44/II-45). Hervorzuheben sind außerdem einige selbstreflexiv geprägte Darstellungen, wie etwa eine Seitenansicht, die auf das klassische 2D- Beat'em up-Genre anspielt (Abb. II-46). Beachtenswert ist nun, dass GOD OF WAR III im Rahmen dieser Vielfalt verschiedener Darstellungsperspektiven in einigen Einstellungen auch die typischen Bildkompositionen einer Third-Person- (Abb. II-47/II-48) und gar einer First-Person-Ansicht emuliert (Abb. II-49/ II-50).

Natürlich ist hier weiterhin eine Unterscheidung nach dem Kriterium der Blickpunkt-Steuerung möglich, hinsichtlich der bildästhetischen Wirkung verschwimmen jedoch die Grenzen zwischen objektiver Ansicht und semi-subjektivem bzw. subjektivem Point of View zunehmend.

Eine solche diffuse Abgrenzung lässt sich auch – gewissermaßen mit umgekehrten Vorzeichen – für bestimmte Third-Person-Avatare exemplarisch verdeutlichen. So findet etwa im Action-Adventure UNCHARTED 2 immer wieder eine (partielle) Arretierung der Third-Person-Kamera statt, bspw. in der Anfangssequenz des Spiels, die durch eine Reihe fast starrer, nur sehr begrenzt veränderbarer Kameraperspektiven geprägt ist. Diese sind – ähnlich wie in GOD OF WAR III – vor allem spielmechanisch begründet (Kletterpfade etc.), aber genauso wiederum auch dem visuellen Spektakel verpflichtet (Abb. II-51/II-52/II-53). Erst nach der einleitenden Kletter-Sequenz kommt die Genre-typische Third-Person-Verfolgerkamera zum Einsatz – in verschiedenen Varianten, zunächst als Lauf- (Abb. II-54), später als Shooter-Modus mit Cover-Funktion (Abb. II-55/II-56). Doch kehrt das Spiel bei Kletter- bzw. Sprung-Passagen stets zu einer (nur begrenzt manipulierbaren) automatischen Kameraausrichtung zurück, die die spielfunktional sinnvollste Perspektive zeigt.[8]

8 Insbesondere im Fall der Sprungpassagen wird der spielmechanische Sinn der automatischen Kameraausrichtung in UNCHARTED 2 deutlich: Aus einer (quasi objektiven) Seitenansicht oder Draufsicht lässt sich die Entfernung zwischen zwei Sprungpunkten besser einschätzen als in einer Third-Person-View mit rückansichtiger Avatarfigur. Anders formuliert: Die Lokalisierung der Sprung-

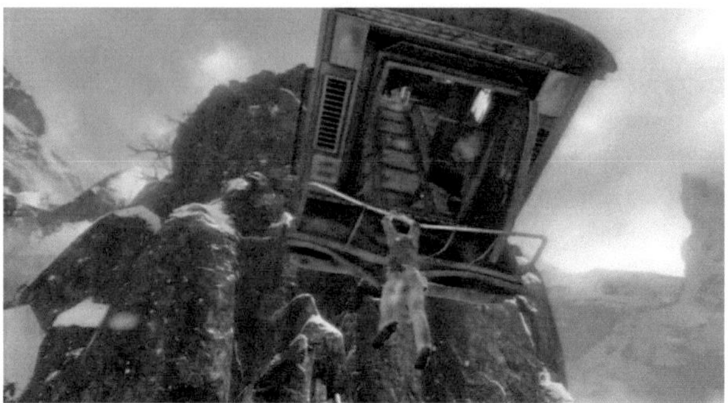

Abb. II-51: Uncharted 2 (2009)

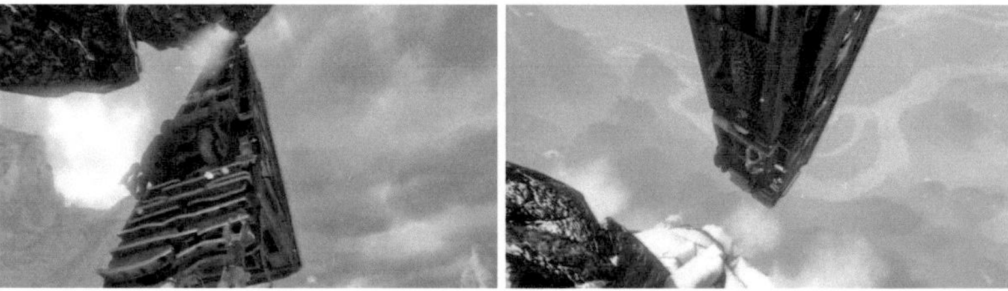

Abb. II-52 & II-53: Uncharted 2 (2009)

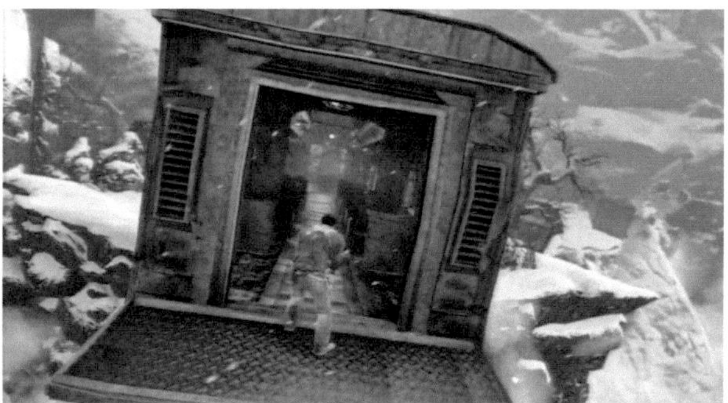

Abb. II-54: Uncharted 2 (2009)

punkte auf der X- und Y-Achse ist i.d.R. exakter möglich als auf der Z-Achse, da die Raumtiefe letztlich nur über perspektivische Tricks realisiert wird.

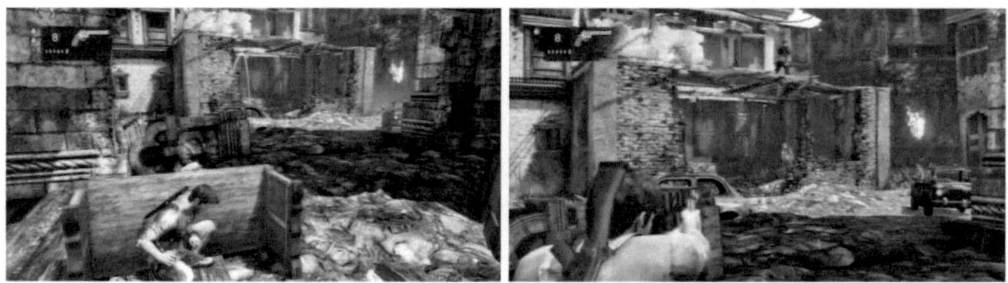

Abb. II-55 & II-56: Uncharted 2 (2009)

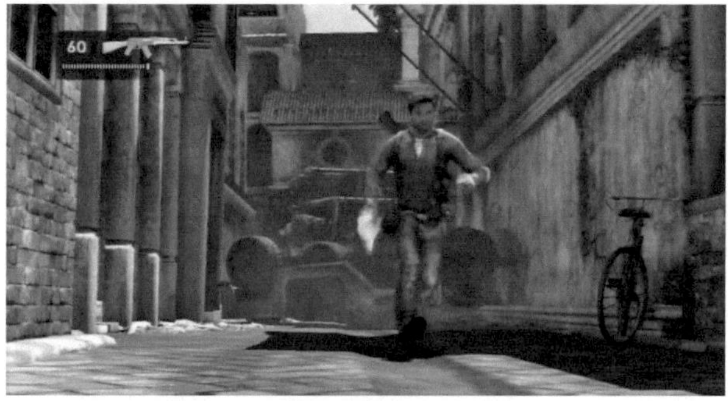

Abb. II-57: Uncharted 2 (2009)

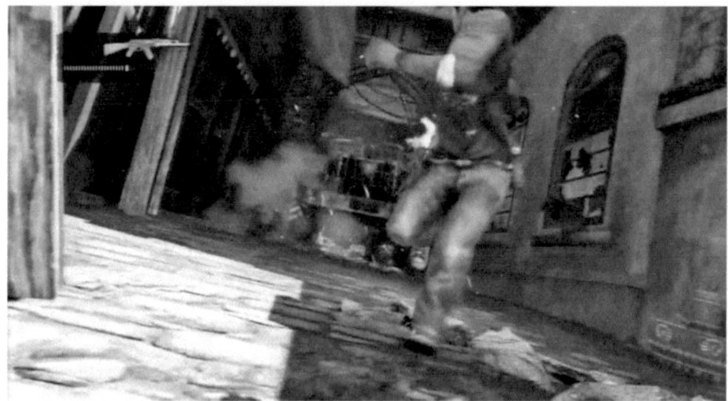

Abb. II-58: Uncharted 2 (2009)

Darüber hinaus bietet UNCHARTED 2 auch eine Ansicht, die den Avatar frontal von vorne zeigt und immer dann zum Einsatz kommt, wenn die Avatarfigur vor einem großen Objekt (z.B. einem brennenden LKW, Abb. II-57/II-58) flüchten muss. Diese Darstellungsvariante ist ebenfalls der Spektakelhaftigkeit geschuldet, modifiziert aber auch vorübergehend die

Spielmechanik, indem die Navigation durch die ›falsche‹ Kameraausrichtung gezielt erschwert wird.

BILDRÄUME, SPIELRÄUME, HEBELPUNKTE

Das zu ziehende Fazit dieses Kapitels spiegelt in vielerlei Hinsicht die Thesen der einleitenden Ausführungen zur Stilgeschichte des Computerspiels wider, denn im Bereich der Raum- und Avatar-Varianten ist vor allem eine Tendenz zu Hybridisierungen und größerer Vielfalt zu beobachten. Zwar zeigt sich angefangen mit dem Siegeszug der 3D-Grafik seit Anfang der 1990er Jahre[9] eine deutliche Vorherrschaft dreidimensionaler Raumdarstellungen gegenüber den ›flachen‹ 2D-Spielwelten. Diese Dominanz wird in vielen Fällen jedoch durch 2D-Avatare relativiert – oder aber in eine komplexe (manchmal paradoxe) interaktive Bildlichkeit transformiert. Gleiches gilt – gewissermaßen mit umgekehrten Vorzeichen – auch für die ›echten‹ 3D-Ansichten (Third-Person/First-Person), denn auch hier gibt es selten eine frei steuerbare ›entfesselte Kamera‹, sondern vielmehr eine durch wechselnde Spielmechaniken rhythmisierte Montage arretierter (oder zumindest eingeschränkt veränderbarer) Darstellungsvarianten, die den Avatar als Ankerpunkt nutzen. Das Fazit dieses Kapitels muss somit kurz ausfallen, kann es doch letztlich nur auf die Vielfalt und Komplexität der vorangegangen exemplarischen Einzelanalysen verweisen, die das hier präparierte Beschreibungs- und Kategoriensystem immer wieder an und über seine Grenzen hinaus führen. Somit zeigt sich einerseits der eingeschränkte Nutzen von festen Kategoriensystemen im sich stetig erweiternden Formenrepertoire des zeitgenössischen Computerspiels, andererseits aber auch die Wichtigkeit eines *Hebelpunkts* – dem Avatar als handlungsevozierendes Zentrum – für die Analyse des interaktiven Bildes.

---

9 ›Echte‹ dreidimensionale Raumrepräsentation (Realtime 3D) finden sich zwar schon in den 1980er Jahren, etwa in Form von Wireframe-Grafiken in der Panzersimulation BATTLEZONE, allerdings fristete diese Form der Darstellung lange Zeit eher ein Nischendasein aufgrund fehlender Rechenkapazität und 3D-Beschleunigerkarten (vgl. Vollmer 2007: 89-92). Ab Anfang der 1990er Jahre setzte sich beginnend mit Spielen wie WOLFENSTEIN 3D und DOOM die 3D-Grafik jedoch immer mehr durch.

Kapitel III: Interface

Fläche & Tiefe

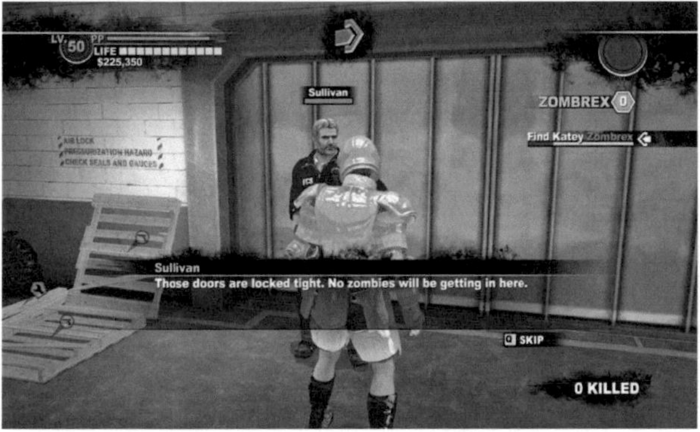

Abb. III-01: Dead Rising 2 (2010)

Abb. III-01 zeigt die Avatarfigur Chuck Greene – Protagonist des Action-Adventures DEAD RISING 2, gekleidet in eine Art Ritterkostüm[1] – rückansichtig im Bildvordergrund aus einer Third-Person-Perspektive. Überlagert wird die Spielwelt-Ansicht durch zahlreiche ›typische‹ Head-up-Display-Elemente (HUD), wie Statusanzeigen (bspw. für Lebensenergie- und Erfahrungspunkte, links oben), Quest-Infos (»Find Katey Zombrex«, rechts) und

1 Der Avatar kann im Spiel seine Kleidung wechseln. Besonders skurrile Kostüme, die sich der Spieler in den Shopping-Mall-Komplexen der Spielwelt zusammenstellen kann, sind dabei zu einem Markenzeichen der DEAD-RISING-Reihe geworden.

einer Dialog-Box. Neben der Avatarfigur und den HUD-Elementen sind jedoch noch zwei weitere Arten von Interface-Elementen, die weniger eindeutig zugeordnet werden können, zu finden: (1) ein 3D-Pfeil in der HUD-Ebene (in der Mitte des oberen Bildschirmrands), (2) in der Bildtiefe platzierte Waffen- bzw. Werkzeug-Icons sowie ein Statusbalken über dem Non-Player-Character (NPC) Sullivan.

Ad 1. Während die übrigen HUD-Elemente als zweidimensionale Schriftzüge oder Symbole dargestellt sind, ist der graue Pfeil als dreidimensionales Icon modelliert. Der Pfeil kann sich um 360 Grad drehen und weist dem Spieler die Richtung zum Ort des nächsten Quests. Solche Arten von Richtungsmarkern finden sich in zahlreichen zeitgenössischen Spielen als Alternative oder Ergänzung zur Karten-Navigation. Doch auch wenn der Pfeil in DEAD RISING 2 bei den meisten Spielern als etabliertes Interface-Element kaum für Irritation sorgen wird, ist seine Positionierung sowie die dreidimensionale Darstellung bildkompositorisch geradezu paradox: So müsste der Pfeil als 3D-Richtungsanzeige eigentlich in der Spielwelt (etwa direkt über dem Avatar positioniert) sein, jedoch ist er schwarz hinterlegt, was eine Platzierung in der HUD-Ebene nahelegt. Darüber hinaus wäre das Pfeilsymbol stilistisch ohnehin eher der HUD-Ebene zuzuordnen (das gleiche Symbol findet sich in einer 2D-Variante bei der Quest-Info rechts), die dreidimensionale Darstellung ist jedoch wiederum charakteristisch für den Spielwelt-Raum.

Ad 2. Weniger problematisch in ihrer Positionierung (zumindest auf den ersten Blick), aber ebenso mehrdeutig hinsichtlich ihrer Zugehörigkeit zur diegetischen Spielwelt erscheinen die drei Waffen- bzw. Werkzeug-Icons in der linken Bildhälfte und der Statusbalken mit dem Figurennamen »Sullivan«. Diese Elemente sind in der 3D-Spielwelt platziert und bleiben an die jeweiligen Gegenstände geheftet, wenn sich der Avatar bewegt bzw. seine Blickrichtung ändert. Allerdings verfügen sie über eine sonderbare ›physikalische Eigenschaft‹, denn sie werden nicht perspektivisch vergrößert bzw. verkleinert, wenn sich der Avatar ihnen nähert oder sich von ihnen entfernt, sondern behalten stets ihre Größe. Zudem handelt es sich um 2D-Elemente, die immer in Richtung des Avatars ausgerichtet sind. Ihr räumlicher Status ist somit in mehrfacher Hinsicht paradox.

FLACHE UND TIEFE BILD-WELTEN

DEAD RISING 2 verdeutlicht in seiner fast schon chaotisch anmutenden Bildkomposition noch einmal die bereits in der Einleitung dieser Arbeit problematisierte Hybridität des Computerspielbildes. Dabei zeigt sich vor allem, dass die im Game Studies-Diskurs vielbeschworene Spannung zwischen Spiel- und Erzählwelt (vgl. insbesondere Juul 2005), zwischen Regelwerk-Visualisierung und (illusionistischer) Weltdarstellung, auch in anderen Oppositionen der Bildlichkeit des Computerspiels ihre Entsprechung findet – insbesondere in einem Widerstreit zwischen Fläche und Tiefe des Bildes, der durch die ›räumlichen Anomalien‹ zwischen 2D-HUD und 3D-Raum hier noch akzentuiert wird.

Dabei ist die Kombination aus zwei- und dreidimensionalen Darstellungsebenen für Computerspielbilder (oder auch für interaktive Bilder im Allgemeinen) keineswegs ungewöhnlich – oder vielmehr: sie ist hochgradig konventionalisiert. Lev Manovich sieht in dieser Opposition gar eine grundlegende Ästhetik interaktiver Bilder:

»The new role of an image as image-interface competes with its older role as representation. Therefore, conceptually, a computer image is situated between two opposing poles – an illusionistic window into a fictional universe and a tool for computer control. The task of new media design and art is to learn how to combine these two competing roles of an image. Visually, this conceptual opposition translates into the opposition between depth and surface, between a window into a fictional universe and a control panel.« (Manovich 2001: 290)

Nun ist man versucht, die Trennung zwischen Tiefe und Fläche – zwischen »fictional universe« und »control panel« – für das Computerspielbild fortzuführen, scheint dieser Gegensatz doch allzu gut zur Spannung zwischen Spiel- und Erzählwelt zu passen. So ist etwa in DEAD RISING 2 die Raum- und Figurendarstellung, die die Bildtiefe generiert, (eher) fotorealistisch. Die Interface-Elemente in der Fläche sind hingegen stilisierter in Form von Piktogrammen visualisiert oder haben diagrammatischen Charakter (z.B. die Lebensenergie- und Erfahrungspunkte-Balken) – lediglich eine leichte ›diegetische Verzierung‹ in Form von dunkelroten Blutspritzern, eingebettet in eine schwarze Wolkenstruktur, ist auszumachen.

Im Hinblick auf die Interaktionsmöglichkeiten des Bildes stellt sich eine solche Aufteilung jedoch als problematisch dar. Denn in der »fictional universe« vs. »control panel«-Dichotomie Manovichs erscheint es schlüssig, dass die *Kontroll*elemente die interaktiven Stellen des Bildes – wo Oberfläche und Unterfläche funktional verbunden sind – markieren. Nun zeigt sich aber, dass die meisten Elemente des HUD zwar *dynamisch* (d.h. sie verändern sich je nach Spielaktion und -fortschritt), jedoch nicht direkt *manipulierbar* sind. Die maßgebliche Interaktion mit dem Bild findet vielmehr mit Hilfe des Avatars statt. Doch dieser ist Teil der diegetischen Spielwelt, der Bildtiefe.

Dieses Argument soll nun keineswegs implizieren, dass Manovichs Beobachtung grundlegend falsch ist. Nur zeigt sich, dass seine Beschreibung eines »image-interface« vor allem auf eine Art ›klassische‹ Betriebssystem-Steuerung zuzutreffen scheint – auf eine Desktop-Metapher, »die erste grundlegende ästhetische Erfindung, mit der die Problemstellung, eine komplexe technische Struktur durch ein Bild hindurch zu steuern, gelöst wurde« (Groh 2005: 15). Auch der Computer-Desktop besitzt natürlich eine Tiefe: zum einen schlicht weil er Bilder (oder Filme bzw. Animationen) zeigen kann, die eine Tiefenwirkung besitzen – mit Manovich könnte man etwas überspitzt von ›alten‹ Bildformen sprechen (»older role as representation«); zum anderen weil Fenster (bzw. Ordner), Menüs und Statusanzeigen sich überlagern, sozusagen in der Tiefe ›geschichtet‹ werden. Als »control panel« hat die Desktop-Darstellung jedoch einen grundlegend flächigen Charakter, denn die Steuerung erfolgt vor allem über den Mauszeiger[2] – den Cursor.

»Der Cursor bewegt sich rein flächig; er kann selbst nie (auch nicht andeutungsweise) in die Fläche eindringen. Er kann das Eindringen allerdings delegieren, indem er beispielsweise eine Tiefenbewegung in einer Szenerie auslöst. [...] Der flächige Bewegungsraum des Cursors ist mit der Bildebene identisch. Der bewegte Cursor erzeugt quasi die Bildebene. Der Nutzer ist via Cursor ›in‹ der Ebene.« (Groh 2005: 89)

2 Neben der Tastatursteuerung, die jedoch in erster Linie von der Geräteform des Interfaces bestimmt wird und somit für den hier geführten Vergleich weniger relevant ist.

So zeigt sich die Struktur der Desktop-Metapher als ein funktionales Zusammenspiel aus Fläche und Tiefe. Der Cursor betont einerseits die Fläche, indem seine Bewegung strikt auf eine die Darstellung überlagernde Ebene begrenzt ist – die in der Geräteform (Maus oder auch Touchpad) ihre Entsprechung findet. Andererseits verknüpft er jedoch Fläche und Tiefe durch die Möglichkeit, Objekte in der Tiefe manipulieren zu können – ohne jedoch selbst Teil der Bildtiefe zu werden.

Vorläufiges Fazit: Ein Cursor bildet eine grundlegend andere Anzeigeform als ein Avatar – und dies nicht nur im Sinne der in der Einleitung geübten Kritik an der »Cursor Theory« (vgl. Klevjer 2006: 61-65), sondern auch (durchaus fundamentaler) im Hinblick auf die bildliche Struktur dieser beiden Steuerungsformen.

Allerdings stellt sich eine klare Trennung der beiden Steuerungsvarianten in der Praxis oft weniger eindeutig dar. Denn es gibt eine Reihe von Spielen, die Cursor und Avatar kombinieren. So kann etwa die Bewegung des Avatars über das Setzen von Wegpunkten erfolgen, ebenso kann über das Anklicken eines Gegners ein Angriffsbefehl erteilt werden usw. In einer solchen Kombination erscheint auf der einen Seite die Bildfläche dominant, da nur von hieraus – über den Cursor – eine Interaktion mit dem Bild stattfinden kann. Auf der anderen Seite entfaltet das Bild aber auch eine Art ›Tiefensog‹, da die – delegierte – Interaktion letztlich durch den Avatar erfolgt, d.h. die bildlichen/spielerischen/erzählerischen Konsequenzen erst in der Bildtiefe sichtbar werden.

POINT OF ACTION

Nun existieren in den Game Studies für die hier aufgezeigte Unterscheidung verschiedener Steuerungsformen natürlich bereits Beschreibungsmodelle – wenn auch keine explizit bildwissenschaftlichen. Eine bekannte Systematik bildet hier die von Britta Neitzel entwickelte Kategorie des *Point of Action* (2007a). Neitzel unterscheidet einen Point of View, die Beobachterperspektive (objektiv, semi-subjektiv, subjektiv; vgl. Kap. II), und einen Point of Action, die »Position, von der aus die Handlungen in der Spielwelt ausgeführt werden« (ebd.: 24). Der Point of Action kann dabei nach Ausgangspunkt, Zielpunkt und Modus der Ausführung differenziert werden. Die Kategorien erlauben jeweils zwei Binnenunterscheidungen:

intradiegetisch vs. extradiegetisch, zentriert vs. dezentriert, direkt vs. indirekt (vgl. edb.).

- Ein intradiegetischer Point of Action ist Teil der diegetischen Spielwelt, die extradiegetische Variante ist außerhalb (oder vielleicht treffender: oberhalb) dieser Welt angesiedelt. Diese Zuordnung spiegelt somit – wenn auch von narratologischem Vokabular ausgehend – die Tiefe/Fläche- bzw. Cursor/Avatar-Dichotomie wider.
- Der zentrierte Point of Action beschreibt Handlungen, die nur auf einen Punkt in der Spielwelt wirken, der dezentrierte Point of Action kann mehrere Punkte gleichzeitig betreffen, bspw. wenn in einem Strategiespiel mehrere Einheiten bewegt werden oder zwischen verschiedenen Menüs gewechselt wird. »Die Manipulationen der Spielwelt sind also nicht um ein Zentrum herum organisiert oder gehen von einer handelnden Figur aus.« (Ebd.: 25)
- Der direkte Point of Action schließlich beschreibt die Möglichkeit einer direkten Avatar-Steuerung, die indirekte Variante hingegen gestattet bspw. nur das Setzen von Wegpunkten etc. (vgl. ebd.: 26).

Die ›stärkste‹ Verbindung zwischen Spieler und Avatar wäre somit ein intradiegetischer/zentrierter/direkter Point of Action, d.h. die Interaktion findet ausschließlich in der Bildtiefe über einen direkt steuerbaren Avatar statt. Diese Steuerungsform – gewissermaßen der Idealtyp einer ›Avatar-Metapher‹ – wird in den meisten Fällen das Zentrum der folgenden Überlegungen bilden. In der zeitgenössischen Computerspiellandschaft ist diese Variante zudem besonders häufig vertreten, ist sie doch typisch für die erfolgreichen Action- und Action-Adventure-Genres, die auf Third-Person- und First-Person-Ansichten zurückgreifen. Damit zeigt sich, dass sich – wie beim Point of View (vgl. Kap. II) – bestimmte Point of Action-Konfigurationen für bestimmte Genres (oder allgemeiner: für bestimmte Spielmechaniken) etabliert haben. So tendiert das Action-Genre zu einer direkten, zentrierten Kontrolle, das Strategie-Genre hingegen greift eher auf indirekte, dezentrierte Varianten zurück, die aus einer Übersichtsperspektive komfortablere Steuerungsmöglichkeiten bieten.

HYBRIDE STEUERUNGSFORMEN

Auch wenn Neitzels Modell sehr differenzierte Einordnungen erlaubt, gibt es dennoch eine Reihe von Grenzfällen. So ist bspw. in der PC-Version des Action-Rollenspiels SACRED 2 eine direkte Steuerung des Avatars über die Tastatur möglich, aber auch eine indirekte über Wegpunkte, die per Mausklick gesetzt werden. Aufgrund dieser Kombination aus direktem und indirektem Point of Action werden auch die beiden anderen Kategorien problematisch: Die Avatarfigur ist Teil der Spielwelt (intradiegetisch), der Mauszeiger nicht (extradiegetisch); über den Avatar kann z.B. bei Kämpfen direkt mit der Spielwelt interagiert werden (zentriert), über den Mauszeiger können jedoch – unabhängig von der Avatarfigur – Gegenstände in der Spielwelt manipuliert oder weitere Aktionen über HUD-Menüs ausgelöst werden (dezentriert). Dass ein solches Zuordnungsproblem gerade bei einem Action-Rollenspiel, also bei einem Genre-Hybriden (vgl. Beil 2012), auftritt, wird kaum überraschen, zeigt es doch wiederum die stark konventionalisierten Kopplungen von Point of Action und Genre.

Noch deutlicher wird eine solche Verbindung in THE WITCHER – ebenfalls ein Action-Rollenspiel-Hybrid. Das Spiel kombiniert, anders als SACRED 2, die Steuerungsmöglichkeiten nicht in einer Ansicht, sondern ermöglicht die Umschaltung zwischen einer direkteren Avatar-Steuerung in Form einer Kombination aus Maus und Tastatur und einer indirekteren Variante, die komplett über die Maus erfolgt. Der Spieler kann sich somit zwischen einer unmittelba(re)ren oder einer strategisch-distanzierten Steuerung entscheiden, d.h. die Point of Action-Konfiguration bis zu einem bestimmten Grad an seine Spielvorlieben anpassen. Ergänzend zu dieser Möglichkeit lässt sich der Point of View (graduell) verändern, von einer strategischen Vogelperspektive bis hin zu einer Action-orientierten semi-subjektiven Ansicht (Abb. III-02/III-03; vgl. auch Abb. IV-16/IV-17).

Nun erscheint es fraglich, ob bei diesen Beispielen für eine Kombination verschiedener Genre(-Steuerungs-)Konventionen tatsächlich eine Art Fusion von Avatar- und Cursor-Metapher – von Fläche und Tiefe – stattfindet. Denn in den meisten Fällen handelt es sich vielmehr um eine Parallelführung verschiedener Steuerungsformen des interaktiven Bildes. Dies zeigt sich insbesondere darin, dass die Point of Action-Formen jeweils Avatar- bzw. Cursor-typisch bleiben und ›nur‹ – in mehr oder weniger komplexer Weise – hintereinandergeschaltet werden.

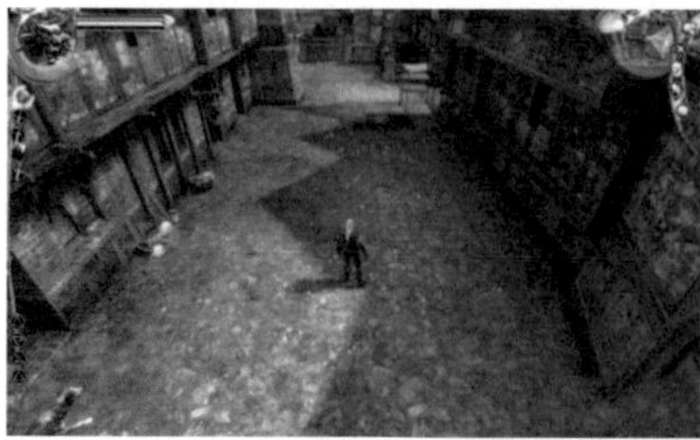 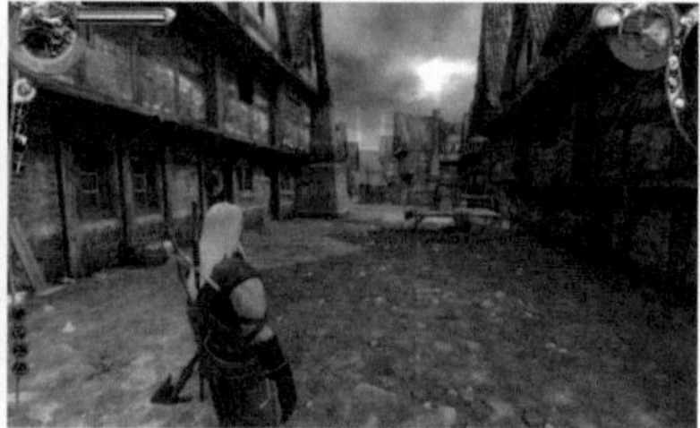

Abb. III-02 & III-03: The Witcher (2007)

Instabil scheint dieses System erst zu werden, wenn zusätzlich eine diegetische Überformung der verschiedenen Steuerungsarten stattfindet, wie sie sich bspw. in LOSTWINDS: WINTER OF THE MELODIAS für die Nintendo Wii beobachten lässt. In dieser Mischung aus Jump'n'Run und Adventure wird der Avatar Toku (Abb. III-04, der kleine Junge in der Bildmitte) von dem Windgeist Enril begleitet, der durch einen Cursor (das quadratische Symbol unter Toku) repräsentiert wird. Toku lässt sich direkt über den Analog-Stick des Wii-Nunchuck-Controllers steuern, der ›Enril-Cursor‹ wird mit der Wiimote positioniert. Durch die Bewegung des Cursors können Windstöße in der Spielwelt erzeugt werden, die Toku weiter und höher springen lassen, Gegner eliminieren oder Maschinen aktivieren.

Während die Steuerung des Toku-Avatars im Wesentlichen den 2D-Jump'n'Run-Standards entspricht (d.h. ein intradiegetischer/zentrierter/direkter Point of Action), weicht die Point of Action-Konfiguration Enrils interessanterweise von den ›klassischen‹ Cursor-Eigenschaften ab. Dies beginnt beim diegetischen Status: Enril ist ein Windgeist. Er besitzt keinen Körper in der Spielwelt, wird aber scheinbar von den Figuren der Spielwelt – in einer durch die Erzählung des Spiels nicht näher erläuterten Art und Weise – wahrgenommen. Darüber hinaus kann der Enril-Cursor durch die Windstoß-Spielmechanik nur auf einen Punkt in der Spielwelt wirken (zentriert) und vollzieht außerdem keine indirekten Steuerungsoperationen (Wegpunkte etc.).[3]

3 Zwar ist über den Cursor auch eine Menü-Navigation möglich (bei der sich die Cursor-Form nicht ändert), diese beschränkt sich in WINTER OF THE MELODIAS jedoch auf System-Funktionen (Spiel starten/verlassen, Speicherstandverwal-

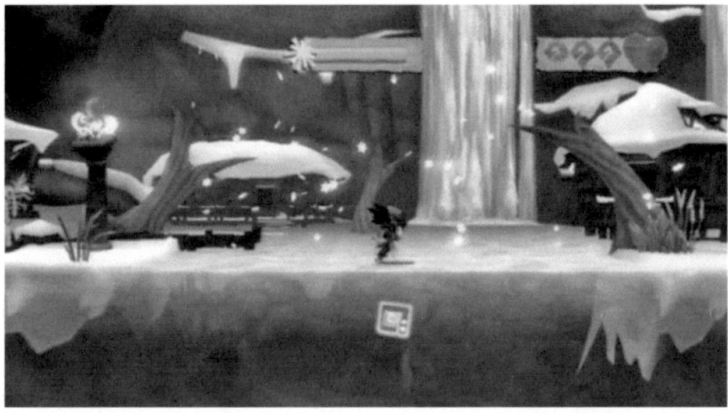

Abb. III-04: LostWinds: Winter of the Melodias (2009)

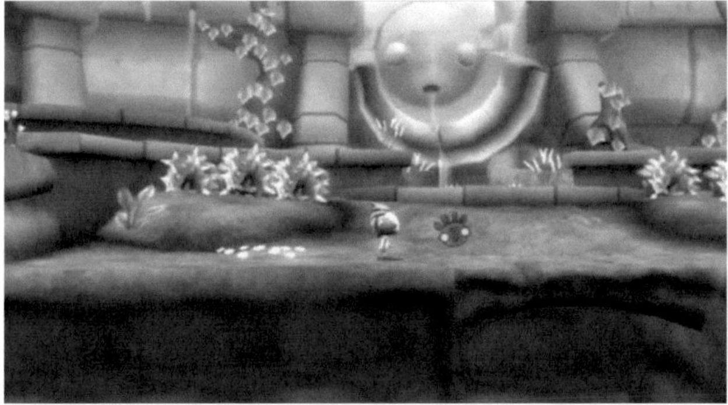

Abb. III-05: LostWinds: Winter of the Melodias (2009)

Auf diese Weise ergibt sich ein narrativ grundlegend anders strukturiertes Szenario als in SACRED 2 oder THE WITCHER. Der Cursor ist hier keine (alternative bzw. erweiterte) Avatar-Steuerungsvariante, sondern Avatar und Cursor bilden eine Art symbiotisches Verhältnis. Der Cursor wird gewissermaßen zur eigenständigen ›Figur‹ der Spielwelt, zum (paradoxen) ›Cursor mit Avatar-Charakter‹. Oder etwas metaphorischer formuliert: Enril lebt als Geist in einer Zwischenwelt des interaktiven Bildes, oberhalb der Spielwelt, aber unterhalb des HUD.

---

tung), d.h. es findet keine Interaktion mit anderen HUD-Elementen *im Spielvorgang* selbst (z.B. mit einem Inventar) statt.

Diese ›Bindung‹ zwischen Avatar und Cursor spiegelt sich in WINTER OF THE MELODIAS noch in einem weiteren Detail wider. So beginnt das Spiel mit einem Prolog, in dem der Spieler nicht Toku, sondern Riveren (Abb. III-05, die kleine Figur im Bildzentrum) steuert. Riveren gehört zum Stamm der Melodia, einer vor langer Zeit in Vergessenheit geratenen Zivilisation, deren Ruinen Toku später im Hauptspiel erforscht. Ohne hier weiter auf die narrativen Querverbindungen zwischen Prolog und Hauptspiel eingehen zu wollen, ist vor allem ein Vergleich des Interfaces interessant. Denn mit dem Wechsel von Riveren zu Toku hat sich nicht nur die Avatarfigur gewandelt – statt eines Menschenjungen steuert der Spieler nun ein ›kleines grünes Männchen‹. Auch die Darstellung des Cursors (Abb. III-05, rechts neben dem Avatar) ändert sich. So ist aus dem quadratischen Windgeist-Symbol ein stilisierter Melodia-Kopf geworden. Nun mag man dieses Detail schlicht als eine ›Design-Spielerei‹ interpretieren, als eine Variante der bereits beim DEAD RISING 2-HUD aufgezeigten ›diegetischen Verzierung‹, denn im Gegensatz zum Enril-Cursor hat der Melodia-Cursor keinerlei spielfunktionale Bedeutung. Die Interaktion erfolgt nur über den Riveren-Avatar; der Windgeist Enril – und mit ihm die Windstoß-Spielmechanik – taucht erst im Hauptspiel auf. Doch gerade weil der Melodia-Cursor im Grunde überflüssig ist, erscheint nicht nur seine grafische Anpassung an die Spielwelt (und insbesondere an den Avatar), sondern sein Vorhandensein überhaupt umso bemerkenswerter – der Avatar ist gewissermaßen geradezu unvollständig ohne ›seinen Geist-Cursor‹.

Somit erweist sich eine strikte Trennung von Avatar und Cursor für die Beschreibung des Avatarbildes letztlich als unbefriedigend – auch wenn beide Elemente in WINTER OF THE MELODIAS bildlich wie spielfunktional eindeutig unterschieden werden können. Damit soll nicht nahegelegt werden, die einleitend vollzogenen Differenzierungen – Fläche vs. Tiefe, verschiedene Point of Action-Formen etc. – wieder einzuschränken, doch es muss sich stets die Frage nach einer gegenseitigen Beeinflussung oder gar Durchdringung dieser Bildelemente anschließen. Der Melodia-Cursor mag einerseits eine simple, geradezu triviale thematische Anpassung von Spielwelt- und Cursor-Design darstellen. Andererseits deutet er aber – insbesondere vor dem Hintergrund seiner spielerischen Funktionslosigkeit – die Möglichkeiten der bildlichen wie narrativen Durchdringung verschiedener Interface- und Spielwelt-Elemente an. So erweist sich im zeitgenössischen Computerspiel die Membran, die HUD und Spielwelt trennt, als eine oft unbeständige Grenze, die immer wieder Destabilisierungs- oder gar Auflösungserscheinungen unterliegt. Heuristisch sollen hier im Folgenden zwei Strategien unterschieden werden: *reflexive* und *transformative*. Reflexive Strategien erhalten den Gegensatz zwischen HUD und Bildtiefe zwar weitgehend aufrecht, thematisieren diesen Gegensatz aber stetig und perforieren oder durchbrechen die Grenze der beiden Ebenen punktuell. Transformative Strategien hingegen versuchen die HUD-Avatar-Unterscheidung weitreichend aufzulösen, indem sie die HUD-Elemente in die diegetische Spielwelt integrieren.

DER AVATAR UND SEIN INTERFACE I: REFLEXIV

Der vermeintlich simpelste, wenn auch keinesfalls triviale Fall der reflexiven Verbindung von HUD und diegetischer Spielwelt ist ein Austausch von HUD-Elementen zur Erzeugung einer stilistischen Referenz. So funktioniert bspw. in METAL GEAR SOLID 4: GUNS OF THE PATRIOTS eine Veränderung der Energie-Balken-Anzeige als Anspielung auf die vorangegangenen Spiele der Reihe. METAL GEAR SOLID 4 ist der (vorläufige) Abschluss der berühmten METAL GEAR SOLID-Quadrologie, deren erster Teil 1998 für die Playstation erschien.[4] Die Reihe ist bekannt für ihre selbstreflexiven Elemente (vgl. Nöth/Bischara/Neitzel: 149-150) und so überrascht es nicht, dass der vierte Teil im finalen Boss-Kampf den drei Vorgängern seine Referenz erweist.

Abb. III-06 zeigt das normale HUD-Interface des Spiels. Relevant sind hier die Energie-Balken des Avatars (Old Snake) sowie des Boss-Gegners (Raging Raven) oben links im Bild. Die Interface-Elemente bestehen jeweils aus zwei Balken. Der obere repräsentiert die Lebensenergie, der untere die Ausdauer der Figur (die bspw. die Stärke und Präzision von Angriffen beeinflusst).

Im finalen Zweikampf des Spiels ändert sich nun die grafische Gestaltung dieser Energiebalken mehrfach. Zunächst gleicht sie dem Interface der ersten beiden Teile der Reihe (Abb. III-07/III-09), im weiteren Verlauf des

4 Die beiden 2D-Vorgänger METAL GEAR und METAL GEAR 2: SOLID SNAKE werden hier als eigenständige Reihe betrachtet.

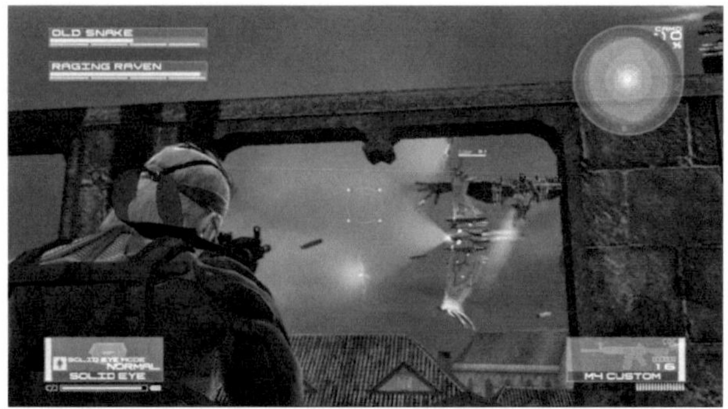

Abb. III-06: Metal Gear Solid 4 (2009)

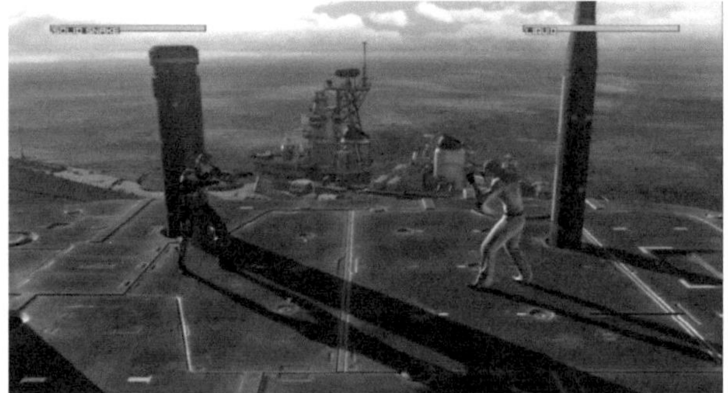

Abb. III-07: Metal Gear Solid 4 (2009)

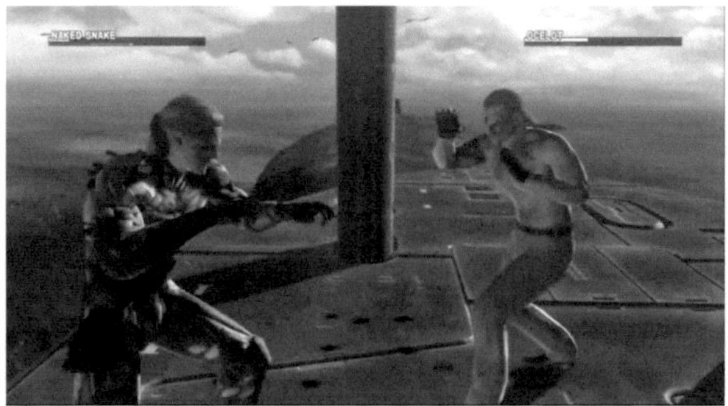

Abb. III-08: Metal Gear Solid 4 (2009)

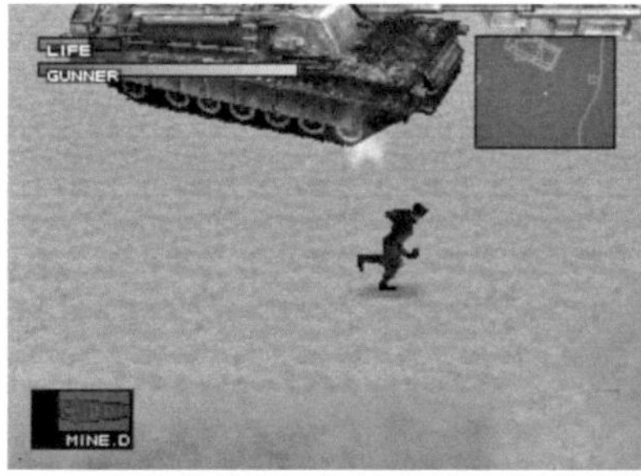

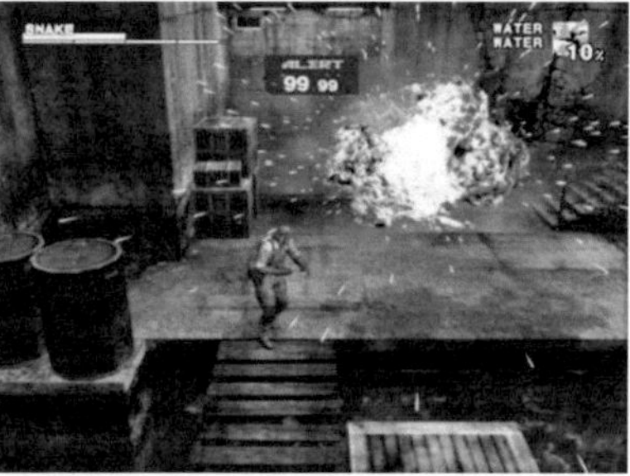

Abb. III-09 & III-10: Metal Gear Solid (1998) & Metal Gear Solid 3 (2003)

Kampfes findet ein nochmaliger Wechsel statt, diesmal zum METAL GEAR SOLID 3-Design (Abb. III-08/III-10). Diese Form der Referenz erscheint in mehrfacher Hinsicht bemerkenswert. Der Interface-Wechsel zeigt, wie das Computerspielbild die medialen Möglichkeiten einer stilistischen Referenz um eine weitere Facette ergänzt.[5] Dabei weicht diese Strategie wesentlich von den in der Einleitung aufgezeigten Formen ab (etwa KANE & LYNCH 2, 3D DOT GAME HEROES etc.), denn diese betreffen stets (mehr oder weniger) die komplette Bildgestaltung, wobei der Bildtiefe eine wesentlich größere Rolle zukommt als dem HUD. In METAL GEAR SOLID 4 erfolgt die Stilisierung hingegen *punktuell* und akzentuiert durch die Veränderung eines einzelnen Bildelements (in der Fläche) vor allem eine spezifische Struktur des Computerspielbildes: eine *hybride*, *modulare* Bildlichkeit (vgl. Manovich 2001: 289), eine »motivisch organisierte Flexibilität« (Hinterwaldner 2010: 390) im Zusammenspiel aus Tiefe und Fläche – die einzelnen Elemente bleiben dabei zwar unterscheidbar, sind aber analytisch nicht mehr sinnvoll trennbar.

Indem die Stilisierung auf die Fläche des Bildes beschränkt ist, während die Bildtiefe intakt bleibt, erscheint die Referenz zwar auf den ersten Blick weniger ›drastisch‹ oder umfassend (etwa als ein Austausch der Avatarfigur), gestaltet sich aber letztlich nicht weniger wirkungsvoll. Denn sie funktioniert sowohl narrativ wie spielerisch. Narrativ bildet sie eine Hommage an die Seriengeschichte und lässt – unterstützt durch die sich ändernden Namensmarkierungen der Balken – die unterschiedlichen Rollen,

5 Für eine Übersicht verschiedener selbstreflexiver Strategien des Computerspiels vgl. Rapp 2008: 142-162.

die Protagonist und Antagonist im Laufe der vier Titel eingenommen haben, Revue passieren.[6] Hinzu kommt, dass sich neben den rein grafischen Veränderungen der Wechsel zum ›alten‹ METAL GEAR SOLID-Interface auch spielfunktional auswirkt. Denn da die ersten beiden Teile der Serie noch keinen Ausdauer-Balken enthielten, fehlt dieses Interface-Element – und damit auch die daran gekoppelte Spielmechanik – in der ersten Hälfte des Kampfes. Die narrative Entwicklung (als Geschichte des Protagonisten und Antagonisten) findet sozusagen ihre spielerische Entsprechung in der Erweiterung der Spielmechaniken.

Es kann an dieser Stelle nur spekuliert werden, ob diese Hommage auch mit anderen Elementen des HUD eine ähnliche Wirkung erzielt hätte.[7] Doch dürfte der bemerkenswerte ›nostalgische Effekt‹ nicht unwesentlich in der Wahl der Energiebalken als referenzielle Akzentuierung begründet sein. Dabei erscheint interessanterweise gar nicht unbedingt ein besonders charakteristisches Design von Bedeutung – denn gerade der Vergleich der Energiebalken-Gestaltung zwischen Teil drei und vier der Reihe fällt eher ›unspektakulär‹ aus. Entscheidend ist vielmehr die direkte und anschauliche Verknüpfungsmöglichkeit zwischen HUD und Spielwelt. So lässt sich der Energiebalken unmittelbar dem Avatar bzw. der gegnerischen Figur zuordnen – im Unterschied etwa zu allgemeiner auf das Spielsystem bezogenen Elementen, seien sie nun spielerisch-abstrakt (z.B. Punktestand-Anzeigen) oder diegetisch überformt (z.B. Quest-Einträge). Anders formuliert: Avatarfigur und Energiebalken bilden eine (bildlich) kontrastive (spielerische) Einheit.

Welches Fazit lässt sich anhand des METAL GEAR SOLID 4-Beispiels nun für die Struktur des Avatarbildes, für die Verbindung von HUD und Avatarfigur ziehen? Einerseits wird die Grenze zwischen Spielwelt und

---

6 Auf eine detaillierte Diskussion der zwischen Komplexität und Verworrenheit schwankenden Hintergrundgeschichte der METAL GEAR SOLID-Reihe sei an dieser Stelle verzichtet. Eine Übersicht zur Einordnung der beschriebenen Sequenz in die METAL GEAR SOLID-Historie bietet Concelmo 2008.

7 Ohnehin wird die Referenz noch durch den Wechsel der Hintergrundmusik ergänzt; so sind während des Kampfes verschiedene Stücke aus den Soundtracks der Vorgängerspiele zu hören. Diese paratextuelle Anspielung wird sogar durch eine kurze Einblendung des Titels sowie des Komponisten zu Beginn des jeweiligen Musikeinsatzes hervorgehoben.

HUD hier nicht bildlich durchbrochen, sondern ›lediglich‹ in der selbstreferenziellen Modifikation einzelner Bildelemente akzentuiert. Andererseits zeigt die Sequenz jedoch – gerade weil ein solcher bildkompositorischer Bruch gar nicht notwendig ist –, dass Bildtiefe und -fläche auch ohne eine ›direkte‹ bildliche Verbindung wesentlich aufeinander Bezug nehmen (können). Die Kombination von HUD und Bildtiefe weist gewissermaßen bestimmte neuralgische Punkte auf – hier: Avatarfigur und Energiebalken –, an denen Tiefe und Fläche stärker verbunden (oder vielmehr weniger deutlich getrennt) sind.

*

Die Frage, wie weit eine solche Interpretation nun ausgereizt werden kann, mag im Fall von METAL GEAR SOLID 4 diskussionswürdig sein – gerade weil die Sequenz vor allem ein selbstreferenzielles Spiel mit der eigenen Serien-Geschichte darstellt. Doch zeigt sich, dass die Akzentuierung der bildlichen Durchdringung von Spielsystem und diegetischer Spielwelt durchaus noch weitergeführt werden kann.

Zur Illustration dieser These sei hier das Action-Adventure GOD OF WAR III herangezogen. Wiederum ist der finale Bosskampf die entscheidende Sequenz, wiederum bildet die Energiebalken-Anzeige des Avatars eine referenzielle ›Bruchstelle‹ – diesmal allerdings eine buchstäbliche.

Abb. III-11 zeigt das scheinbare Ende des Kampfes zwischen Kratos, der Avatarfigur des Spiels, und dem Göttervater Zeus. Kratos versucht sich aus Zeus' Würgegriff zu befreien, doch Zeus erweist sich als zu mächtig. Dem Avatar sind drei Energie-Balken (Lebensenergie, Magie, Spezial-Attacken) zugeordnet, die – passend zum narrativen Szenario – in die Klinge eines Schwertsymbols (oben links) eingelassen sind. Während Kratos sich in Zeus' Griff windet, fallen alle drei Energiebalken nacheinander rapide ab, sinken schließlich auf null (Abb. III-12). Doch was nun folgt ist nicht der übliche Game over-Bildschirm, sondern eine ›Zerstörung‹ des Interfaces: Das Schwertsymbol und die Energiebalken zersplittern (Abb. III-13/III-14); die Bruchstücke scheinen für einen kurzen Moment der artifiziellen Schwerkraft der Spielwelt ausgesetzt zu sein, fallen herunter, werden wenige Sekunden später ausgeblendet (Abb. III-15). In der Bildtiefe verstärkt Zeus ein letztes Mal seinen Würgegriff, Kratos' Körper erschlafft.

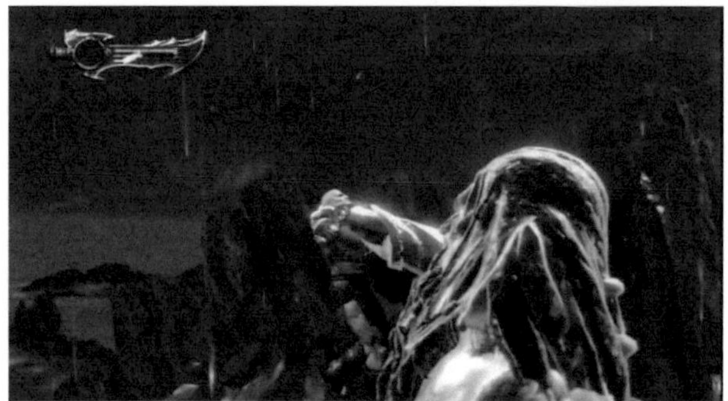

Abb. III-11: God of War III (2010)

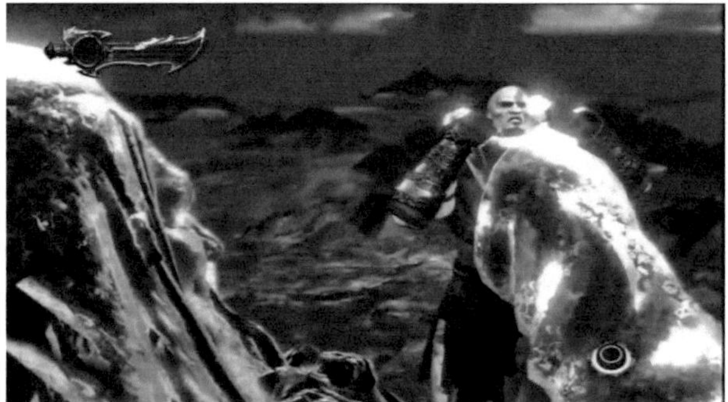

Abb. III-12: God of War III (2010)

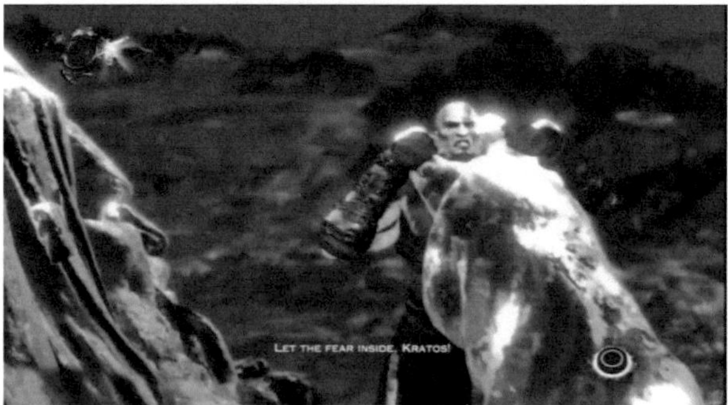

Abb. III-13: God of War III (2010)

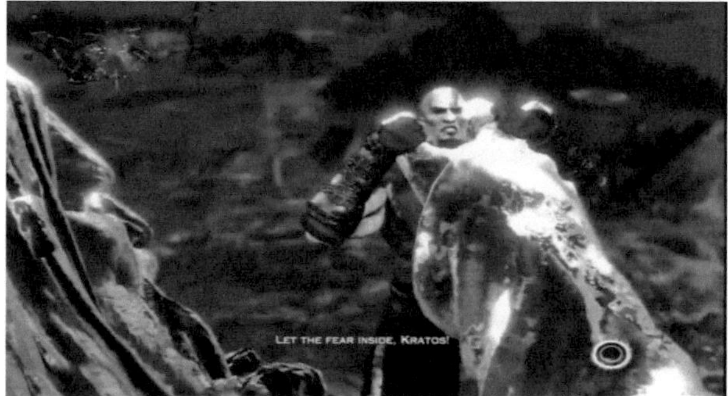

Abb. III-14: God of War III (2010)

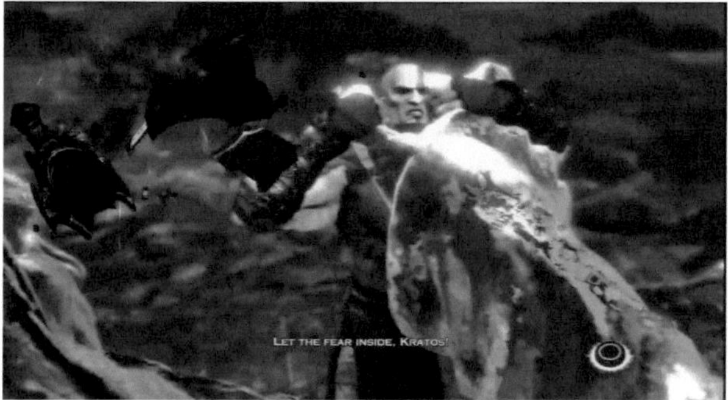

Abb. III-15: God of War III (2010)

GOD OF WAR III endet nicht mit dieser Sequenz. Kratos scheinbarer Tod ist nur der Auslöser einer weiteren – diesmal in Kratos' Psyche angesiedelten – Spielsequenz, die schließlich zu einer Wiederauferstehung des Protagonisten und dem darauf folgenden Sieg über Zeus führt. Doch natürlich lässt die Inszenierung zunächst den Tod der Avatarfigur vermuten.[8] Ein Tod der

8 In spielmechanischer Hinsicht ließe sich präzisieren: den *scheinbar vermeidbaren* Tod. So wird während der Sequenz ein Kreis-Symbol (Abb. III-12/III-13/III-14/III-15, unten rechts) eingeblendet, das dem Spieler ein mehrfaches schnelles Drücken des Kreis-Buttons des Playstation-Controllers signalisiert – denn normalerweise kann Kratos mit Hilfe dieses ›Reaktionstests‹ aus den tödlichen Griffen seiner Gegner befreit werden. Doch ist diese Sequenz nicht zu gewin-

– und dies macht die Szene für die Überlegungen zur Avatar-HUD-Verbindung besonders interessant – durch das Zersplittern der Energiebalken-Anzeige seltsam intensiviert oder gar final erscheint.

Natürlich bildet das Scheitern ein stetiges Ritual der spielerischen Wiederholung. Das Game over ist ein streng konventionalisiertes Ereignis und so folgt auch in GOD OF WAR III auf das vollständige Absinken des Lebensenergie-Balkens normalerweise ein »Restart from checkpoint«-Bildschirm, der die Möglichkeit zum *Replay*, die Rückkehr zum letzten Speicherpunkt erlaubt: »Spiele sind auf der Logik der Wiederholung aufgebaut, was ein Wieder-holen von Spielzeit und Spielfiguren einschließt.« (Neitzel 2008: 84) Anders formuliert: Das Game over ist in erster Linie ein spielerisches Ereignis der Wiederholung, denn erzählerisch ist das ständige Ableben des Protagonisten und das anschließende Zurückspringen in der Zeit (der Spieldiegese) bestenfalls paradox (vgl. Furtwängler 2007).[9] Der erzählerisch dargestellte Tod im Computerspiel wird somit durch die spielerische Rahmung gewissermaßen entschärft, er ist nicht mehr – narrativ – endgültig, sondern spielerischer *Restart*. Der entscheidende Punkt an der GOD OF WAR III-Sequenz ist nun, dass mit der Lebensenergie-Anzeige ein der ›spielerischen Sphäre‹ zugeordnetes Element – ein Element der Fläche des Bildes mit diagrammatischen Charakter – ›zerstört‹ wird und damit eine paradoxe Vermischung von spielerischen und narrativen Elementen auftritt. Das spielerische Game over wird durch die HUD-Zersplitterung diegetisch überformt – nicht nur das HUD, sondern gewissermaßen auch das Spielsystem wird zerstört; das Game over erscheint irritierend (spielerisch/narrativ) endgültig.

Es bietet sich an, diese Vermischung und Überlagerung bildtypologisch noch einmal exakter zuzuspitzen: Mit Klaus Sachs-Hombach lässt sich die

---

nen, sie ermöglicht nur ein »simulatives ›Durchstehen‹« (Beil 2010: 56) einer spielerisch inszenierten Niederlage.

9 Einige Spiele versuchen allerdings die spielerischen *Restarts* auch narrativ zu plausibilisieren (z.B. ASSASSIN'S CREED oder die PRINCE OF PERSIA-Trilogie) oder gar zum zentralen Gegenstand ihrer Erzählung zu machen (z.B. BRAID). Zu diesen ungewöhnlichen Verbindungen von Spiel- und Erzähllogiken vgl. Beil 2010: 171-177 und 197-199; Meinrenken 2007.

Kratos-Zeus-Ebene als darstellendes Bild beschreiben, bei den Energiebalken handelt es sich hingegen um ein Strukturbild:[10]

»Bei darstellenden Bildern besteht ein Entsprechungsverhältnis zwischen den visuellen Eigenschaften des Zeichens und entsprechenden visuellen Eigenschaften eines Gegenstandes. Die Strukturbilder zeichnen sich dagegen dadurch aus, dass keine Entsprechungen zwischen Eigenschaften, sondern zwischen Eigenschaftsrelationen vorliegen und hierbei auch nicht-visuelle Eigenschaften in visuelle übersetzt werden können.« (Sachs-Hombach 2003: 191)

Nun lässt sich zwar beobachten, dass das Energiebalken-Diagramm durch das Schwertsymbol – das zwar stilisierter als die Spielwelt visualisiert wird, aufgrund seiner Gestalt-Ähnlichkeit[11] aber ebenfalls den darstellenden Bildern zuzurechnen ist[12] – bereits (lose) mit der diegetischen Spielwelt verbunden ist. Diese Verknüpfung stört aber in keiner Weise die Strukturbild-

---

10 Es wären andere – hier bereits verwendete – Beschreibungen wie mimetisch vs. diagrammatisch etc. möglich. Aufgrund seiner klaren Strukturierung sei an dieser Stelle dem Vokabular des Sachs-Hombach'schen Ansatzes der Vorzug gegeben.

11 »Es ist offensichtlich bereits hinreichend, einige besonders relevante (insbesondere Gestalt- und Struktur-)Eigenschaften eines Gegenstandes abzubilden, um eine korrekte Wiedererkennung zu sichern, denn diese Gestalteigenschaften lassen sich in systematisch geschlossener Weise analog zur Gegenstandswahrnehmung interpretieren.« (Sachs-Hombach 2003: 201)

12 »Darstellende Bilder lassen sich nach dem Grad ihrer Wahrnehmungsnähe weiter untergliedern.« (Sachs-Hombach 2003: 201) So zeichnet sich das Trompe-l'œil durch eine große »perzeptuelle Ähnlichkeit« (ebd.: 198) aus, während sich mit zunehmender Stilisierung – bis hin zum Piktogramm – diese »perzeptuellen Anteile graduell vermindern« (ebd.). Anders formuliert: »Den Bildinhalt eines illusionistischen Bildes erfassen wir unmittelbar und fast ausschließlich auf Grund unserer (eigentlich auf reale, anwesende Gegenstände ausgerichteten) Wahrnehmungskompetenz. Um bei nicht-illusionistischen Bildern, die einen unterschiedlichen Abstraktionsgrad und Darstellungsstil aufweisen, entscheiden zu können, welche Eigenschaften in welcher Weise im Einzelnen abbildungsrelevant sind, ist (neben der Wahrnehmungskompetenz) eine Kenntnis der zusätzlichen Darstellungskonventionen erforderlich.« (Ebd.)

Funktionalität der Balken. Sie dient vielmehr zur bildkompositorischen ›Glättung‹ der Übergänge zwischen den verschiedenen Elementen. Wenn nun jedoch die Balken explodieren, wird ihr Status als Strukturbild paradox, denn die zersplitterten Balken funktionieren nicht mehr als Visualisierung von Eigenschaftsrelationen, die Explosion hat – nur – darstellenden Charakter. Damit findet die diegetische Überformung des Spiel-Interfaces ihre bildtypologische Entsprechung. Denn weder in seiner Eigenschaft als Spielstand-Anzeige noch als Strukturbild kann das Balken-Diagramm die plötzlich auftretenden darstellenden Eigenschaften und die Anpassung an die Spielwelt-Physik typologisch integrieren. Es scheint fast so, als ›überwältige‹ die diegetische Spielwelt die spielerisch-abstrakte Ebene des HUD.

Natürlich ist diese diegetisch-spielerische Überlagerung in GOD OF WAR III ›nur‹ eine sorgfältig inszenierte Intermission, die letztlich ohne (spielerische) Konsequenzen bleibt.[13] Doch geht es hier nicht um die These einer vollständigen Verschmelzung von Spielsystem und diegetischer Spielwelt, um einen *metakommunikativen Zusammenbruch* (Furtwängler 2006). Die GOD OF WAR III-Sequenz ist vielmehr eine narrativ-bildliche ›(Re-)Interpretation‹ des spielerischen Game over, eine anspielungsreiche Überlagerung beider Ebenen, die in der bildanalytischen Beschreibung ihre Entsprechung finden muss. So bleiben der narrativ-bildliche Tod im Spiel und das Game over zwar stets unterscheidbare Ereignisse, deren Trennung in der Hybridstruktur des Computerspielbildes aber manchmal ›sonderbar‹ unscharf wird.

Diese paradoxe typologische Kombination, die die Grenzen von darstellendem und Strukturbild (buchstäblich) sprengt, lässt sich somit als *reflexives Bild* bezeichnen – damit komplettiert sich Sachs-Hombachs dreiteiliges Schema. Reflexive Bilder sind solche, »die bildhafte Darstellungsverfahren in bildhafter Weise thematisier[en]« (Sachs-Hombach 2003: 191). So lässt sich der ›sterbende Lebensbalken‹ weder sinnvoll über seine Abbildfunkti-

13 Es gibt einige wenige Beispiele für ›direktere‹ Formen einer Kopplung, wie etwa den »Insane-Modus« (der höchste wählbare Schwierigkeitsgrad) von THE WITCHER 2. Stirbt der Avatar im Spiel, wird hier auch der Speicherstand gelöscht und der Spieler muss das Action-Rollerspiel von vorne beginnen. Ebenso ist in einem alternativen Ende (»Ending D«) von NIER der Tod des Avatars an den unwiderruflichen Verlust des Spielstands gekoppelt.

on, noch über seine Eigenschaftsrelationen erklären, sondern nur über die – narrativ aufgeladene wie spielerisch konventionalisierte – Verknüpfung von Avatar und HUD. Es geht also um eine Art »anschaulich[e] Charakterisierung« (ebd.: 215) der »Möglichkeiten und Grundlagen des bildhaften Darstellens« (ebd.). So erschließt sich die Bildbedeutung »nur in dem Maße, indem wir mit der Tradition vertraut sind, in der die reflexiven Bilder stehen« (ebd.: 216).

DER AVATAR UND SEIN INTERFACE II: TRANSFORMATIV

Der (selbst-)reflexive Bruch der HUD-Ebene mag eine Ausnahmeerscheinung im zeitgenössischen Computerspiel bilden. Die (buchstäblich) entgegengesetzte Entwicklungsrichtung ist jedoch ein verbreitetes Verfahren. So ist es in den meisten Fällen nicht die Bildtiefe, die, wie in GOD OF WAR III, nach *außen* in die Fläche drängt, vielmehr wird das HUD gewissermaßen nach *innen* in die Bildtiefe hieneingezogen. Dabei kommt es letztlich nicht zum Bruch, sondern zur Transformation der HUD-Elemente, zur Integration in die diegetische Spielwelt. Natürlich weist bereits der einleitende DEAD RISING 2-Screenshot eine Reihe von Elementen mit ›HUD-Charakter‹ auf, die in der Bildtiefe positioniert sind (die Waffen- und Werkzeug-Icons sowie der NPC-Statusbalken). Doch sind diese Elemente darüber hinaus in keiner Weise in die diegetische Spielwelt integriert. Sie »stehen als Fremdobjektive aus dem Spiel heraus und verweisen auf die Künstlichkeit der virtuellen Umgebung, in der sie als seltsame Fremdkörper ›nicht ins Bild passen‹« (Rautzenberg 2002: 61). Dies wird im Fall von DEAD RISING 2 nicht nur stilistisch deutlich, sondern durch die fehlende perspektivische Anpassung (konstante Größe und Ausrichtung) sogar noch akzentuiert.

Im Folgenden soll es hingegen um Elemente gehen, die narrativ-bildlich an die diegetische Spielwelt angepasst sind, die transformiert wurden – im einfachsten Fall durch eine Art ›Dopplung‹ der HUD-Struktur in der Bildtiefe, im komplexesten Fall durch eine (diegetische) Verschmelzung von Bildtiefe und -fläche (vgl. hierzu auch Wilson 2006; Fagerholt/Lorentzon 2009; Andrews 2010). Im Fokus wird wiederum der Bezug dieser Elemente zum Avatar stehen, denn – so die vorläufige These – die Avatarfigur bildet i.d.R. das Zentrum (oder besser: den Kopplungspunkt) solcher narrativ-bildlichen Transformationen. Die HUD-Elemente werden in der Bildtiefe zu Werkzeugen des Avatars, zu Extensionen. Natürlich ist es im Grunde falsch, hier noch die Bezeichnung HUD zu verwenden, da die Elemente aus der Fläche herausgelöst sind. Um die strukturelle Ähnlichkeit zu verdeutlichen, erscheint es jedoch sinnvoll von einem intradiegetischen ›HUD‹ – in Anführungszeichen – zu sprechen.

*

Die strukturell simpelste Transformation liegt bei Monitoren oder anderen technischen Anzeigen vor, die – eingebettet in die diegetische Spielwelt – eine ›HUD‹-Oberfläche zeigen. So dient bspw. in METROID PRIME 3: CORRUPTION das Helmvisier (des Kampfanzugs der Avatarfigur) als Projektionsfläche für verschiedene typische ›HUD‹-Elemente, etwa eine Radar-Anzeige oder ein Kartenausschnitt (Abb. III-16; vgl. hierzu auch Beil 2010: 192-194). Die Darstellungsform funktioniert in ihrer Struktur dabei geradezu als prototypisches HUD ist jedoch vollständig in die diegetische Spielwelt integriert. Allerdings scheint sich – trotz dieser diegetischen Einbettung – allein durch die Platzierung im Bildvordergrund, sozusagen in der ›Nähe‹ zur Bildfläche, eine Art ›Herauslösung‹ des Helmvisiers aus der diegetischen Spielwelt hin zur Bildfläche anzudeuten. Dieser Tendenz wirkt die grafische Darstellung des Spiels jedoch immer wieder entgegen, indem sie gewissermaßen die (narrativ-bildliche) ›Materialität‹ des Visiers betont – an der Außen- wie auch an der Innenseite. So lagern sich Regentropfen, Kondenswasser und Frost auf der Oberfläche der Visierscheibe ab, während sich auf der Innenseite in dunklen Umgebungen eine Spiegelung des Avatargesichts abzeichnet (Abb. III-17).[14]

---

14 Von Bedeutung ist hier, dass diese Darstellung nicht als metapicturales Element intendiert ist, wie es bei Spiegelungen nicht selten der Fall ist (vgl. Stoichita 1998: 235-257; Miller 1998: 186-209). Es geht vielmehr um »die Funktion des Spiegels als Raum, der den des Gemäldes verlängert« (Stoichita 1998: 221). So sprengt die Spiegelung in METROID PRIME 3 nicht etwa den (fiktionalen) Bildraum, sondern betont vielmehr die detailverliebte Darstellung der Spielwelt, die »in einer raffinierten Anordnung dem Betrachter auch das [zeigt], was nicht dargestellt, was entzogen ist und was er doch zu sehen begehrt« (Lutz 2010:

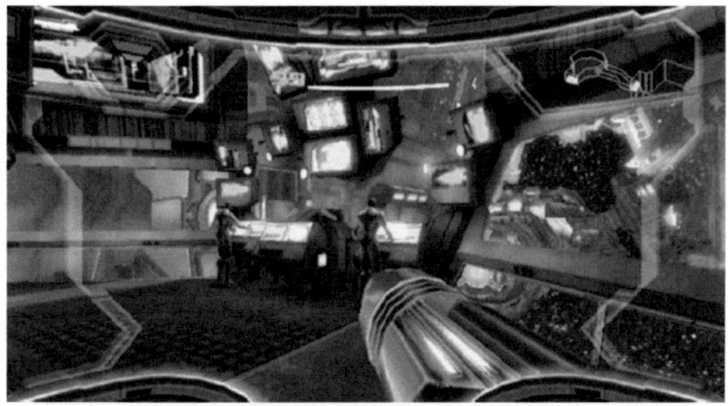

Abb. III-16: Metroid Prime 3 (2007)

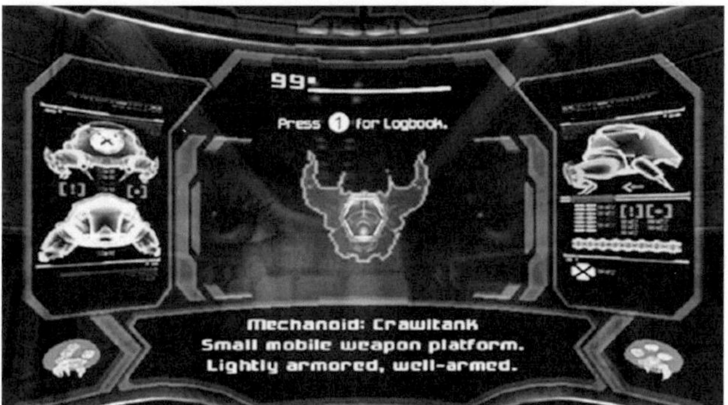

Abb. III-17: Metroid Prime 3 (2007)

---

246). Anders formuliert – und damit muss die Argumentation den Ausführungen zum Bildkonzept der ästhetischen Grenze vorgreifen (vgl. Kap. IV): Der Spiegeleffekt realisiert einerseits eine stärkere Öffnung des Bildraums und zudem dessen Vergrößerung/Erweiterung, gleichzeitig verstärkt er aber auch die Schließung des Bildraums eben insbesondere durch jene Erweiterung. Oder mit Christiaan Hart Nibbrig formuliert: Die Spiegelung vermag »den ganzen Raum als Mikrokosmos ins Bild zu bringen und […] zu schließen« (Hart Nibbrig 1987: 54; vgl. hierzu auch weiterführend Lutz 2010). Für eine ausführlichere Untersuchung von Spiegelbildern im Computerspiel sowie die Anwendung der Spiegelmetapher auf das interaktive Bild vgl. Rautzenberg 2002.

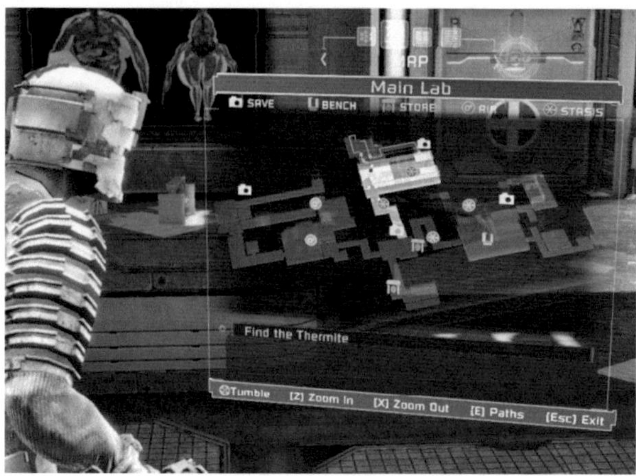

Abb. III-18: Dead Space (2008)

Einerseits ist das Helmvisier somit Projektions*fläche* für das ›HUD‹, andererseits ist es – von innen wie von außen – diegetisch überformt. Diese kritische Rolle der *Positionierung* des intradiegetischen ›HUD‹ innerhalb der Bildtiefe wird bei einem Vergleich zwischen METROID PRIME 3 und dem Third-Person-Shooter DEAD SPACE deutlich. In DEAD SPACE sind die intradiegetischen ›HUD‹-Elemente holographische Projektionen, wobei der Kampfanzug des Third-Person-Avatars als eine Art mobiler Projektor funktioniert. So ergibt sich eine eigentümliche Mischung aus Tiefen- und Flächen-Ästhetik. Intradiegetische ›HUD‹-Elemente wie Karte (Abb. III-18),[15] Inventar (Abb. III-19), Kommunikationsbildschirm (Abb. III-20) oder Munitionsanzeige (Abb. III-21) sind in ihrer Gestaltung zwar ›klassisch‹-zweidimensional, gleichzeitig entfalten sie durch ihre Anordnung in der Bildtiefe aber eine dreidimensionale Wirkung – mehr noch: sie verstärken durch ihre Positionierung hinter der Avatarfigur sowie ihre halb transparente Visualisierung und deutliche perspektivische Verzerrung die Tiefenwirkung des Bildes teilweise sogar.

---

15 Beachtenswert ist hier, dass die Karte parallelperspektivisch aufgebaut ist und somit ein zweites Projektionssystem in der primären (zentralperspektivischen) Ansicht etabliert (vgl. hierzu auch Beil/Schröter 2011).

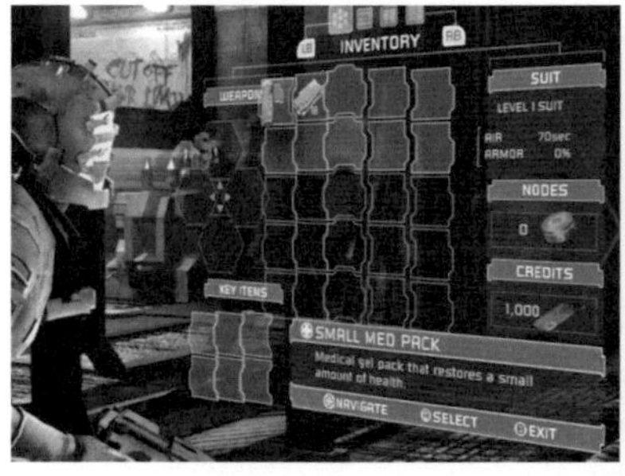

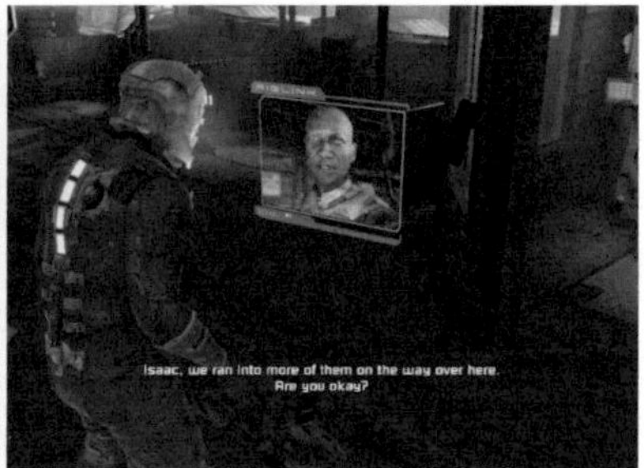

Abb. III-19 & III-20: Dead Space (2008)

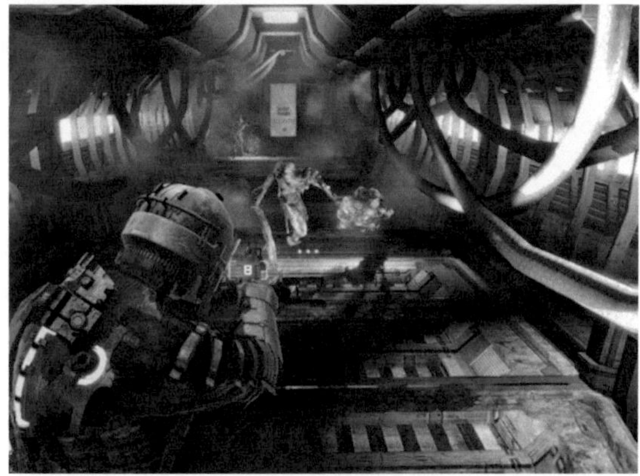

Abb. III-21: Dead Space (2008)

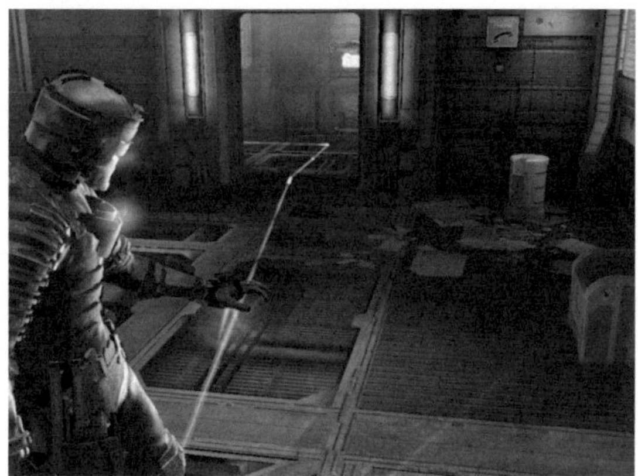

Abb. III-22: Dead Space (2008)

Insbesondere bei der Darstellung von Wegpunkten wird dieses Verfahren deutlich. So wird die Route zum nächsten Missionsziel als eine leuchtende Linie visualisiert, die am Boden der Spielwelt verlaufend in die Tiefe des Raumes führt (Abb. III-22; gewissermaßen das intradiegetische Äquivalent zum DEAD RISING 2-Richtungspfeil).

Einerseits gelingt es DEAD SPACE auf diese Weise den Tiefensog der diegetischen Spielwelt mit der spielerisch funktionaleren und flexibleren Bildgestaltung der Strukturbild-Elemente eines HUD zu verbinden. Andererseits ließe sich einwenden, dass das intradiegetische ›HUD‹ in seiner bildlich-räumlichen Einbindung zwar makellos ist, die einzelnen ›HUD‹-Elemente aber durch ihre Gestaltung (als ›klassische‹ Inventar-Ansicht, isometrische Karte etc.) ihren spielfunktionalen Charakter kaum zu kaschieren vermögen. Denn hierzu erscheint eine *zusätzliche diegetische Überformung* notwendig, wie sie sich etwa in DEAD RISING 2 finden lässt.[16] So wird hier das Zeit-Limit für die einzelnen Quests nicht nur als Statusbalken im HUD angezeigt (vgl. Abb. III-01, als weißer Balken unter der Quest-Beschreibung »Find Katey Zombrex«), sondern kann auch auf der Armbanduhr des Avatars abgelesen werden (Abb. III-23). Zwar nutzt auch in diesem Fall DEAD RISING 2 das Potenzial einer solchen narrativbildlichen Einbindung kaum aus, da die Uhren-Anzeige gleichzeitig als Quest-Verwaltungsbildschirm (mit großflächigen HUD-Elementen) dient. Davon abgesehen erweist sich das intradiegetische Armbanduhren-›HUD‹ aber als einfallsreiche Transformationsstrategie.

Bemerkenswert erscheint, dass sich solche narrativen HUD-Transformationen im zeitgenössischen Computerspiel mehr und mehr zu regelrechten Darstellungskonventionen entwickeln. So findet sich das Armbanduhren-›HUD‹ nicht nur in DEAD RISING 2, sondern (mit ähnlicher Funktion) bspw. auch in FARCRY 2 (Abb. III-24) oder in METRO 2033 (Abb. III-25) – zwei Spiele, die eine Transformation des HUD noch wesentlich weiter führen als DEAD RISING 2.

---

16 Durchaus überraschenderweise, möchte man hinzufügen in Anbetracht der ansonsten strukturell eher wenig eleganten Zusammenfügung von HUD und 3D-Welt des Spiels.

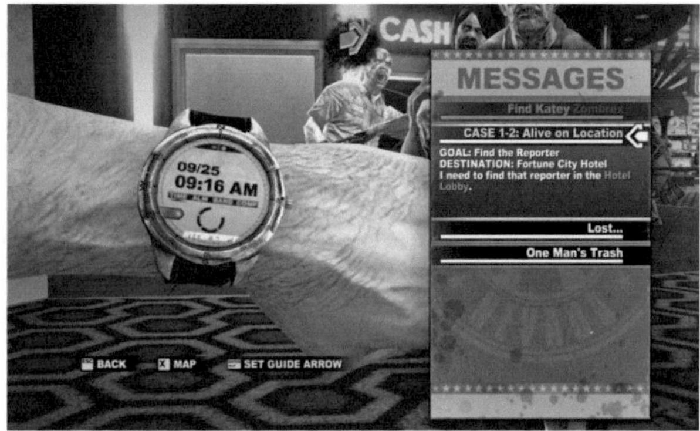

Abb. III-23: Dead Rising 2 (2010)

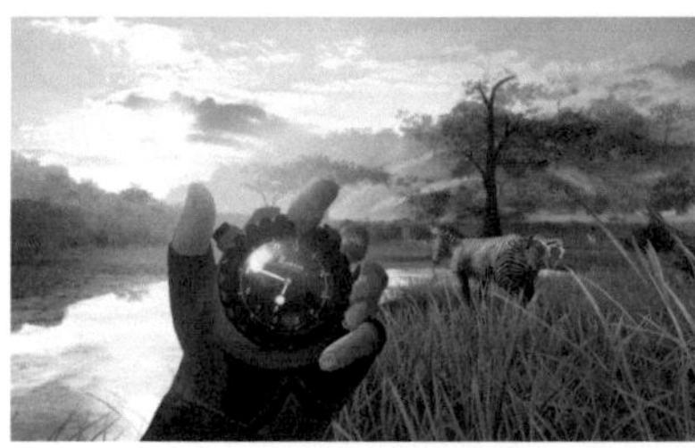

Abb. III-24: Farcry 2 (2008)

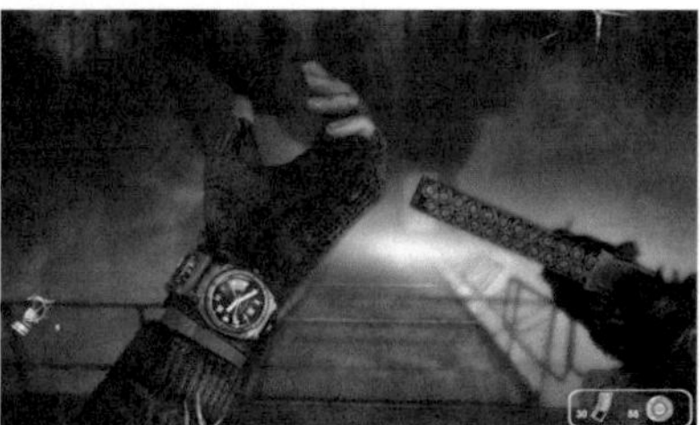

Abb. III-25: Metro 2033 (2010)

In FARCRY 2 gehören neben der Armbanduhr verschiedene Kartendarstellungen zu den markantesten intradiegetischen ›HUD‹-Elementen. Eine Übersichtskarte in Papierform dient der Quest-Verwaltung (Abb. III-26). Zusätzlich erfüllt ein GPS-Gerät die Funktion einer Mini-Map, wahlweise als Ergänzung zur Übersichtskarte oder als Navigationsgerät bei Fahrzeugen (Abb. III-27). Auffällig ist der unterschiedliche bildliche Charakter dieser beiden intradiegetischen ›HUD‹-Elemente. Das GPS-Gerät ist narrativ vollständig eingebunden, behält aber als technische Anzeige bis zu einem gewissen Grad seinen HUD-Charakter. Denn ähnlich wie im Fall der DEAD SPACE-Holographien bleibt es eine technisch-abstrakte interaktive Darstellung (ohne Bildtiefe). Die Papierkarten hingegen scheinen auf den ersten Blick ungleich stärker mit der diegetischen Spielwelt zu verschmelzen. Zwar ist auch ihre Darstellung zweidimensional und größtenteils diagrammatisch, doch lässt die Papierform sie wie ein Relikt erscheinen, ein Gegenpol zum digitalen Interaktionsbild des Computerspiels.

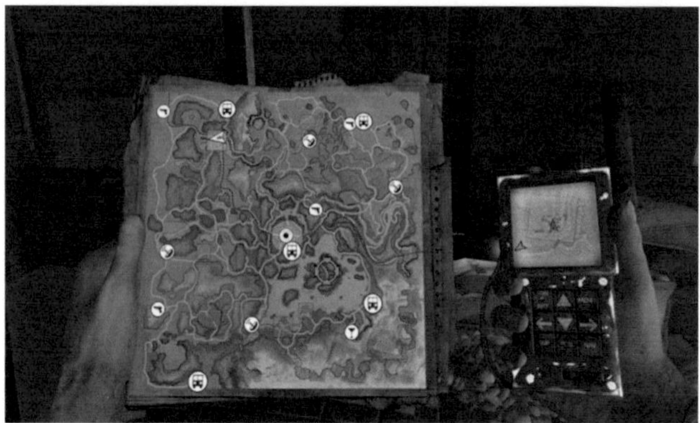

Abb. III-26: Farcry 2 (2008)

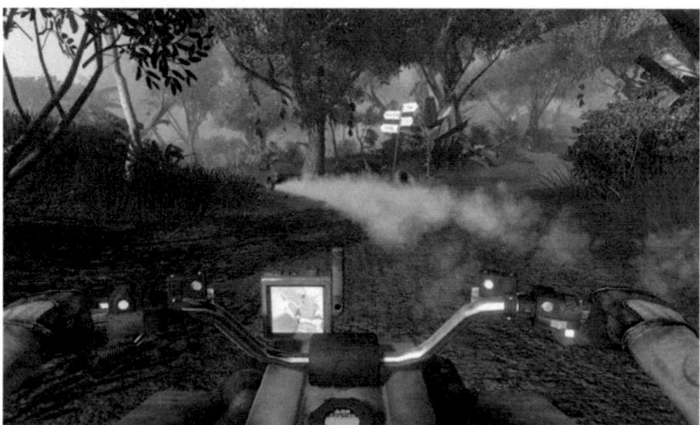

Abb. III-27: Farcry 2 (2008)

Dieser Gegensatz macht den eigentlichen Reiz der Karten-Einbindung aus, gerade auch hinsichtlich bestimmter Einschränkungen. So kommen bei einzelnen Quests weitere Karten – im größeren Maßstab – zum Einsatz. Auf diese Weise realisiert das Spiel eine Art ›analoge‹ Zoomfunktion. Der ›Papier-Effekt‹ wird allerdings letztlich deutlich in seiner Wirkung beeinträchtigt, indem Quest-Icons über die verschiedenen Papierkarten geblendet werden. Der dynamische Status dieser Icons erscheint spielfunktional sinnvoll, stört jedoch die ›Materialität‹ der Papierkarte, d.h. ihre diegetische Plausibilität. Damit demonstriert diese Kombination wiederum die Grenzen

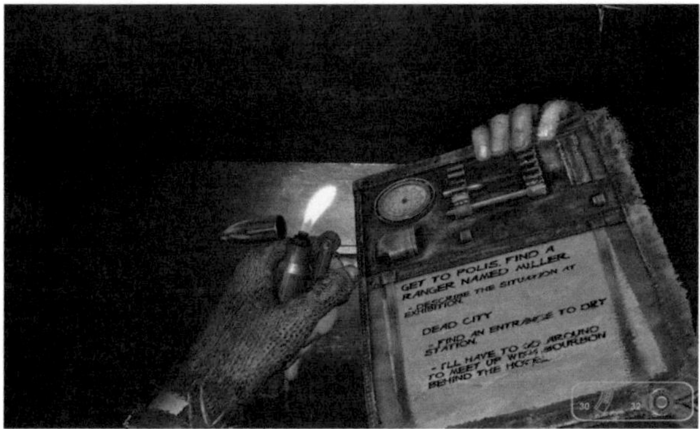

Abb. III-28: Metro 2033 (2010)

einer narrativen Transformation von HUD-Elementen[17] – oder zumindest ihre geringe spielfunktionale Flexibilität gegenüber dem ›klassischen‹ HUD.

Das Equipment des Avatars in METRO 2033 basiert ebenfalls auf nicht-digitalen Medientechnologien, die jedoch z.T. noch konsequenter als im Fall von FARCRY 2 in die diegetische Spielwelt eingebunden sind. So integriert METRO 2033 die Quest-Anzeige als eine ›handgeschriebene‹ Liste auf einem Klemmbrett (Abb. III-28). Beachtenswert ist hier vor allem die detaillierte Darstellung: Das Klemmbrett ist aufwendig texturiert, mit zwei benutzten Bleistiften und einem Kompass (einer weiteren Richtungspfeil-Variante) bestückt und wird durch ein Feuerzeug beleuchtet. Somit findet auch hier eine Betonung der ›Materialität‹ des intradiegetischen ›HUD‹ statt. Es wird sozusagen nicht nur ›oberflächlich‹ (im Design) in die Spielwelt eingepasst, auch wird die (Ein-)Wirkung der Spielwelt auf das ›HUD‹ (u.a. eben durch Beleuchtungseffekte) herausgestellt. Diese Verbindung über eine ›Materialität‹ erscheint in METRO 2033 – schlicht auch weil der Avatar die Quest-Liste in seinen Händen hält – somit ausgeprägter als etwa in METROID PRIME 3 oder in DEAD SPACE, denn den dort verwendeten Projektionen fehlt gewissermaßen eine Art ›haptische Qualität‹.

17 Es lässt sich an dieser Stelle nur spekulieren, ob diese Icons auch in Form von ›handschriftlichen‹ Markierungen auf der Papierkarte funktioniert hätten.

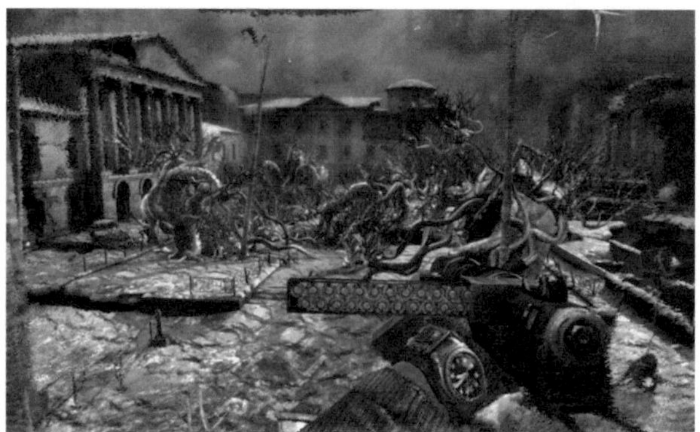

Abb. III-29: Metro 2033 (2010)

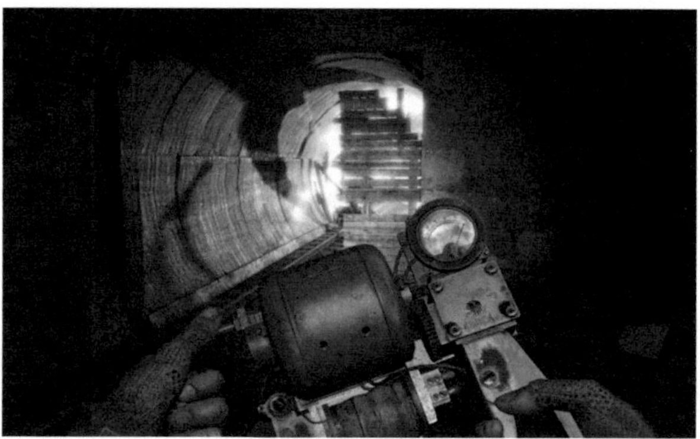

Abb. III-30: Metro 2033 (2010)

METRO 2033 nutzt diese Transformationsstrategie noch für weitere Elemente. So ist der Munitionsvorrat bei einigen Waffen direkt am Magazin ablesbar, da die einzelnen Patronen sichtbar sind (Abb. III-29; vgl. auch Abb. III-25). Das gleiche Prinzip kommt bei einem kleinen Generator zum Einsatz, dessen Restladung direkt auf einer Skala am Gerät ablesbar ist (Abb. III-30). Auch hier wird die ›Materialität‹ des intradiegetischen ›HUD‹ betont, diesmal allerdings zusätzlich noch durch eine Interaktionsmöglichkeit mit dem Generator, denn dieser kann (durch mehrfaches Drücken des unteren Griffs) vom Avatar wieder aufgeladen werden. Das ›HUD‹ wird somit innerhalb der diegetischen Spielwelt nicht nur ein ›fassbarer‹, sondern auch ein (narrativ plausibel wie spielerisch sinnvoll) manipulierbarer Teil der Bildtiefe.

Die bisher analysierten intradiegetischen ›HUD‹-Elemente teilen die Eigenschaft einer narrativ-bildlich plausiblen Einbindungsmöglichkeit in die diegetische Spielwelt, d.h. die Spielmechanik »Zeitlimit« findet ihre Entsprechung in einer Uhrendarstellung, die Spielmechanik »Ausrüstung« wird als Inventar visualisiert, die Spielmechanik »Navigation« wird zu Wegpunkten oder zur Karte. Außerdem werden die intradiegetischen ›HUD‹-Elemente allesamt zu Werkzeugen, die an die Avatarfigur gekoppelt sind, d.h. sie bilden Extensionen des Avatars. Im Falle der – für die reflexiven Verbindungsstrategien so zentralen – Lebensenergie-Anzeige hingegen erscheint eine narrativ-bildliche Transformation problematischer. Denn der Lebensenergie-Balken – dies wurde in der Analyse der Sequenzen aus METAL GEAR SOLID 4 und GOD OF WAR III bereits deutlich – betrifft die Avatarfigur selbst. Er kann als intradiegetisches ›HUD‹ nicht einfach als Extension abgebildet werden, sondern muss gewissermaßen ›direkter‹ auf das Avatarbild Einfluss nehmen. Natürlich ist die Spielmechanik »Lebensenergie« narrativ auf den ersten Blick durchaus plausibel. Die Avatarfigur kann verletzt werden, kann sterben und spielerisch wiederauferstehen – doch soll dieser Punkt hier nicht erneut diskutiert werden. Entscheidend ist an dieser Stelle vielmehr, dass eine Verletzung der Avatarfigur zwar intradiegetisch etwa über Schuss- oder Schnittwunden visualisiert werden kann, doch erscheint diese Darstellungsart erstens häufig nicht flexibel genug und entlarvt zweitens in ihrer narrativ-bildlichen Entsprechung gerade die Artifizialität der Hybrid-Kombination aus Spiel- und Erzählwelt. Die größere Flexibilität und vor allem Exaktheit des Strukturbildes bei der Visualisierung einer graduellen Reduzierung oder Steigerung des Lebensenergie-Wertes wurde hier bereits aufgezeigt. Zu ergänzen ist der zweite Punkt: Zwar mag die Darstellung einer Verletzung narrativ plausibel sein, doch wie etwa würde die ›spontane‹ Heilung durch Health-Packs visualisiert? Natürlich ist eine Regeneration der Avatar-Gesundheit im Fall des Lebensenergie-Balkens narrativ genauso wenig plausibel, doch wird dieser Umstand gewissermaßen gerade durch die Strukturbild-Eigenschaften der Anzeige kaschiert. Anders formuliert: Der sinkende oder steigende Lebensenergie-Balken abstrahiert – indem er eine Eigenschaftsrelation visualisiert – den Akt der Verletzung bzw. Heilung der Avatarfigur, d.h. die ›narrativen Folgen‹ bleiben hier eher diffus. Eine konkrete bildliche Umsetzung hingegen akzentuiert die Lebensenergie-Spielmechanik narrativ als ›wundersame Heilung‹ und entlarvt die Artifizialität der *Spiel*welt.

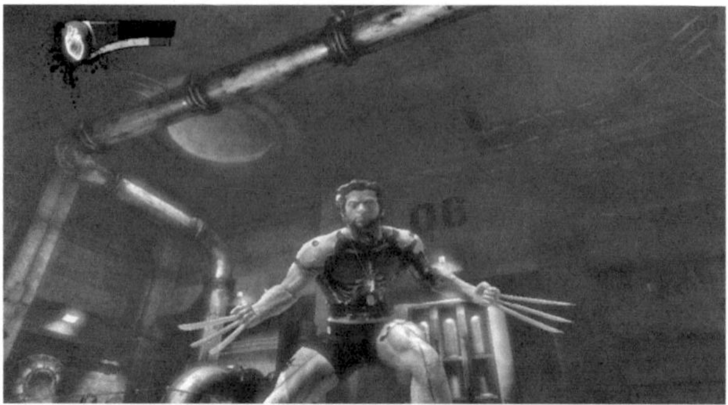

Abb. III-31: X-Men Origins: Wolverine (2009)

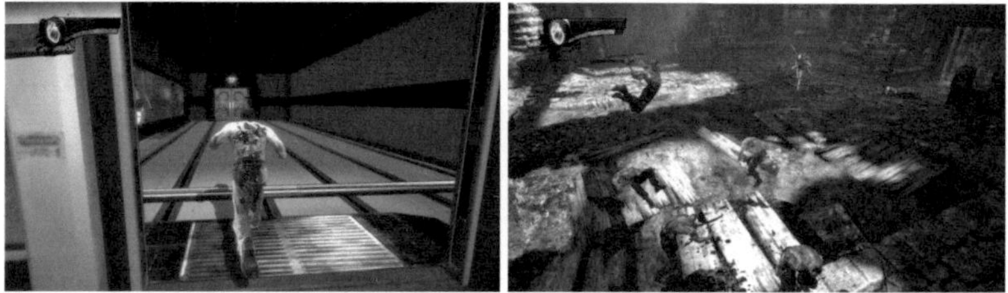

Abb. III-32 & III-33: X-Men Origins: Wolverine (2009)

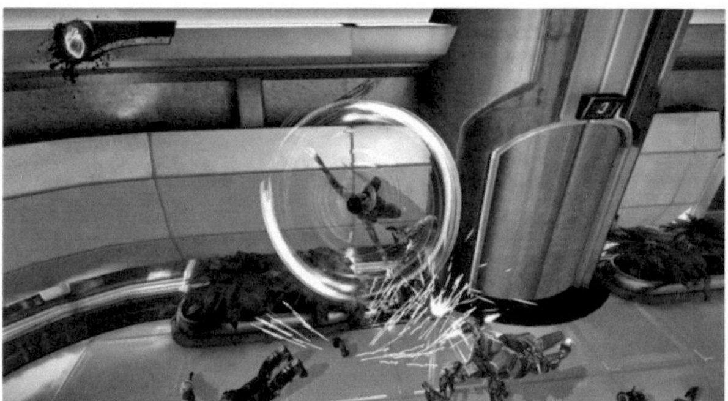

Abb. III-34: X-Men Origins: Wolverine (2009)

So scheint eine unmittelbare narrativ-bildliche Darstellung der Lebensenergie nur in einigen (eher skurrilen) Ausnahmefällen zu funktionieren – z.B. wenn es sich bei dem Protagonisten eines Spiels um die bekannte Comicfigur Wolverine handelt, deren übermenschliche Heilungsfähigkeiten aus den X-MEN-Comics und -Filmen bekannt sind. Hier lässt sich eine Verschlechterung sowie eine Regeneration des Gesundheitszustands des Avatars in X-MEN ORIGINS: WOLVERINE direkt am (meist zerfetzten) Körper der Avatarfigur ablesen (Abb. III-31). Es fällt jedoch auf, dass auch in diesem Fall das Spiel nicht auf einen Lebensenergie-Balken verzichtet. Der Grund erscheint simpel: Zwar wird der Gesundheitszustand direkt durch den Körper Wolverines visualisiert, doch ist die Avatarfigur im Spielverlauf selten so gut sichtbar wie in Abb. III-31 oder III-32. Der Regelfall ist eine kleinere Darstellung des Avatars (Abb. III-33), der sich schnell über das Spielfeld bewegt und bei bestimmten Aktionen (etwa einer Wirbel-Attacke) in der Bewegungsunschärfe kaum mehr deutlich erkennbar ist (Abb. III-34). Ein stets sichtbarer HUD-Lebensenergie-Balken ist in diesem Fall somit spielfunktional notwendig – trotz der narrativ plausiblen intradiegetischen ›HUD‹-Variante, die hier in erster Linie ein visuelles Attraktionsmoment bilden dürfte.

Eine ähnliche Strategie findet sich in FARCRY 2. Auch dieses Spiel verzichtet nicht auf einen HUD-Lebensenergie-Balken, integriert jedoch ebenfalls den verletzten Avatarkörper in sein Darstellungsrepertoire. Sinkt der Lebensenergie-Balken in einen kritischen Bereich, muss der Avatar eine Art Not-Operation vornehmen, d.h. er muss mit Hilfe eines Messers oder einer Zange eine Patrone aus einer Schusswunde (in Arm, Bein oder Fuß) entfernen. Hierbei senkt der Avatar den Blick, so dass seine Gliedmaßen ins Bild kommen (Abb. III-35/III-36/III-37). Nach dem Entfernen der Patrone kehrt das Spiel zur normalen First-Person-Sicht – einschließlich von unten ins Bild ragender Waffe – zurück. Da FARCRY 2 komplett aus einer First-Person-Darstellung gespielt wird, ist die Funktion dieser Sequenzen (primär) als visuelles Spektakel zu sehen – und dies noch offensichtlicher als in X-MEN ORIGINS: WOLVERINE. So dürfte in FARCRY 2 eine graduelle Darstellung von Verletzungen direkt am Avatarkörper kaum funktionieren, würde sie doch eine ständige Blickänderung notwendig machen.

Die Operationssequenz dient somit vor allem der Steigerung der Dramatik im Moment eines drohenden Spieltodes – wenn auch auf Kosten einer fehlenden konkreten ›HUD‹-Funktionalität sowie der narrativ grotesken Wirkung einer fortwährenden Not-Operation inmitten des Kampfgeschehens. Den seltenen Fall einer auch spielerisch funktionalen intradiegetischen ›HUD‹-Variante, die über die Darstellung des Avatarkörpers realisiert wird, stellt der bereits diskutierte Third-Person-Shooter DEAD SPACE

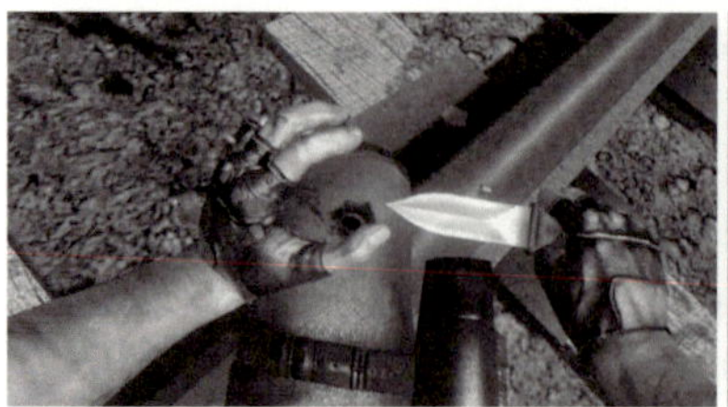
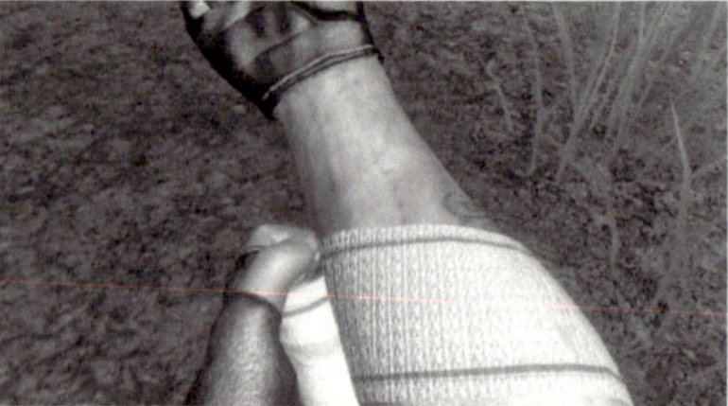

Abb. III-35 & III-36: Farcry 2 (2008)

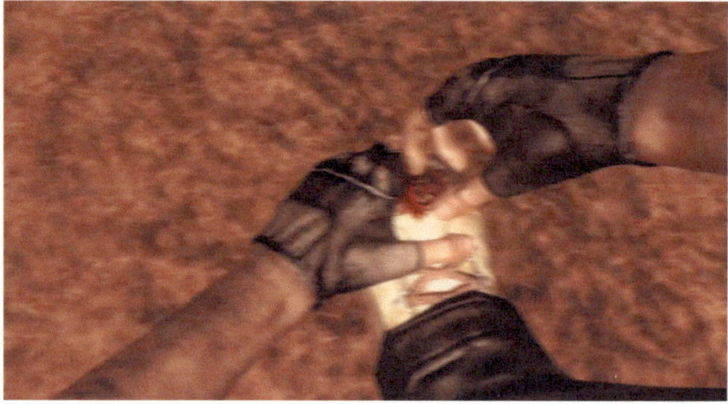

Abb. III-37: Farcry 2 (2008)

dar – der sich jedoch in einigen wesentlichen Punkten vom X-MEN ORIGINS: WOLVERINE und FARCRY 2 unterscheidet. Zunächst wäre die Spielmechanik zu nennen. Die Bewegungen des Avatars in DEAD SPACE sind langsamer, er reagiert träger auf Richtungsänderungen und ist durch die Third-Person-Verfolgerkamera (vgl. hierzu auch Kap. II und IV) fast durchgehend deutlich im Bildvordergrund sichtbar (Abb. III-38/III-39). Darüber hinaus fällt jedoch auch die bildlich-narrative Einbindung des intradiegetischen ›HUD‹ grundlegend anders aus. So wird die Lebensenergie-Anzeige – DEAD SPACE-typisch – über die technische Ausstattung des Schutzanzugs des Avatars narrativ plausibilisiert. Diesmal wird jedoch nicht auf ein holographisches Projektionsverfahren zurückgegriffen, sondern auf einen leuchtenden Balken, der sich über den Rücken der Avatarfigur erstreckt. Somit ist die Anzeige zwar Teil der diegetischen Spielwelt, behält aber Strukturbild-Status. Dies hat spielfunktionale Vorteile (etwa eine gute ›Lesbarkeit‹, da der Balken zudem in mehrere Segmente

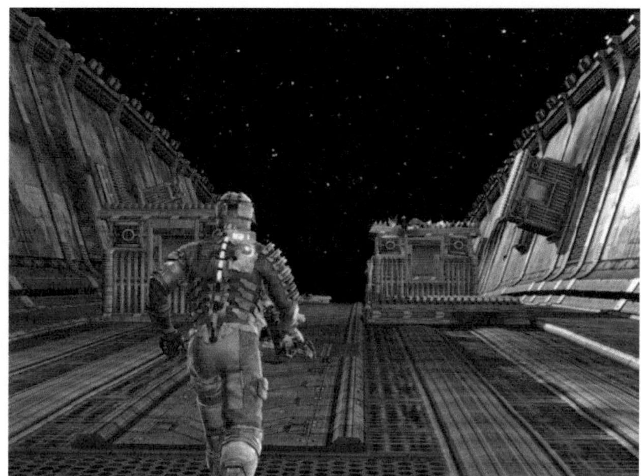

Abb. III-38: Dead Space (2008)

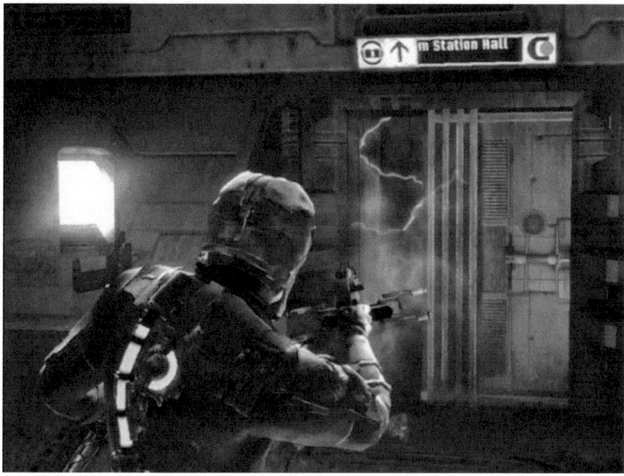

Abb. III-39: Dead Space (2008)

aufgegliedert ist), beeinträchtigt jedoch – wie bereits für die anderen intradiegetischen ›HUD‹-Elemente in DEAD SPACE gezeigt wurde – die narrative Überformung und damit die vollständige Integration in die diegetische Spielwelt.

Nun stellt sich die Frage, welche intradiegetischen ›HUD‹-Visualisierungen einer Lebensenergie-Anzeige abseits dieser teils problematischen, teils funktionalen Ausnahmen möglich oder gar konventionalisiert sind. An dieser Stelle lohnt sich eine erneute Rückkehr zur Patronen-Sequenz in FARCRY 2 und das Hinzuziehen eines weiteren Bildelements: eine rötliche Unschärfe, die das Bild bei schweren Verletzungen des Avatars zeitweise überdeckt (Abb. III-37). Wie ist diese Stilisierung einzuordnen? Die erste Assoziation dürfte eine Art Wahrnehmungsstörung des Avatars sein, ein (buchstäblich) getrübter Blick, verursacht durch die Schussverletzung und dem damit verbundenen physischen wie psychischen Stress. Edward Branigan (1984) hat in der Filmtheorie für diese Art von Bildstilisierung den Begriff *Perception Shot* geprägt. Die Grundidee ist, dass im Falle eines subjektiven Point of View, d.h. einer mit dem Blick einer Figur gleichzusetzenden Kameraeinstellung, eine Stilisierung des Bildes darauf verweisen kann, dass die Figur bspw. betrunken, benommen, hypnotisiert oder schlicht kurzsichtig ist.[18] Damit verschiebt sich das Aufmerksamkeitszentrum weg vom gesehenen Objekt hin zum Akt des Sehens selbst:

»In the case of character *sight*, what is important is not so much that a character sees something, but that he experiences difficulty *in seeing*. […] This feature of character vision is exploited in the perception structure which differs from the POV [Point of View] structure in one important respect: In POV there is no indication of a character's mental condition – the character is only ›present‹ – whereas in the perception shot a signifier of mental condition has been *added* to an optical POV.« (Branigan 1984: 80; Herv. i.O.)

Anders formuliert: Die Bildstörung wird zu einem *Subjektivierungseffekt*, einer durch die Wahrnehmung des Blickträgers gefilterten Aufnahme. Es soll an dieser Stelle keine detaillierte Diskussion der umfangreichen filmwissenschaftlichen Debatte zur subjektiven Kamera und zu anderen Subjektivierungsstrategien des filmischen Bildes erfolgen (vgl. hierzu weiterführend Kap. V). Entscheidend ist, dass ein Perception Shot, wie im Fall der subjektiven Kamera des Films, auch in der First-Person-Sicht des Computerspiels als Figuren-bezogene Wahrnehmungsstörung interpretiert werden kann (vgl. Beil 2010: 133-151). Darüber hinaus kann er im interaktiven

18 Vgl. Branigan (1984: 80) für eine umfangreiche Auflistung von Filmbeispielen.

Computerspielbild aber auch noch zusätzliche (spiel-)funktionale Facetten erhalten. Denn betrachtet man den Perception-Effekt nicht nur narrativ als Wahrnehmungsstörung des Avatars, sondern zusätzlich als intradiegetisches ›HUD‹-Element, ergibt sich eine interessante Entsprechung zwischen Lebensenergie-Anzeige und Figuren-bezogener Bildstörung – beide verweisen auf den (körperlichen) Zustand der Avatarfigur. Der Perception Shot wird somit zum Perception-Interface oder genauer: zum Perception-›HUD‹. Er funktioniert also gleichermaßen als (narrativ-)darstellendes wie (spielerisch-)strukturelles Bild. Außerdem – und dies erscheint im Hinblick auf die vorangegangene Argumentation ebenso entscheidend – realisiert der Perception-Effekt eine Art Hybrid-Stil zwischen Abstraktion (Lebensenergie-Balken) und Buchstäblichkeit (Wunden am Avatarkörper), indem er einerseits als intradiegetisches Element gelesen werden kann, andererseits aber narrativ letztlich recht diffus bleibt.

Nun ist das Perception-Interface keinesfalls eine (filmisch inspirierte) ›Erfindung‹ des zeitgenössischen Computerspiels; so kann der Effekt einer stilisierten Seh- bzw. Sichtstörung bereits in DOOM (1993; Abb. III-40/III-41) und sogar schon (in technisch rudimentärer Form) in BATTLEZONE (1980; Abb. III-42/III-43) beobachtet werden.

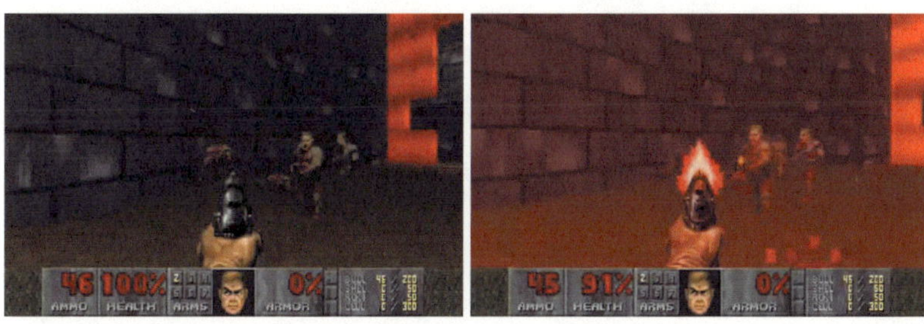

Abb. III-40 & III-41: Doom (1993)

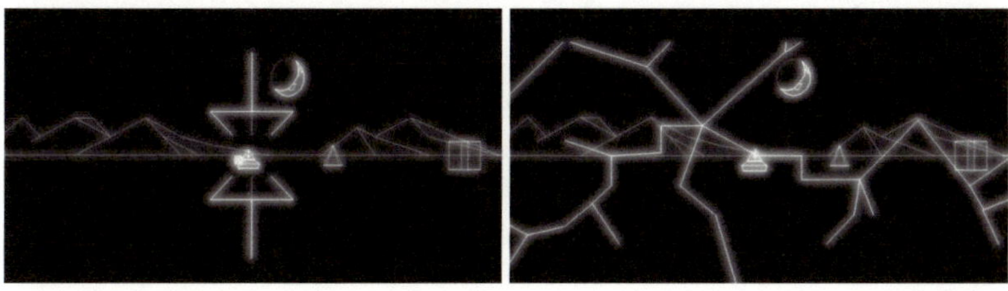

Abb. III-42 & III-43: Battlezone (1980)

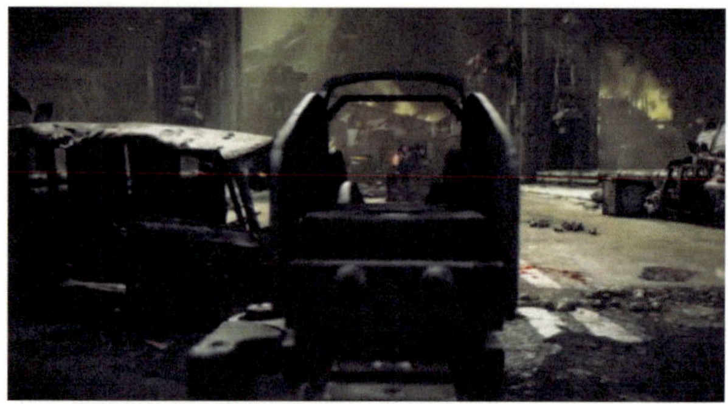

Abb. III-44: Killzone 3 (2011)

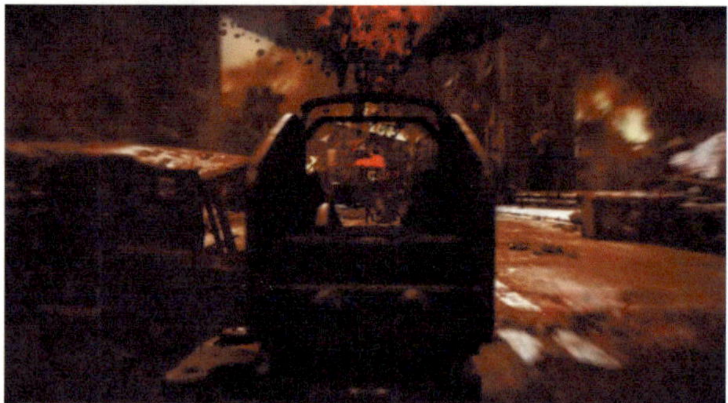

Abb. III-45: Killzone 3 (2011)

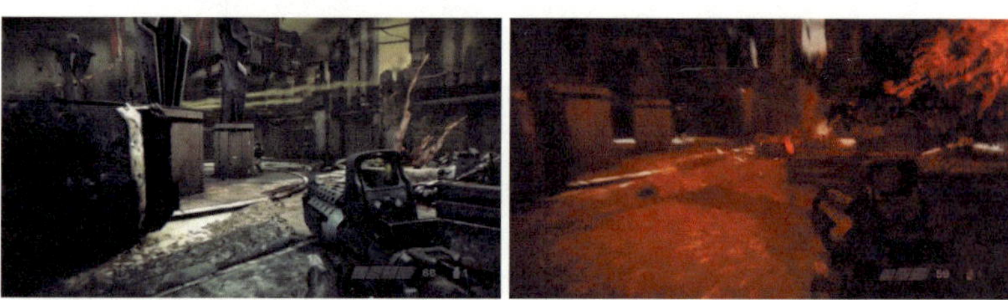

Abb. III-46 & III-47: Killzone 3 (2011)

Allerdings funktionieren in beiden Titeln – aber bspw. auch im Falle der Patronen-Sequenz in FARCRY 2 – die Parallelen zwischen Perception-Effekt und Lebensenergie-Anzeige nur bedingt, denn der Bildstilisierung fehlt hier der graduelle Charakter. In anderen First-Person-Spielen, die den Percep-

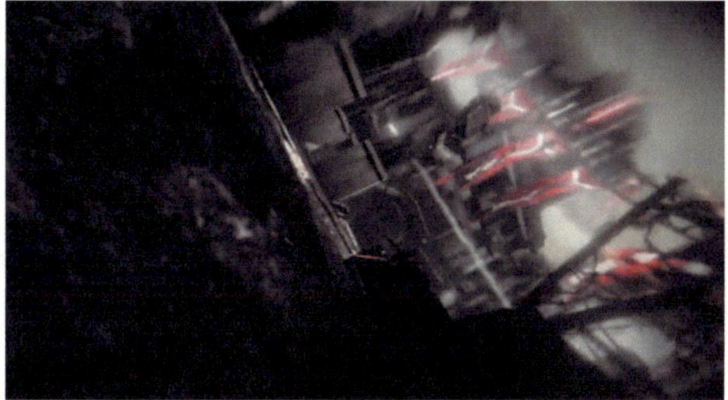

Abb. III-48: Killzone 3 (2011)

tion-Effekt in unterschiedlichen Stärken einsetzten, wird die Funktion als Lebensenergie-Anzeige jedoch offensichtlich. So verzichtet etwa der First-Person-Shooter KILLZONE 3 vollständig auf eine HUD-Variante des Lebensenergie-Balkens. Feindliche Treffer und die damit einhergehende Verletzung der Avatarfigur werden ausschließlich durch einen Unschärfe-Effekt und eine rötliche Einfärbung des Bildes visualisiert, kombiniert mit vereinzelten von den Rändern in die Bildmitte strebenden Blutspritzer-Effekten (Abb. III-44/ III-45/III-46/III-47).[19] Diese Stilisierungen verstärken sich proportional zum Grad der Verletzung – bis hin zum Tod der Avatarfigur, der ebenfalls als Perception-Effekt in Form einer langsam monochrom und dunkler werdenden Sicht des zu Boden gestürzten Blickträgers dargestellt wird (Abb. III-48). Ausgehend vom Perception Shot stellt Edward Branigan die Frage, was passiert, wenn Perception-Stilisierungen von einem subjektiven Point of View entkoppelt werden – im Fall des Computerspiels also nicht mehr in einer First-Person-Sicht, sondern bspw. in einer Third-Person-Perspektive auftreten. Dabei kommt er zu dem Ergebnis, dass auch diese entkoppelten Stilisierungen in vielen Fällen als Wahrnehmungsstörung einer Figur interpretiert werden können, d.h. sie funktionieren ebenfalls als Subjektivierungseffekt.

---

19 Die visuellen Effekte werden von einer leichten Dämpfung der Umgebungsgeräusche und einer Vibration des Controllers begleitet. Solche auditiven wie haptischen Ergänzungen sind ebenfalls bei einer Reihe anderer hier genannter Beispiele vorhanden, sollen jedoch aufgrund des bildwissenschaftlichen Fokus' dieser Arbeit in den meisten Fällen nicht ergänzend diskutiert werden.

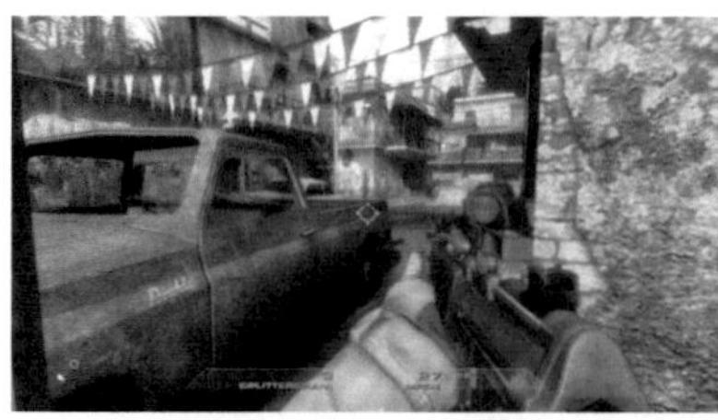
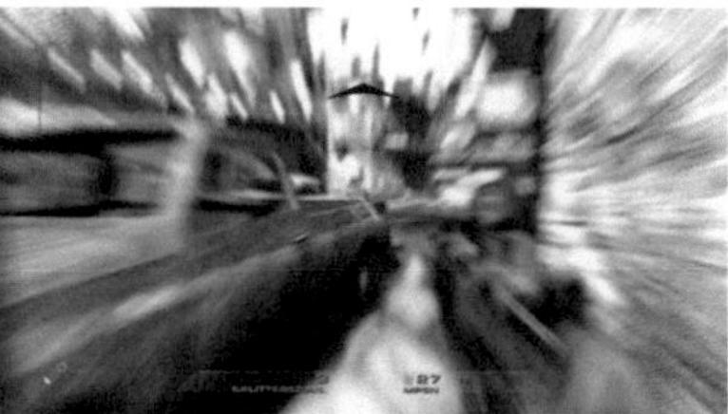

Abb. III-49 & III-50: Rainbow Six: Vegas (2006)

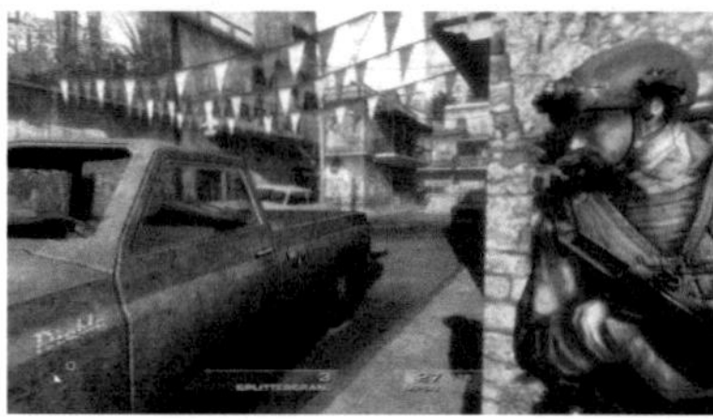
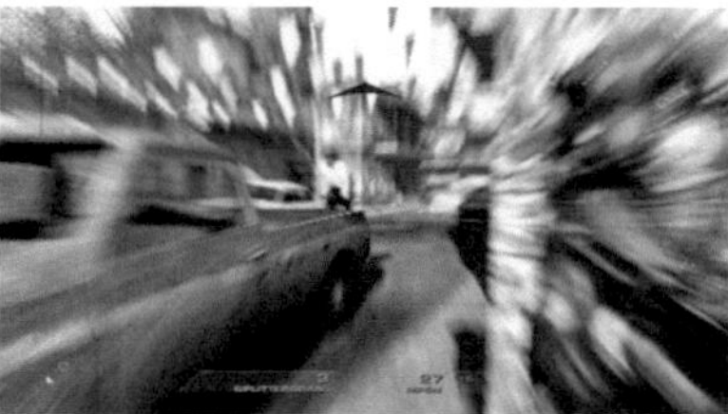

Abb. III-51 & III-52: Rainbow Six: Vegas (2006)

Eine solche nicht an den Blick einer Figur gebundene Perception-Variante bezeichnet Branigan als *Projection*:

»A series of neutral spaces has been embedded within a subjective structure but is to be understood as a further expansion of character. This is the subjectivity called projection. To put it another way: when confronted by an anomalous device [...], one of the hypotheses we try out is a metaphorical application directed toward the nearest sentient agent, usually a character.« (Branigan 1984: 95)

Wenig überraschend finden sich solche Projection-Effekte ebenfalls im zeitgenössischen Computerspiel – wiederum in der Funktion als intradiegetisches ›HUD‹ und in ebenso großer Vielfalt wie die First-Person-Perception-Interfaces. In einigen Spielen, die einen (aktiven oder passiven) Wechsel der Perspektive erlauben, zeigt sich gar, dass die Perception- und Projection-Stilisierungen identisch sein können – z.B. im bereits vorgestellten Shooter RAINBOW SIX: VEGAS (Abb. III-49/III-50/III-51/III-52; vgl. auch Kap. II).

Das Perception- bzw. Projection-›HUD‹ ist zwar in seiner spielfunktionalen Flexibilität einem Lebensenergie-Balken letztlich unterlegen, da es trotz seines graduellen Charakters kaum die Exaktheit (oder die Feinabstufung) eines Balkendiagramms erreichen dürfte und zudem i.d.R. nur in Spielen eingesetzt werden kann, die ein Regenerationssystem vorsehen.[20] Abseits dieser Einschränkungen erweist sich ein Perception- bzw. Projection-›HUD‹ jedoch als ein weit verbreitetes Interface-System, das insbesondere im zeitgenössischen Shooter-Genre nahezu zum Standard geworden ist (vgl. Fagerholt/Lorentzon 2009; Andrews 2010). Zudem tritt das Perception- bzw. Projection-›HUD‹ in vielfältigen Variationen auf: So wird es in einigen Fällen mit einem Lebensenergie-Balken im HUD kombiniert (etwa in THE BOURNE CONSPIRACY oder in der CONDEMNED-Reihe). Darüber hinaus kann es – wie im Fall des filmischen Perception Shot – aber auch an andere Figuren-bezogene Wahrnehmungsstörungen (oder seltener auch -verbesserungen) gekoppelt werden, z.B. Trunkenheit (GRAND THEFT AUTO IV), Drogenkonsum (HAZE) oder eine Art sechster Sinn (ALONE IN THE DARK: INFERNO, ASSASSIN'S CREED; vgl. hierzu Beil 2010: 133-151).

*

Man ist versucht, das Perception- bzw. Projection-›HUD‹ – ähnlich wie den ›sterbenden Lebensbalken‹ in GOD OF WAR III – als reflexives Bild zu deuten. Doch auch wenn diese Einordnung durchaus schlüssig sein mag, so schmälert doch die mittlerweile stark ausgeprägte Konventionalisierung das reflexive Potenzial des Effekts. Darüber hinaus erscheint diskussionswürdig, inwieweit nicht schon der Perception Shot per se ein (meist nicht weniger stark konventionalisiertes) reflexives Bild ist, weil hier »nicht mehr

20 Eine regenerierende Lebensenergie (oder auch ein Energieschild) ist vor allem durch die HALO- sowie die CALL OF DUTY-Reihe etabliert worden und stellt mittlerweile eine gängige Spielmechanik in aktuellen Computerspielen dar. Der Avatar regeneriert sich, sobald er eine Zeit lang von feindlichen Treffern verschont bleibt, woraus sich eine bestimmte Spieldynamik ergibt, bei der das Aufsuchen von Deckung während des Kampfes eine größere Rolle spielt. Da sich die Gesundheit ständig regeneriert, können die Perception-Stilisierungen für Treffer und Verletzungen entsprechend stärker ausfallen, da i.d.R. mit einer raschen Heilung zu rechnen ist und im Gegensatz zum ›klassischen‹ System nicht die Gefahr besteht, dass der Spieler aufgrund mangelnder Heilungsmöglichkeiten den Rest des Spiels mit einer stark verfremdeten Darstellung bestreiten muss.

den Sujets der Wahrnehmung, sondern der Wahrnehmung selbst [...] die Aufmerksamkeit« (Ullrich 2002: 64) gilt.

Die abschließenden Betrachtungen sollen sich deshalb wieder ein Stück weit von der Frage nach dem Bildtyp entfernen und vielmehr zur einleitenden Diskussion der Opposition von Fläche und Tiefe im Avatarbild zurückkehren. Denn auch wenn gezeigt werden konnte, dass das Perception- bzw. Projektion-›HUD‹ narrativ plausibilisiert werden kann, fällt auf, dass diese Stilisierungen zwar einerseits klar der diegetischen Spielwelt und somit der Bildtiefe zuzuordnen sind, jedoch andererseits in der Fläche des Bildes ihre Wirkung entfalten – im Fall von deutlich ausgeprägten Unschärfe-Effekten ja sogar die Fläche des Bildes ›stärken‹; oder genauer: eine *Verflachung* des Bildes auslösen, wie sie etwa Wolfgang Ullrich in seiner *Geschichte der Unschärfe* (2002) beschreibt.[21] So ist in unscharfen Bildern oft zu beobachten, dass

»Gegenstände, die in verschiedenen Bildebenen liegen, ineinander übergehen und sich in ihrer Stofflichkeit nicht mehr differenzieren, sondern zu größeren Einheiten verschmelzen. Dadurch schieben sich Vorder-, Mittel- und Hintergrund zusammen, und statt eines gestaffelten Tiefenraums ergibt sich [...] ein einheitlicher, flacher Bildeindruck. Der Blick des Betrachters kann daher [...] ruhen, wird nicht von einzelnen Sujets gereizt und auch nicht durch mehrere Ebenen nach und nach in die Tiefe (oder zurück in den Vordergrund) geführt.« (Ebd.: 32)

Betrachtet man die hier vorgestellten Lebensenergie-Varianten des Perception- bzw. Projektion-›HUD‹, zeigt sich eine solche Verschmelzung von Vorder-, Mittel- und Hintergrund in der Fläche des Bildes deutlich (Abb. III-53/III-54).

Eine Verschmelzung der Tiefenebenen trifft wohlgemerkt nicht auf alle Unschärfe-Effekte des Avatarbildes zu. So hat etwa die durch Unschärfe *gerahmte* Zielfernrohr-Perspektive in KILLZONE 3 (Abb. III-55) eine in ihrer Wirkung gerade entgegengesetzte »aufmerksamkeitsregulierende Funk-

21 Die Geschichte der Unschärfe als ein zentrales Stilmittel des künstlerischen Umgangs mit einem Medium, wie sie sich für die Fotografie (vgl. Ullrich 2002: inbs. 40-61) und den Film (vgl. Smid 2008) aufzeigen lässt, gilt es für das Computerspiel noch zu erforschen ...

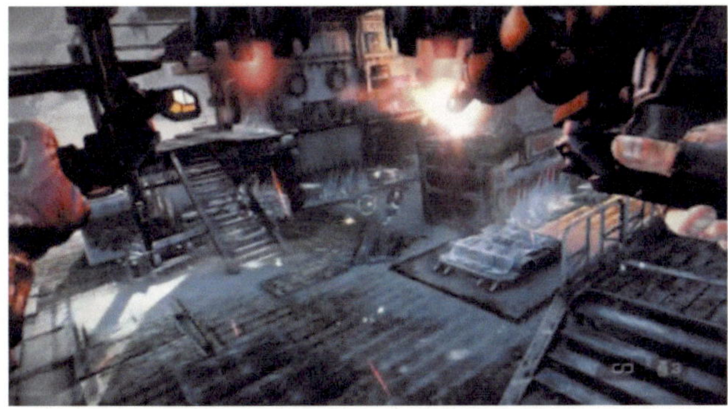

Abb. III-53: Killzone 3 (2011)

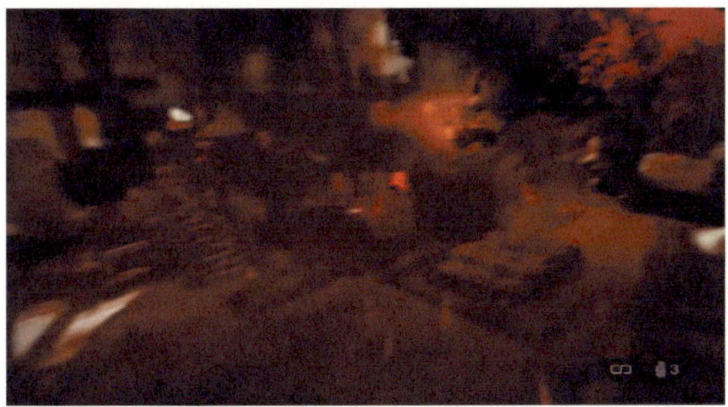

Abb. III-54: Killzone 3 (2011)

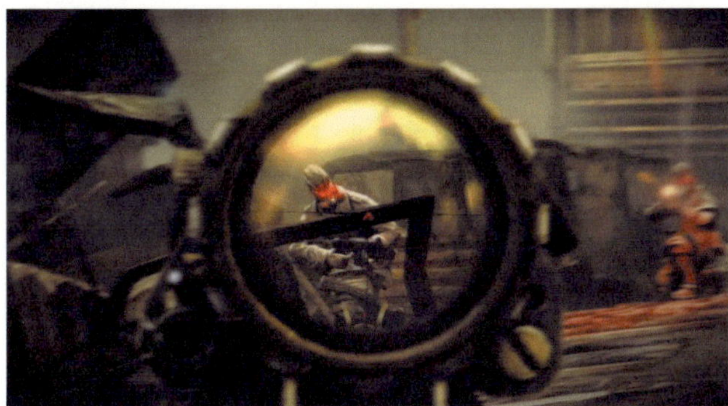

Abb. III-55: Killzone 3 (2011)

tion« (Ullrich 2002: 105; vgl. auch Smid 2008: 226), die in die Bildtiefe führt. Es geht also um eine gezielte Blicklenkung durch die Reduktion der »Menge an Informationen, die in kürzester Zeit erfaßt werden muß, [...] auf das Wesentliche« (Smid 2008: 226; vgl. hierzu weiterführend Kap. V).

Doch zurück zu den ›(ver)flachen(den)‹ Perception- bzw. Projection-Interfaces: Wie passt dieses ›intradiegetische Streben‹ in die Fläche mit der anfangs aufgespannten Systematik aus diegetischer Bildtiefe und spielerisch abstrakter Bild-Fläche zusammen? Es zeigt sich, dass der Effekt spielfunktional wie bildlich-narrativ durchaus geschickt auf die Opposition von Fläche und Tiefe Bezug nimmt. So macht die flächige Unschärfe etwa in KILLZONE 3 spielfunktional Sinn: Sie signalisiert dem Spieler, Deckung zu suchen. Die typische Shooter-Spielmechanik kehrt sich hier gewissermaßen um. Nicht mehr das Streben in die Tiefe des Bildes hin zum nächsten zu eliminierenden Zielpunkt (der Waffe), sondern der Rückzug aus dem Kampfareal bildet nun das handlungsevozierende Moment des Avatarbildes. Und auch bildlich-narrativ – um hier ein letztes Mal das Motiv des Avatar-Todes zu bemühen – findet die Verflachung ihre Entsprechung: Mit der verklärten Wahrnehmung und dem drohenden Tod zieht sich der Avatar aus der Tiefe der diegetischen Spielwelt zurück und strebt in Richtung Fläche, dem Ort des abstrakten Spielsystems.

Das Perception- bzw. Projection-›HUD‹ markiert somit den Extremfall einer Verschmelzung von Avatarfigur und HUD/›HUD‹. Das intradiegetische ›HUD‹ ist hier unmittelbar an den Avatar gekoppelt, die Avatarfigur ist geradezu zum ›HUD‹ geworden. Denn im Gegensatz zu den zuvor beschriebenen ›HUD‹-Werkzeugen (Kompass, Karte etc.), die zwar vom Avatar bedient werden, aber gewissermaßen unabhängig von ihm existieren, ist hier die Verbindung von ›HUD‹-Status und Avatarkörper unauflösbar. Damit zeigt die Verschmelzung aber auch, dass im Perception- bzw. Projection-›HUD‹ die Strukturmerkmale von Avatar und HUD diffus werden. Anders formuliert: Das Perception- bzw. Projection-›HUD‹ ist weder der Fläche noch der Tiefe des interaktiven Computerspielbildes eindeutig zuzuordnen. Es bildet ein seltsames Dazwischen.

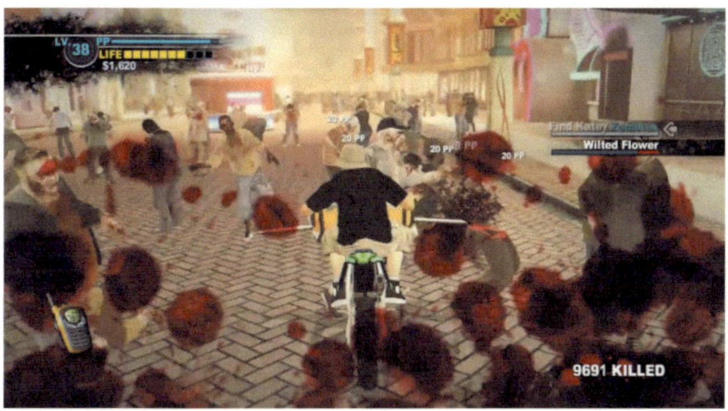

Abb. III-56: Dead Rising 2 (2010)

Damit erscheint die Variationsbreite der möglichen Wechselwirkungen zwischen Avatar und HUD im Wesentlichen zwischen symbiotischen, selbstreflexiven und transformierenden Aspekten aufgespannt. Auf der einen Seite finden sich Spiele wie KILLZONE 3 oder METRO 2033, die nur noch ein minimalistisches HUD aufweisen und ihre spielfunktionalen Markierungen über zahlreiche aufwendige Transformationen in die Bildtiefe der Spielwelt hineinziehen. Auf der anderen Seite steht ein Titel wie DEAD RISING 2, dessen Interface eine teils vor allem funktionale, teils aber auch leicht chaotisch anmutende Zusammenstellung aus Avatar, HUD und intradiegetischem ›HUD‹ bildet. DEAD RISING 2 kennt kein Perception- bzw. Projection-›HUD‹, es nutzt die Fläche des Bildes (intradiegetisch-paradox) allenfalls für Blutspritzer auf der virtuellen Kameralinse (oder Monitorscheibe?, Abb. III-56) – wobei auch hier das visuelle Spektakel wiederum die Illusionsstörung zu kompensieren scheint. Beide Stilrichtungen des Avatarbildes besitzen somit ihre – auf jeweils ganz unterschiedliche Art und Weise zum Exzess tendierenden – visuellen Reize, beide bringen spezifische Formen des Avatarbildes hervor.

Kapitel IV: Third-Person

Rückenfiguren

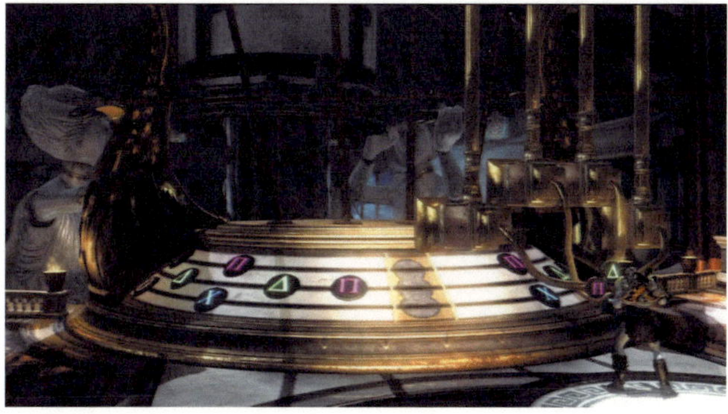

Abb. IV-01: God of War III (2010)

Abb. IV-01 zeigt Kratos, die Avatarfigur von GOD OF WAR III, bei der Bedienung einer seltsamen Apparatur, einer Art riesigem antikem Saiteninstrument, auf dem eine Melodie gespielt werden muss. Die vier Controller-Symbole vor dem Avatar sind vier Hammerköpfen zugeordnet, die die Saiten des Instruments zum Klingen bringen. Der Rhythmus wird dabei durch eine sich von links nach rechts bewegende Partitur am Sockel der Maschine vorgegeben. Gelingt das Musikspiel, erklingt die bekannte Titelmelodie der GOD OF WAR-Reihe. Die großen Zwillingsstatuen im Bildhintergrund geben daraufhin den Weg zum nächsten Levelabschnitt frei.

Ein ›theatraler Charakter‹ prägt diese Musikspiel-Sequenz. Dies beginnt bereits beim Betreten des Raumes, der das Instrument beherbergt: Eine

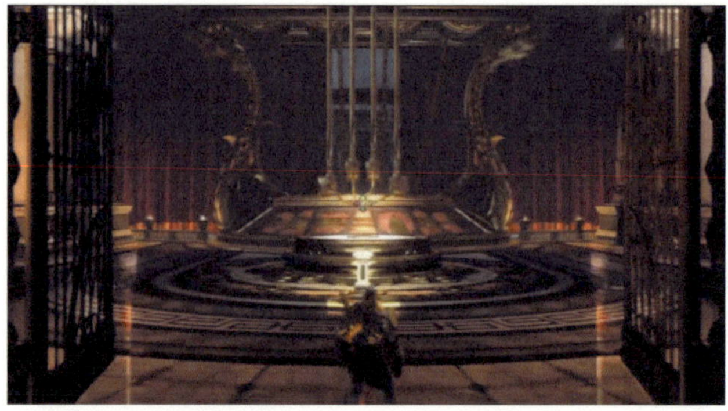

Abb. IV-02: God of War III (2010)

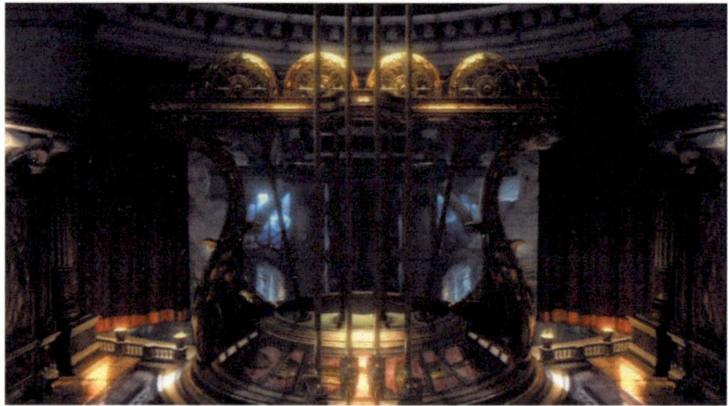

Abb. IV-03: God of War III (2010)

kurze Kamerafahrt präsentiert die Elemente der Spielherausforderung – oder vielmehr die *Bühne*, auf der das Spiel stattfindet, denn während der Fahrt schiebt sich ein roter Vorhang zur Seite und gibt die Sicht auf die Statuen im Hintergrund frei (Abb. IV-02/IV-03). Die Inszenierung dieser Exposition lässt bereits erahnen, dass die folgende Sequenz[1] mit selbstreflexi-

1 Dem Musikspiel geht zudem eine kurze Rätselsequenz voraus: So befindet sich vor der Apparatur ein Pult mit einem aufgeschlagenen Buch, das die ›Instruktionen‹ zur Bedienung des Saiteninstruments enthält: »When the sword is aligned the notes will follow, and the muses will show you the way.« Des Rätsels Lösung: Das Instrument muss zunächst gestimmt werden. Dies geschieht über vier

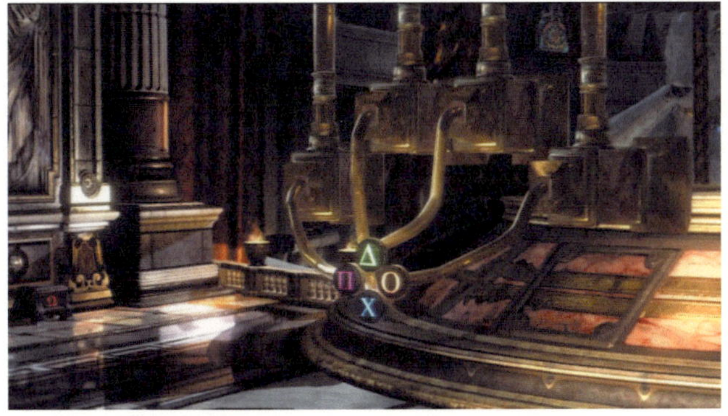

Abb. IV-04: God of War III (2010)

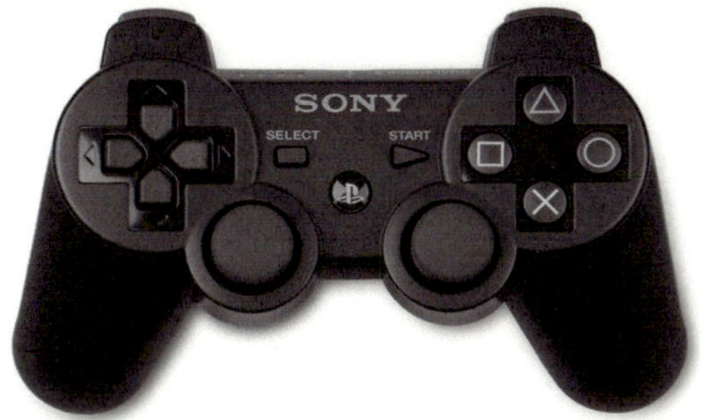

Abb. IV-05: Playstation-Controller

ven Elementen gespickt ist – auf visueller wie auf auditiver Ebene. So finden sich die Symbole der Steuerungskonsole bzw. der Partitur – Dreieck, Viereck, Kreis und X – auch auf dem Playstation-Controller, sogar in gleicher Anordnung (Abb. IV-04/IV-05). Außerdem kommt die Melodie, die Kratos auf dem Instrument spielt, normalerweise nur als Teil des extradiegetischen Soundtracks des Spiels zum Einsatz.

große Räder, die über den Saiten angeordnet sind. Mit der Drehung der Räder ändern sich Bildtafeln am Sockel der Apparatur, die – bei korrekter Stimmung der Saiten – ein Schwertsymbol zeigen und schließlich die darunterliegende Partitur freigeben.

Zwar finden sich in GOD OF WAR III, wie bereits gezeigt wurde (vgl. Kap. III), immer wieder selbstreflexive Spitzen, jedoch dominiert eine diegetisch wie stilistisch weitgehend geschlossene Spielwelt, die sich aus Motiven der griechischen Mythologie zusammensetzt. Dementsprechend ist auch die vorgestellte Sequenz einerseits eine deutliche Referenz an das Musik- oder Rhythmusspiel-Genre,[2] andererseits sind aber sowohl die Controller-Symbole wie auch die Titelmelodie diegetisch durch das antike Saiteninstrument (zumindest ansatzweise) plausibilisiert. Diese Strategie mag hier zwar letztlich aufgrund des eher skurrilen Charakters der Apparatur die Spannung zwischen intra- und extradiegetischer Ebene noch verstärken – dennoch bleibt die Option, das Design-Ungetüm als Teil der Spielwelt-Mythologie anzuerkennen.

Diese interpretative Doppelbödigkeit zunächst einmal hinnehmend, soll im Folgenden ein bestimmter Aspekt der selbstreflexiven Struktur der Sequenz genauer in den Blick genommen werden: die Akzentuierung der Kopplung von Spieler- und Avatar-Handlungen über die Dopplung des Controller-Layouts. Die *fictional Agency* des Avatars zeigt sich, wie bereits dargestellt wurde, in einer grundlegenden Form zunächst einmal schlicht darin, dass (nicht-narrative) Handlungen des Spielers – das Betätigen verschiedener Controller-Tasten – in narrativ plausible, bedeutungsvolle Tätigkeiten umgesetzt werden. In GOD OF WAR III sind dies vor allem Angriffsmanöver, mit anderen Worten: die Demonstration der destruktiven Macht der Avatarfigur. Nun ließe sich einwenden, dass neben den Kampfaktionen auch das Betätigen von Schaltern (im Rahmen anderer Rätsel) zu den Tätigkeiten des Avatars zählt, d.h. dass ein ›verdoppeltes Knöpfe-Drücken‹ bereits in anderen Spielsituationen stattgefunden hat und nicht erst in der Bedienung des Saiteninstruments offensichtlich wird. Doch das Umlegen eines Hebels, das Versenken einer Bodenplatte oder das Ziehen eines Griffs ist narrativ immer noch wesentlich stärker überformt, als die einleitend beschriebene Sequenz. Denn es ist gerade die vermeintlich geringe narrative Verschiebung in Form der *direkten bildlichen Dopplung* der Controller-Symbole, die hier entscheidend ist.

Die bildlich-narrative Einbindung des Avatars wurde in den vorangegangenen Kapiteln bereits hinsichtlich der Kriterien Raum/Perspektive sowie Tiefe/Fläche und Interface diskutiert. Natürlich finden diese Kategorien

2 So ist die Sequenz auch als GUITAR HERO-Mini-Game bekannt.

im einleitenden Beispiel ebenfalls ihre Anwendung (Third-Person-Avatar, intradiegetisches ›HUD‹ usw.), doch verweist die Akzentuierung der Spieler-Avatar-Kopplung in diesem Fall noch auf eine gewissermaßen ›grundlegendere‹ Eigenschaft des Avatars, die hier zuvor mit Wolfgang Kemp als »Person geworden[e] Betrachteranweisung« (Kemp 1988: 250; vgl. Kap. I) beschrieben wurde, d.h. die Avatarfigur prägt den handlungsevozierenden Charakter des interaktiven Bildes durch eine Form der »personalen Perspektive« (ebd.). Eine solche Perspektive manifestiert sich natürlich nicht erst mit dem Avatarbild, sondern verweist auf eine lange bildgeschichtliche Tradition. Sucht man nach konkreten bildwissenschaftlichen Anknüpfungspunkten, erscheint hier insbesondere die Diskussion des Motivs der Rückenfigur besonders interessant – und dies nicht nur, weil die wichtige Gruppe der Third-Person-Avatare durch eine rückansichtige Darstellung dominiert wird, sondern ebenso aufgrund gemeinsamer diskursiver Schwerpunkte. So findet sich bei Joseph Koerner etwa folgende Definition der Rückenfigur:

»Als Wesen, das sieht und gesehen wird, vermittelt die Rückenfigur die Position des Subjekts in der Landschaft. Vernunft- und empfindungsbegabt existiert ihr Körper sowohl als Teil der sichtbaren Landschaft als auch als ein Ort innerhalb der Szene, in dem wir unsere eigene Berührung und Sichtweise wiedererkennen.« (Koerner: 1998: 272)

Die Parallelen und Differenzen der jeweiligen Diskurse gilt es natürlich im Folgenden noch im Detail zu erarbeiten. Einleitend kann hier jedoch nicht dem direkten Verweis auf Klevjers Avatar-Modell widerstanden werden. Denn es ist durchaus erstaunlich, wie sehr bestimmte Avatar-Beschreibungen der Game Studies Koerners kunsthistorischer Definition einer ›klassischen‹ Rückenfigur ähneln. So heißt es bei Klevjer:

»The avatar [...] gives the player a meaningful embodied presence and agency within the screen-projected environment of the game. Because it is a model [...] the avatar is not just significant because of what it can do, but because of what happens to it. It is this vicarious body, this re-oriented subject-position, that establishes what we may call [...] the ›framing‹ of the fictional world for the player.« (Klevjer 2006: 130)

EXKURS: DAS MOTIV DER RÜCKENFIGUR

Wenn es im Folgenden darum gehen soll, das Motiv der Rückenfigur in der Malerei den Avatardarstellungen des Computerspiels gegenüberzustellen, so ist das Ziel freilich nicht, in naiver Weise Analogieschlüsse zu kunstgeschichtlichen Epochen zu forcieren. Vielmehr gilt es, mit Hilfe der mannigfaltigen Literatur zu bildkompositorischen Funktionen der Rückenfigur verschiedene Interpretationsansätze für das Computerspiel zu erproben, zu modifizieren und schließlich für die Game Studies fruchtbar zu machen. Das prägende Kriterium bei der Auswahl dieser Ansätze ist dabei, wie bereits allgemeiner gefasst in der Einleitung dieser Arbeit dargestellt wurde, eine Fokussierung auf die Bild-Betrachter-Beziehung – mit der Rückenfigur als entscheidende Schnittstelle, angefangen bei ihrer Funktion einer Blicklenkung bis hin zur Position des zentralen Bedeutungsträgers im Bild. Es geht also, wie es Klaus Krüger bei seiner Interpretation von Gerhard Richters Rückenfiguren so treffend formuliert, um »so etwas wie ein[en] historische[n] Horizont bildlicher Aufmerksamkeitsstrukturen« (Krüger 1995: 154-155).

Ein solcher Fokus bedeutet natürlich auch, dass andere Interpretationsansätze, insbesondere religiöse Bedeutungsmuster, so weit wie möglich ausgeblendet werden. Diese Verkürzungen mögen zunächst problematisch erscheinen, doch insofern die kunsthistorischen Beispiele nicht als »konkrete Motivanregungen oder ikonographische Vorbilder« (ebd.: 155) bestimmter Avatarfiguren herangezogen werden, erscheint dieser Weg als der einzige begehbare, um die Fülle verschiedenster Quellen zu integrieren. Dazu noch einmal Krüger:

> »Es geht nicht um eine Kenntnis oder etwa ein bewußtes Aufgreifen und Verarbeiten der Motivtradition […] Worum es geht, sind vielmehr historische Kontinuitäten in der Qualität des Bildverständnisses, also in der spezifischen Auslegung fiktionaler Bildlichkeit und ihrer Potentialität im Sinne der ästhetischen Wahrnehmung.« (Ebd.)

Zu Beginn soll ein knapper Überblick zur Geschichte des Motivs der Rückenfigur erfolgen. Ein solcher Abriss muss – und soll (vor dem Hintergrund der erläuterten Analysestrategie) – historisch lückenhaft bleiben[3] und dient vor allem dazu, die beträchtliche Bedeutungsspannweite der Rückenfigur aufzuzeigen.

Prähistorische Zeichnungen hier einmal beiseitegelassen,[4] sind Rückenfiguren bereits in antiken Fresken und Vasenzeichnungen zu finden. Magarete Koch hat in ihrer Monographie *Die Rückenfigur im Bild* die Motivgeschichte für den Zeitraum *von der Antike bis zu Giotto* detailliert aufgearbeitet. Gemeinsam ist den »rückansichtigen Figuren« (Koch 1965: 73) dieser Epochen,

»daß sie Raumvorstellungen bewirken, gleichgültig ob sie nun antiker oder nachantiker Herkunft sind und unabhängig davon, welche Bildfunktionen sie im einzelnen erfüllen. Immer wenden sie sich in die Darstellung hinein, und das ist ihre eigenste Bestimmung.« (Ebd.)

So erfüllt die Rückenfigur in der Antike, wie etwa das rückansichtig dargestellte Pferd in der *Alexanderschlacht* (Abb. IV-06; vgl. ebd.: 12-14), häufig eine »Tiefenstoßfunktion« (ebd.: 13), die – wenn auch rudimentär und auf bestimmte Bildelemente begrenzte – räumliche Beziehungen realisiert.

Diese raumbildende Funktion geht in der Spätantike und schließlich im Mittelalter mit der Durchsetzung der Bedeutungsperspektive und einer damit einhergehenden Verflächigung des Bildes weitgehend verloren: »Die Vielheit des alten Bildes, zu deren Verknüpfung die Rückenfigur gelegentlich besonders beigetragen hatte, wird in ihre Einzelelemente aufgelöst.« (Ebd.: 23) So übernimmt die Rückenfigur in der flächigen Aneinanderreihung bspw. eine bindende bzw. trennende Funktion zwischen einzelnen Szenen (vgl. exemplarisch Abb. IV-07; vgl. ebd.: 59-62).

---

3 Dies gilt nicht zuletzt auch im Hinblick auf eine weitgehende Beschränkung auf die europäische Kunstgeschichte.

4 So zeigt Guntram Wilks in seiner Monographie *Das Motiv der Rückenfigur* zwar, dass sich Rückenfiguren bereits in Felszeichnungen des Jungpaläolithikums finden, räumt jedoch ein, dass das Motiv hier aufgrund der »hohen abstrahierten Stilisierung« nicht »eindeutig erkennbar« ist und in der Interpretation »spekulativ« (Wilks 2005: 18) bleiben muss.

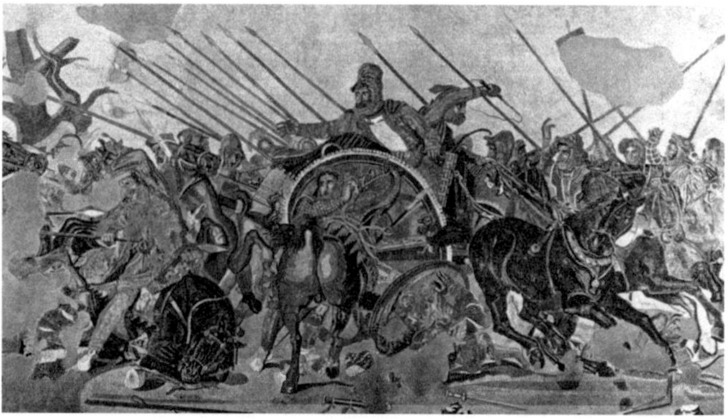

Abb. IV-06: Alexanderschlacht (ca. 150-100 v. Chr.)

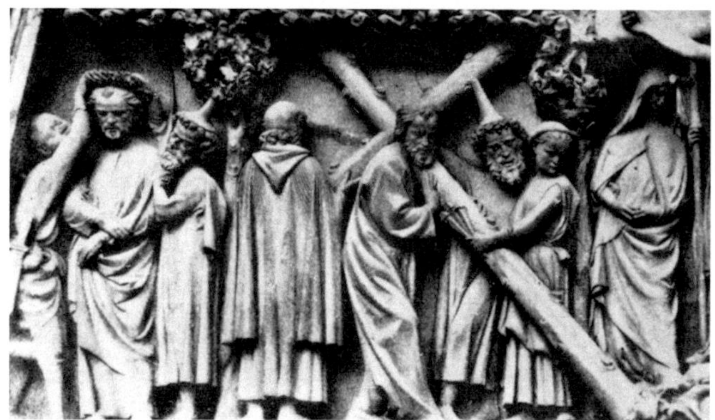

Abb. IV-07: Simon von Cyrene hilft Christus das Kreuz tragen, Straßburger Münster (13. Jh.)

Erst die ›(Wieder-)Entdeckung‹ räumlich-perspektivischer Darstellungstechniken in Italien zu Beginn des 14. Jahrhunderts führt das Motiv der Rückenfigur zu seiner raumbildenden Funktion zurück. Denn während sich bereits im 13. Jahrhundert insbesondere bei Darstellungen von Figurengruppen Beispiele für gegenständlich-räumliche Beziehungen finden,[5] wer-

5 »Das 13. Jahrhundert ordnet […] seine bildwärts ausgerichteten Figuren einer neuen Raumauffassung unter. Der Bildraum wird hier noch nicht aus sich selbst als Einheit wahrgenommen; er ist nur insofern zu erfassen, als er inhaltlich bestimmt, d.h. mit Figuren oder Gegenständen ausgestattet ist. Je enger diese Kör-

den diese erst von Giotto ins »Tatsächlich-Tiefenräumliche gewendet« (ebd.: 72).[6]

Ohne auf die geradezu unüberschaubare Literatur zu Giotto als einer der Wegbereiter der Zentralperspektive in der Malerei im gebührenden Maße eingehen zu können, seien die zentralen Charakteristika seiner Rückenfiguren hier am berühmten Paduaner Fresko der *Beweinung* (Abb. IV-08) exemplarisch veranschaulicht.

Das Fresko zeigt den Leichnam Christi in den Armen seiner Mutter liegend. Um die beiden Figuren hocken trauernd vier Frauen, von denen zwei – eine mittig, eine am linken Rand (das Haupt Christi stützend) – in Rückenansicht dargestellt sind. Die Gruppe ist im Hintergrund von mehreren stehenden Personen umgeben; vom Himmel aus blickt eine Engelsschar auf das Geschehen herab. Die Zentralität der Jesusfigur wird erstens durch die überschneidungsfreie Darstellung ihres Oberkörpers realisiert, zweitens ist vor allem »die Tiefenwirkung, die die heiligen Gestalten in das Innere des Raumes schiebt« (ebd.: 63-64) entscheidend. Dieser Effekt entsteht durch die rahmende Wirkung der hinteren Gruppe sowie der Engel und deren (fast ausnahmslos) auf den Leichnam gerichteten Blicke. Er realisiert sich aber insbesondere durch die Gruppe der Frauen um Jesus, die über die Positionierung der Figuren und deren Berührung des Leichnams bereits eine

---

per sich in szenischer Beziehung aneinanderbinden, desto einheitlicher wirkt der Raum, in dem sie handelnd sich befinden. Deshalb hat die Rückenfigur in solchen Bildern eine Schlüsselstellung, wo sie, wesentlich an dem figürlichen Zusammenhang beteiligt, den Zusammenhang des Räumlichen im Sinne einer sukzessiven Einheit mit konstituiert.« (Koch 1965: 59-60)

6 Wobei an dieser Stelle zu ergänzen ist, dass Koch für die Rückenfigur keine direkte, durchgehende Entwicklungslinie zwischen der Antike und Giotto rekonstruiert: »[S]o können wir zum Abschluß [...] sagen, daß Giotto niemals unmittelbar auf die antike Kunst zurückgegriffen hat. Eine solche Übernahme lag für ihn nicht im Bereich der Möglichkeiten. [...] Die große Ähnlichkeit antiker und giottesker rückansichtiger Gestalten geht nicht aus der Nachahmung antiker Bilder, sondern aus der Tatsache hervor, daß die Rückenfigur bei Giotto in den seit Jahrhunderten bekannten Positionen wieder jene Plastizität gewinnt, auf Grund derer sie imstande ist, von neuem tiefenräumliche Funktionen auszuüben.« (Koch 1965: 72)

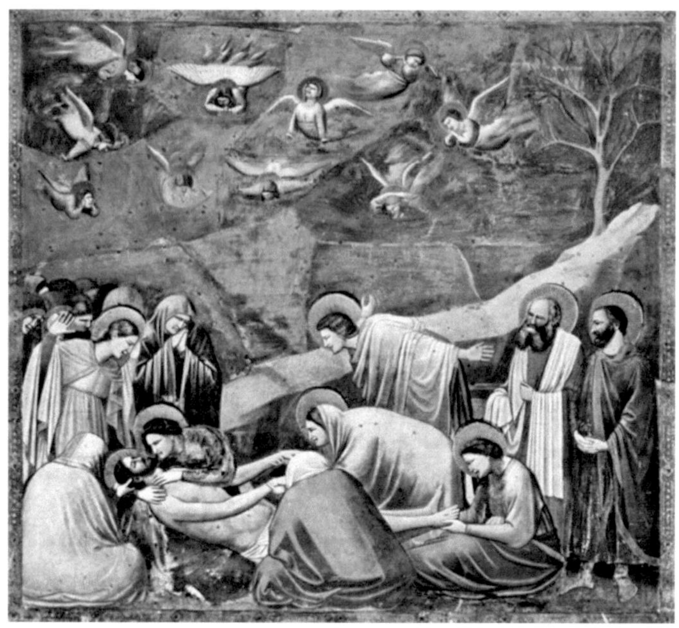

Abb. IV-08: Giotto, Freskenzyklus in der Arenakapelle in Padua (Scrovegni-Kapelle), Szene: Beweinung (1304-1306)

eindeutige räumliche Struktur um das thematische Zentrum des Bildes generiert – eine räumliche Struktur, deren »vordere Begrenzung auf den Rückenfiguren lastet, die sich zwischen den Beschauer und das bildliche Geschehen stellen« (ebd.: 64).

Somit wird neben der raumbildenden Funktion, die später noch ausführlicher zu diskutieren sein wird, der Aspekt einer »Vermittlung der Rückenfigur zwischen dem Innerhalb des Bildes und seinem Außerhalb, d.h. dem Standort des Betrachters« (ebd.: 14) bei Giotto zentral. Bestimmte Formen der Rückenfigur, im Wesentlichen diejenigen, die sich an der vorderen Bildkante befinden, können somit als *Grenzfiguren* (vgl. ebd.: 61) beschrieben werden, die eine »Verklammerung zwischen Bildraum und Nicht-Bildraum« (ebd.: 72) realisieren:

»In den meisten Fällen stehen also die in Rückenansicht dargebotenen Figuren Giottos nicht im Innern eines Bildes, sondern vorn an dessen Abschlußkanten. Ihre Rückansichtigkeit versinnlicht diese Grenzen dadurch, daß sie ein Sichabwenden

> vom Proszenium bedeutet, stellt jedoch zugleich auch die Verknüpfung zwischen Bildgeschehen und Betrachter her. Indem die Rückenfiguren seine Blicke leiten weisen sie ihn auf den Kern des bildlichen Geschehens hin. So schaltet sich die Rückenfigur in dialektischer Verfahrensweise zwischen Kunstraum und Realraum ein. [...] Das Entscheidende liegt darin, daß sie mit der dialektischen Bestimmung den Bereich des Bildes überschreitet, so daß sie Einfluß auf den außenstehenden Betrachter nimmt. Sie entrückt das bildliche Geschehen in die Welt des Idealen und fordert doch zugleich auch den Betrachter auf, dem dargestellten Vorgang beizuwohnen. Es entsteht ein doppeldeutiges Verhältnis beider Partner zueinander, eine Spannung isolierender und überbrückender Tendenzen.« (Ebd.: 71)

Ein solches Bildverständnis folgt dem Ansatz der *ästhetischen Grenze* (Michalski 1996 [1932]), die zwischen Kunst- und Realraum verläuft. Es setzt somit ein bestimmtes neuzeitliches Modell des Bildes voraus,[7] das sich

> »durch die Selbstinszenierung als fiktionaler homogener Innenraum [konstituiert], was nur möglich ist, indem es permanent auch eine durchlässige Grenze zum Außenraum zeigt und so dem Betrachter das Innen als ein begehbares Innen deutlich macht.« (Prange 2010: 160)

---

7 Die kunsthistorischen Hintergründe dieser – umstrittenen – These können an dieser Stelle zwar nicht vertiefend diskutiert werden, es soll dennoch nicht unerwähnt bleiben, dass Koch diese Entwicklung als maßgeblichen Unterschied zwischen den antiken und den giottesken Rückenfiguren anführt: »Die Entstehung dieser Grenze, die man als ästhetische bezeichnet, ist ein wichtiges Ereignis in der Kunst des Abendlandes und errichtet, auch im Hinblick auf die rückansichtige Figur, der Antike und dem Mittelalter gegenüber eine neue Ausgangsbasis.« (Koch 1965: 61) »Die Rückenfigur des alten Bildes steht nicht auf der Schwelle zwischen Hier und Dort und hat daher auch noch kein dialektisch angelegtes Doppelspiel zu spielen, indem sie einerseits die absolute Eigenständigkeit des künstlerischen Gegenstandes bedingt, um andererseits doch wieder eine Überbrückung zwischen diesem Gegenstand und seiner außerbildlichen Umgebung auszulösen. Die bildabschließende Funktion antiker rückansichtiger Figuren ist eindeutiger und abgesehen davon, nur quantitativ, nicht qualitativ isolierender Natur. Sie darf als raumbezogene Funktion bezeichnet werden, aber nicht im Hinblick auf ein Räumliches, das dem Bild als Ganzes eigen wäre.« (Ebd.: 22)

Giottos Rückenfiguren im Vordergrund verweisen somit in der Bildkomposition auf eine »gedachte vierte Wand« (Koerner 1998: 182), »die das Unmögliche möglich macht, nämlich einen hermetischen autonomen Raum als zugänglichen bzw. immer schon für den Beschauer geöffneten auszugestalten« (Prange 2010: 133). Michalskis Ansatz wird im Folgenden noch kritisch behandelt, zunächst soll dieser Methode aber bei der weiteren Beschreibung der Rückenfigur gefolgt werden.

Für die Rückenfigur in den – fiktional abgeschlossenen – Bildräumen Giottos ergeben sich in ihrer Funktion als Grenzfigur somit folgende Voraussetzungen:

- erstens eine bestimmte Positionierung (i.d.R. an der vorderen Abschlusskante);
- zweitens die Blicklenkung auf das Hauptgeschehen (was gleichzeitig bedeutet, dass die Rückenfigur nie Haupt-, sondern stets nur Betrachterfigur ist);
- drittens eine Teilnahme am Bildgeschehen, zumindest eine Augenzeugenschaft (die Rückenfigur ist Handlungsfigur).

Es bleibt zu fragen, ob diese Funktionen der Grenzfigur nur von der Rückenfigur erfüllt werden können oder ob nicht auch andere Figurenkonfigurationen möglich sind – denn natürlich lässt sich eine »Scharnierfunktion zwischen Innen und Außen« (ebd.: 140) auch für alle anderen Arten von Betrachterfiguren im Bild konstatieren: »Die frühen Formulierungen der Rückenfigur im Rahmen der Historie unterscheiden diese nicht grundsätzlich von anderen Bildfiguren, deren Blick oder Gestik auf die Hauptfigur verweisen.« (Ebd.: 141) Allerdings darf die Rückenfigur dennoch gewissermaßen als ›Prototyp‹, als deutlichste Ausprägung einer Grenzfigur gesehen werden, da erstens die raumabschließende Charakteristik von Profil- oder Frontalfiguren, auch wenn sie an der vorderen Abschlusskante des Bildes positioniert sind, i.d.R. im Vergleich zur Rückenfigur schwächer ausgeprägt ist. Zweitens ist die Rückenfigur – wird eine ähnliche Ausrichtung des Bildbetrachters zum Bild angenommen – schlicht der prägnanteste »Spiegel der Betrachter-Bild-Relation« (ebd.; vgl. auch Koch 1965: 73); sie ist die sinnfällige »Reflexion des externen Betrachterblicks im Blick der Bildfigur« (Krüger 1995: 156).

Diese Scharnierfunktion – darauf sei an dieser Stelle schon einmal verwiesen – markiert stets auch eine bereits benannte »Spannung isolierender und überbrückender Tendenzen« (Koch 1965: 71), die dem Motiv der Rückenfigur inhärent zu sein scheint und die in der weiteren Entwicklungsgeschichte noch stärker hervortritt. Dies zeigt sich in dreifacher Hinsicht:

- erstens ist die Rückenfigur einerseits aktives Mitglied der Bilderzählung, distanziert sich andererseits aber über ihre Betrachterposition von dieser;
- zweitens betont sie einerseits die »Kontinuität zwischen Betrachter- und Bildsphäre« (Prange 2010: 129), andererseits verdeutlicht sie die »Schwelle zwischen beiden; denn nur als abgeschlossener Raum erschließt das Bild sich als […] ›alternative Welt‹« (ebd.);
- drittens erleichtert die Rückenfigur einerseits dem Betrachter über die Blicklenkung den »Bildeinstieg« (Wilks 2005: 40), andererseits birgt aber gerade dieser »doppelte Blick« (Krüger 1995: 155) auch ein reflexives Potenzial. Hartmut Böhme folgert prägnant: »Rückenfiguren funktionieren als Metaphern des Bildes selbst. Sie haben stets eine vermittelnde Funktion, die den Sehvorgang bzw. den Status des Bildes als Bild markiert und eine Beobachtung der Beobachtung konstituiert.« (Böhme 2006: 74)

Doch bevor diese reflexiven Tendenzen stärker hervortreten, findet in der »lange[n], wenn auch nicht gänzlich kohärente[n] Geschichte [der Rückenfigur] in der europäischen Malerei« (Koerner 1998: 183) das Motiv zunächst einmal vor allem als Staffage Verwendung. Im Zuge der Weiterentwicklung der Landschaftsmalerei vom 16. zum 18. Jahrhundert schmückt die Rückenfigur, besonders beliebt in Form von Wanderern oder auch Hirten, zahllose Panoramen (vgl. exemplarisch Abb. IV-09).

Die Rückenfiguren »sind klein, sind Hinzufügung, nicht mehr als eben Aus-Staffierung« (Gerkens 1984: o.S.). Sie sind der »Landschaft untergeordnet« (Wilks 2005: 37) und dienen vor allem dazu, die »Szenerie zu beleben« (ebd.: 65) und Aufschluss über den Maßstab zu geben bzw. die Monumentalität einer Ansicht zu verstärken. Die Blicklenkung spielt ebenfalls (noch) eine Rolle, wenn auch eine im Vergleich zu Giotto geringere, da die Rückenfigur ihre Funktion als Grenzfigur weitgehend einbüßt. So rückt sie

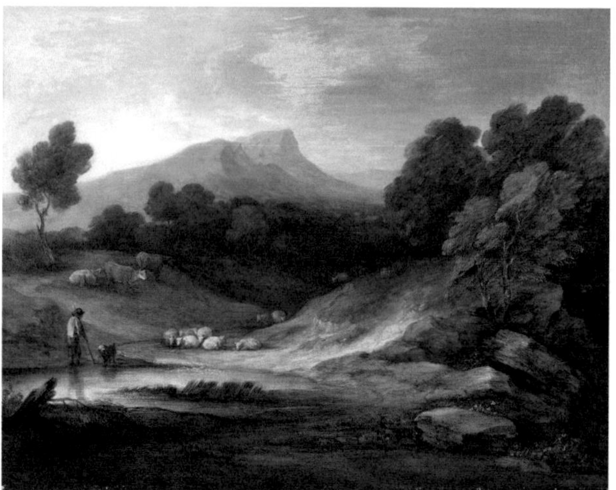

Abb. IV-09: Thomas Gainsborough, Landschaft mit Hirt und Herde (1784)

i.d.R. von der Abschlusskante in den Bildmittelgrund hinein; zudem ist ihr Blick nicht mehr auf ein zentrales Ereignis fokussiert, sondern schweift in die Weite der Landschaft (vgl. ebd.: 33), vermittelt zwischen Nähe und Ferne (vgl. Prange, 2010: 152).

Das Motiv der Rückenfigur erfährt um 1800 grundlegend neue Verwendungsmöglichkeiten – und damit ist die vorliegende Darstellung bei dem unvermeidlichen Exkurs zu den wohl berühmtesten Rückenfiguren der Kunstgeschichte angelangt: Es geht um das Werk Caspar David Friedrichs, der die Rückenfigur zum kompositorischen Bildmittelpunkt macht, sie zum Bedeutungsträger stilisiert und damit eine Autonomisierung des Motivs herbeiführt.

Auch an dieser Stelle muss die Übersichtsdarstellung vor der »Mannigfaltigkeit der Interpretationsmöglichkeiten im Hinblick auf die Rückenfigur« (Sugiyama 2007: 12) im Werk Friedrichs weitgehend kapitulieren.[8]

8 Ein umfangreicher Überblick zu den wichtigsten Ansätzen in der Auseinandersetzung mit Friedrichs Werk im Hinblick auf die Rückenfigur findet sich bei Akane Sugiyama (2007: 5-17) – die zurecht darauf hinweist, dass die »Forschungsgeschichte zu Friedrich deutlich [zeigt], dass bei einzelnen seiner Werke vielfältige Interpretationsansätze möglich sind« und dass deshalb »die Rücken-

Das hier herangezogene Gemälde – *Der Wanderer über dem Nebelmeer* (Abb. IV-10) – mag in einigen Aspekten ein Extrembeispiel für die Stilisierung der Rückenfigur darstellen und in vielen Punkten nicht repräsentativ für Friedrichs Gesamtwerk sein (vgl. Sugiyama 2007: 11-12; Rzucidlo 1998: 13). Zur Weiterführung der hier aufgezeigten Entwicklungslinie der Rückenfigur, insbesondere im Hinblick auf die Absetzung von Staffage-Figuren, soll die folgende knappe Analyse jedoch genügen.

Das 1818 entstandene Bild zeigt einen Mann,[9] der – den Rücken dem Betrachter zugewandt – von einem felsigen Gipfel aus in eine in Nebelschwaden gehüllte Berglandschaft blickt, aus der sporadisch einzelne Felsspitzen hervortreten. Ein mit Wolken überzogener Himmel und ein großes Bergmassiv bilden den Bildhintergrund. Die Rückenfigur dominiert das Hochformat des Bildes, nicht nur schlicht aufgrund ihrer Größe, auch durch ihre Positionierung (der Schnittpunkt der senkrechten und waagerechten Bildmittelachse liegt auf der Körpermitte) und vor allem durch die zwei keilförmig abfallenden Hänge im Hintergrund, die sich »wie im Sog« (Rzucidlo 1998: 226) im Herzen des Mannes treffen. Doch während die Figur zum »unverrückbaren Monument« (Busch 2003: 101) stilisiert wird, scheint die (fiktive) Landschaft[10] in einzelne Raumschichten zu zerfallen

figur stets singulär gedeutet werden [sollte], sei es gestalterisch, sei es inhaltlich« (Ebd.: 17).

9 Die Diskussion, ob es sich bei dieser Figur nun um Friedrich selbst oder einen preußischen Offizier handelt (vgl. Koerner 1998: 203), soll an dieser Stelle ausgespart bleiben, da sie für die hier verdeutlichten bildkompositorischen Aspekte nur von untergeordneter Bedeutung ist. Ohnehin trägt gerade die Anonymität der Figur zur Wirkung des Bildes bei: »Die auffällige Erscheinung der Rückenfigur hat Spekulationen hinsichtlich ihrer eigentlichen Identität Vorschub geleistet. […] Friedrich stellt sein Sujet von uns abgewandt dar und schenkt ihm so eine gewisse Anonymität oder macht seine Sache sogar zur allgemeinen; obwohl wir sein Gesicht nicht sehen können, haben wir am Inhalt seiner Vision teil.« (Ebd.) Für eine Auswahl verschiedener, z.T. höchst unterschiedlicher Deutungsansätze vgl. Rzucidlo 1998: 223-227.

10 Die Landschaft scheint sich aus einzelnen Ansichten des Elbsandsteingebirges zusammenzusetzen, die räumlich jedoch neu arrangiert wurden (vgl. Busch 2003: 99-100; Rzucidlo 1998: 223).

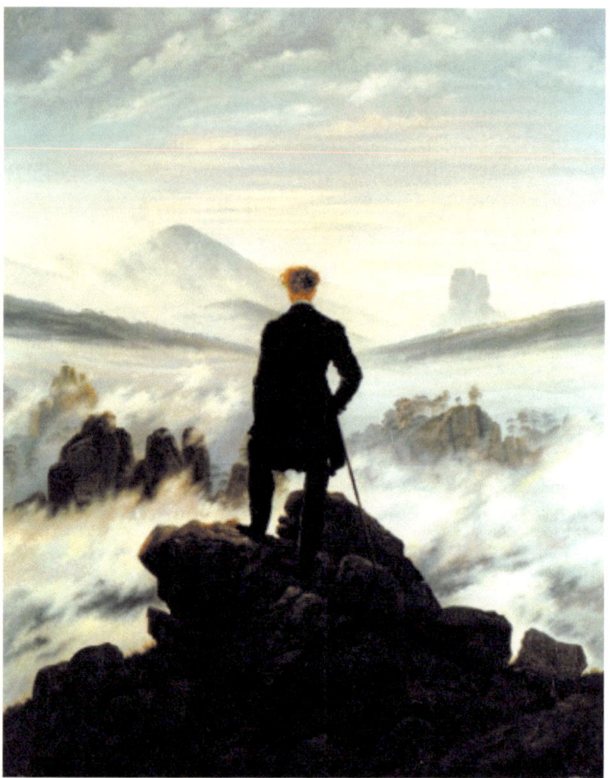

Abb. IV-10: Caspar David Friedrich, Der Wanderer über dem Nebelmeer (1818)

und wird allenfalls durch die dazwischenliegenden Nebelschwaden zusammengehalten. »Es handelt sich, wie bei Friedrich fast immer, weniger um eine Naturdarstellung, als um eine konstruktive Komposition, ja Montage mit stark theatralen Zügen.« (Böhme 2006: 54)

Diese Gegensätze setzen sich in der Tiefenwirkung des Bildes fort. Die Figur und der zerklüftete Gipfel im Vordergrund sind detailreich und dunkel – fast silhouettenhaft – gemalt, was einerseits ihr »optisches ›Aufgehen‹ in der Landschaft« (Schnell 1994: 147) verhindert und das Bild flächig erscheinen lässt, aber andererseits in Verbindung mit dem helleren und unschärferen Hintergrund die Tiefenwirkung erhöht. Ergänzend zu diesen Mitteln der Luftperspektive kommt die Farbperspektive zur Steigerung der Tiefe des Bildes zum Einsatz, warme Brauntöne der mittleren Bergkette, helle Blautöne im Hintergrund. Mit dieser Komposition wird der Blick des Betrachters scheinbar sowohl in die Bildtiefe geführt, gleichzeitig wirkt jedoch die Flächigkeit der großen Rückenfigur im Vordergrund[11] auch als Barriere.

Durch das Wechselspiel der konstruierten, instabilen Landschaft und einer dieser »maßstäblichen Ambiguität« (Koerner 1998: 204) entgegenwirkenden kompositionellen Zentrierung um die Figur im Bildvordergrund, realisiert sich schließlich Friedrichs neue Verwendungsweise des Motivs der Rückenfigur:

»[E]s ist der Betrachter im Bild, der den Platz der zentralen, Vordergrund und Himmelsrand verbindenden Blickachse einnimmt und dessen Sicht gleichsam wie eine Bahn von den vereinzelten Kulissen eingerahmt wird: die Rückenfigur, die parallel zur Bildebene steht und den Konvergenzpunkt der Szene bildet. Dieses Ersetzen der Geographie des Blicks durch den Körper eines Betrachters thematisiert das Wesen unserer eigenen Seherfahrung angesichts des *Wanderers über dem Nebelmeer*. Denn indem der Künstler seine Landschaft immateriell und räumlich instabil gestaltet, zwingt er uns, direkt am Wahrgenommenen teilzuhaben.« (Ebd.: 204)

Die Rückenfigur wird damit nicht nur bildkompositorisch, sondern auch inhaltlich zum Zentrum – »in der Art und Weise, wie die Landschaft gleichsam ihrer Seele zu entströmen scheint, steht sie als der Ursprung all dessen da, was wir sehen« (ebd.: 86).

»Bildästhetisch hat es jedenfalls den Anschein, als sähen wir, indem wir den Wanderer zu sehen vermeinen, eben jenen Gefühlsraum, der sich an sein Sehen unsichtbar anschließt, nach außen gekehrt. Wir sehen nicht nur einen imaginierten Blick, son-

---

11 In der Friedrich-Literatur findet sich in diesem Zusammenhang gelegentlich auch der Begriff »Flächenfigur« (vgl. etwa Prange 1989; Sugiyama 2007). Diese Bezeichnung soll hier im Folgenden nicht übernommen werden, da begriffliche Überschneidungen mit der im vorangegangen Kapitel thematisieren Fläche/Tiefe-Opposition auftreten. Die Bildfläche bezeichnet in dieser Arbeit i.d.R. die (extradiegetische) Ebene des HUD. Dies betrifft wohlgemerkt nicht das Adjektiv »flächig«. So bezeichnet eine »flächige Bildgestaltung« wiederum die Art der Darstellung der diegetischen Spielwelt.

dern dieser ist die Eröffnung einer ins Sichtbare gekehrten kontemplativen Erfahrung.« (Böhme 2006: 55)

»Bei C. D. Friedrich zielt die Rückenfigur auf einen neuen Sinn der Bilderfahrung [...] Sie nimmt – in den oft zitierten Worten Friedrich Schlegels – stellvertretend für den Betrachter einen ›transzendentalen Standpunkt‹ ein, bei dem ›alles äußere Reale in Ideales‹ schwindet, ›alles innere Reale aber die höchste Realität hat‹.« (Krüger 1995: 155)

Wie weit Interpretationsansätze dieser Form einer »Abkehr vom Prinzip der naturnachahmenden Malerei« (ebd.) im Einzelnen gehen können, muss den detaillierteren und umfangreicheren kunsthistorischen Studien überlassen bleiben. Es sei lediglich abschließend angemerkt: Die Romantik gilt mittunter als eine Epoche, die durch »ein[en] verschwommene[en], aber alles durchdringende[n] Mystizismus und eine melancholische, sentimentale Sehnsucht oder Nostalgie, die an Kitsch grenzen kann« (Koerner 1998, 29), kennzeichnet ist – und so soll die Diskussion zu Caspar David Friedrich als vermeintlichem »Inbegriff des romantischen Malers« (ebd.) hier nicht weiter vertieft werden. Entscheidend ist an dieser Stelle vor allem der Hinweis auf eine neue Form der Identifikation des Bildbetrachters mit der Rückenfigur, eine Identifikation, die sich grundlegend von den Strategien der Grenzfigur sowie der Staffagefigur unterscheidet. So kann die Rückenfigur im Fall einer konstruierten, bewusst fragmentierten Landschaft nur noch im begrenzten Maße eine (perspektivisch-kohärente) Form von Raumtiefe, ein »nachvollziehbares Raumkontinuum« (Schnell 1994: 147) ausbilden; handelt es sich um große silhouettenhafte Figuren, irritiert die Rückenfigur gar bewusst das Verhältnis von Bildtiefe und -fläche (vgl. Prange 1989; 2010: 151; Sugiyama 2007). Die Rückenfigur tritt somit zunächst als Barriere auf, die vom Betrachter erst durch eine Identifikation mit dem »tranzendentalen Standpunkt« der Figur überwunden werden kann. Dementsprechend gehen die Rückenfiguren Friedrichs auch keiner Tätigkeit nach, sondern sind stets in Kontemplation versunken. Zudem entfällt auch eine blickweisende Funktion weitgehend, da die Rückenfigur »weniger auf die Landschaft als vielmehr in ihr Inneres schaut« (Wilks 2005: 45).

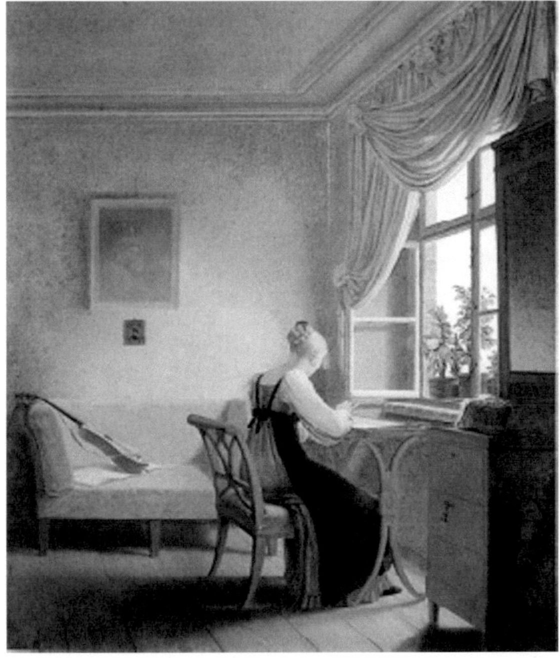

Abb. IV-11: Georg Friedrich Kerstin, Die Stickerin I (1812)

Zu ergänzen bleibt, dass Friedrich unter den europäischen Malern seiner Zeit »mit seiner beharrlichen Verwendung der Rückenfigur einzig [dasteht]« (Koerner 1998: 207). So findet sich bspw. bei Friedrichs Zeitgenossen und engem Freund Georg Friedrich Kerstin, als Vertreter der Interieur-Malerei,[12] eine grundlegend andere Funktion der Rückenfigur. Zwar mag ein erster flüchtiger Blick durchaus Parallelen zu Friedrichs Figuren suggerieren, etwa in Bezug auf ihre recht große Darstellung und zentrale Positionierung (vgl. exemplarisch *Die Stickerin I*, Abb. IV-11), jedoch könnte die Bildwirkung letztlich kaum unterschiedlicher ausfallen: Kerstings Rückenfiguren befinden sich nie in kontemplativer Pose in einer konstruierten Landschaft mit »theatralen Zügen« (Böhme 2006: 54), sondern werden stets bei einer Tätigkeit in ihren Wohn- oder Arbeitsräumen abgebildet. Die

12 Zu den Rückenfiguren der Interieur-Malerei vgl. insbesondere Schnell (1994: 130-153) sowie Yalçin (2004: 114-154).

Figuren sind ganz in ihrer Beschäftigung versunken, gehen in ihrer Umgebung auf.[13] Nicht einmal eine blickführende Funktion kann ihnen in den meisten Fällen zugesprochen werden. So tendiert im Fall der *Stickerin* der Betrachterblick dazu, abzuschweifen, er strebt »durchs offene Fenster, verliert sich« (Hart Nibbrig 1987: 225). Die Rückansichtigkeit verstärkt dabei die Zurückgenommenheit der Figur, denn sie reduziert ihre »natürliche Dominanz gegenüber dem Interieur, seinen Gegenständen und Möbeln, auf ein Minimum« (Wilks 2005: 36). Kerstings Rückenfiguren umgibt somit »ein gewisses Maß an Hermetik, die sie ihr Geheimnis bewahren lässt und ihnen Würde verleiht« (Schnell 1994: 144):

»Die Legitimation für sein Tun bezieht der Mensch in Kerstings Interieurbildern [...] nicht durch den Betrachter. Vielmehr ignoriert er die Existenz des potentiellen Betrachters, der dem Bild erst seinen Sinn gibt.« (Ebd.: 142)

So sind Kerstings Rückenfiguren gerade »keine Identifikationsfiguren, in die sich der Betrachter einfühlen könnte, um wie sie den Bildraum zu erleben« (ebd.: 145). Diese These wird noch dadurch unterstrichen, dass Kersting seine Figuren – im Gegensatz zu Grenzfiguren – nie den Bildrand berühren oder überschreiten lässt, sondern sie stets in den Bildraum rückt, während die »Vordergründe [...] säuberlich freigehalten« (Kemp 1983: 26) sind:

»Nicht nur die abgewendete Haltung, sondern auch die räumliche Distanz unterbindet den unmittelbaren Kontakt zwischen Bildfigur und Betrachter und setzt die ästhetische Grenze zwischen Bild und Realität fest. Die Absorption der Bildfiguren, das bildimmanent geschlossene Geschehen als Mittel zu benutzen, um Bildtotalität zu schaffen, hat eine lange Tradition, aber selten dürfte sie so ausformuliert worden sein wie bei Kersting, um die Einheit von Mensch und Interieur zu schaffen.« (Schnell 1994: 142)

---

13 Michael Fried (1980) hat für dieses Verfahren den Begriff der Absorption geprägt (als Gegenkonzept zur Theatralität). Einerseits setzt die Bildgestaltung auf eine bewusste Ignoranz des Betrachters. Andererseits dient diese »Distanzierung [...] aber keinem anderen Zweck [...] als den Betrachter ganz ins intrakte und beredte Beziehungsnetz der innerbildlichen Handlung hineinzuziehen« (Kemp 1983: 26).

Damit markieren die Rückenfiguren Kerstings und diejenigen Friedrichs gewissermaßen zwei Extrempole im Hinblick auf ihre metapicturale Wirkung. Denn während Friedrichs Bildkomposition – wenn auch in unterschiedlicher Stärke – gerade die ›Bildtotaliät‹ aufsprengen will und damit einer Aufhebung der ästhetischen Grenze entgegen strebt, sind Kerstings Rückenfiguren mehr »Beigabe zur Darstellung eines Interieurs, dessen ›diaphane‹ Raumgrenze sie als Figuration der ästhetischen Grenze bestätigend kommentier[en]« (Prange 2010: 143).

Was auf Friedrich und Kersting folgt sind zahllose Variationen des Motivs der Rückenfigur zwischen Bedeutungsträger und Staffage, die selten einer stringenten Entwicklungslinie folgen, »vielmehr sind [...] Vor- und Rückgriffe festzustellen, die dem Thema seinen jeweils zeitgemäßen Aspekt verliehen haben« (Chapeaurouge 1970: 258). Dieser Überblick muss viele dieser Aspekte auslassen, etwa die Inszenierung von Melancholie und Einsamkeit (z.B. bei Munch (vgl. Chapeaurouge 1970: 249-250) oder Hammershöi (vgl. Wilks 2005: 79-84)), das Motiv der Gesichtslosigkeit der Rückenfiguren (vgl. Dauss 2008: 312-324), oder auch den Rückenakt, der den Charakter der Rückenfigur zwischen »Zeigen und Nicht-Zeigen, von Rücken und Gesicht, von Begehren und Entzug, Intimität und Ausgeschlossenheit« (Böhme 2006: 67) im besonderen Maße versinnbildlicht.

Zum Abschluss: In der künstlerischen Moderne sind, wie Regine Prange gezeigt hat (2010: 161-167), vor allem die Arbeiten des Surrealismus' für die weitere Entwicklung des Motivs der Rückenfigur interessant, darunter insbesondere René Magrittes berühmtes Gemälde *La réproduction interdite* (Abb. IV-12). Das Bild zeigt einen schwarz gekleideten Mann in Rückenansicht vor einem Spiegel. Doch gibt das Spiegelbild nicht etwa die Vorderansicht des Mannes wider, sondern eine Wiederholung der Rückenfigur, während das rechts neben dem Mann platzierte Buch[14] korrekt gespiegelt wird. Magrittes Bildaufbau ist so simpel wie bestechend: Durch »die präzise durchgeführte Umkehrung einer alltäglichen Erfahrung ins imaginär Absurde« (Clausberg 1999: 308), durch die »pointierte Provokation des Betrachters« (Prange 2010: 162) verliert die Rückenfigur abrupt ihren Status als dialogisches Element des Bild-Betrachter-Verhältnisses.

14 Es handelt sich um Edgar Allan Poe's *The Narrative of Arthur Gordon Pym of Nantucket*. Poe zählte zu den Lieblingsautoren Magrittes.

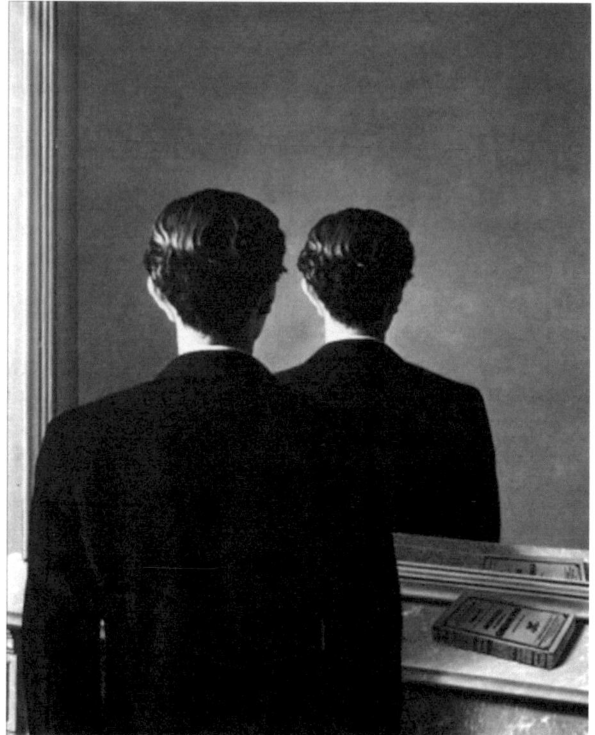

Abb. IV-12: René Magritte, La réproduction interdite (1937)

»Der Blick ins Innere des Bildes hat hier seine Funktion der ästhetischen Grenze und damit auch seine Bedeutung als Reflexionsfigur des Betrachters verloren.« (Krüger 1995: 155) Anders formuliert: Die Dopplung der Betrachter-Figur-Relation im Bild selbst – der dem Bild zugewandte Betrachter als ›Rückenfigur‹ betrachtet die Rückenfigur im Bild – lässt eine fiktional abgeschlossene Raumeinheit des Bildes kollabieren. Mehr noch: das »buchstäblich[e] Bild im Bild« (Prange 2010: 162) reflektiert wie kaum ein anderes Werk die Rolle der Rückenfigur (wie auch des Spiegels)[15] als Manifestation der ästhetischen Grenze, ja macht diese Rolle geradezu »zum alleinigen Gegenstand der Darstellung« (ebd.: 163).

15 Vgl. hierzu auch Miller 1998: 198-209.

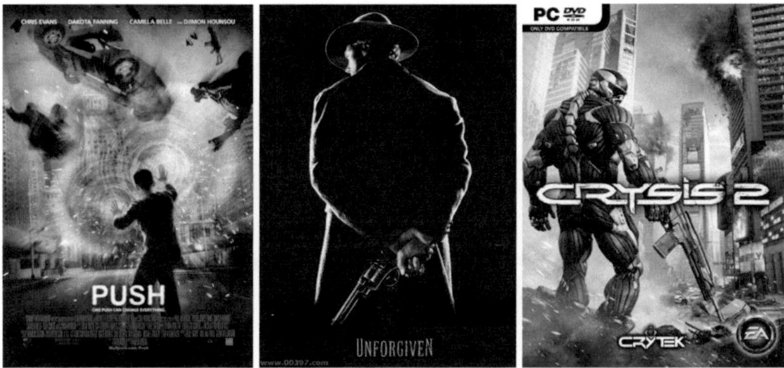

Abb. IV-13/IV-14/IV-15: Push (2009, Filmplakat), Unforgiven (1992, Filmplakat), Crysis 2 (2011, Cover)

Den »sinnverneinenden surrealistischen Montagen« (ebd.: 162) die einen Extrempol der metapicturalen Möglichkeiten der Rückenfigur markieren, seien schließlich noch die populären zeitgenössischen Adaptionen des Motivs gegenübergestellt, die wiederum eher dem dialogischen Verhältnis einer »personalen Perspektive« (Kemp 1988: 250) verpflichtet sind. So bedient sich gerade die Werbeindustrie gerne der rückansichtigen Figuren in ihren ›klassischen‹ Funktionen, etwa bei Landschaftsaufnahmen einerseits als Repoussoir- andererseits als Staffagefiguren; oder in zahllosen Variationen des Rückenakts, dessen erotische und vor allem gleichzeitig zensurfreundliche Potenziale hier keiner weiteren Erläuterung bedürfen.

Beachtenswert ist schließlich noch die große Verbreitung von Rückenfiguren im Bereich der Filmplakate. Das Motiv scheint hier geradezu prädestiniert für das effektvolle Arrangement der Elemente einer sich um den Protagonisten entfaltenden Geschichte. Die oft zum Silhouettenhaften tendierende Rückenfigur öffnet den dramatisch aufgebauten Raum und hält ihn gleichsam als zentrales Bildelement zusammen (Abb. IV-13). Diese Form der Bildkomposition scheint dabei sogar soweit konventionalisiert, dass in einigen stärker stilisierten Varianten auf den ›narrativen Umraum‹ verzichtet und die bildfüllende Rückenfigur zum einzigen Bildelement werden kann (Abb. IV-14). Das Stilmittel einer bildkompositorisch suggerierten narrativen Zentralität des Protagonisten bzw. der Protagonistin findet auch auf vielen Computerspiel-Covern seinen Einsatz (Abb. IV-15). Im Wesentlichen entspricht die Komposition dabei den filmischen Vorbildern, was einerseits als intermediale Anspielung auf eine cinematische Inszenierung des Spielgeschehens funktionieren soll, andererseits aber durchaus auch eine gelungene Visualisierung der strukturellen Zentralität der Avatarfigur darstellt – damit ist dieser Exkurs wieder beim Computerspiel angekommen.

DIE ÄSTHETISCHE GRENZE DES AVATARBILDES

Der Frage, inwieweit die dargestellten Eigenschaften von Rückenfiguren auch auf Avatarfiguren zutreffen, muss zunächst die Diskussion der ästhetischen Grenze des interaktiven Bildes vorausgehen. Kann dieses Prinzip im Avatarbild überhaupt Anwendung finden? Oder anders gefragt: Wird durch die Kopplung von Avatar und Spieler, durch die Ergänzung des Point of View durch den Point of Action, die dialektische Struktur der ästhetischen Grenze unterlaufen?

Ein letzter, kurzer Exkurs: Michalski entwickelt sein Modell der ästhetischen Grenze ausgehend von der Frage, wie Kunstwerk und Betrachter – oder genauer »Kunstraum« und »Realraum« – aufeinander bezogen werden können. Die ästhetische Grenze ist dabei »die Grenze, die zwischen geformtem Kunstraum und ungeformtem Freiraum verläuft« (Michalski 1996 [1932]: 10).[16] Exemplarisch führt Michalski hier das Bildelement eines Vorhangs an, der »gleichsam die konkrete Rolle der ›ästhetischen Grenze übernommen hat, d.h. [der] so in der vordersten Bildebene angebracht ist, dass seine potentielle Aufgabe, sich vor die Darstellung zu breiten, klar ersichtlich ist« (ebd.: 11).

Michalskis Arbeit erscheint im Detail hochproblematisch und wurde vielfach kritisiert (vgl. insbesondere Kemp 1983: 24-26; Prange 2010: 134-

16 Diese Terminologie mag auf den ersten Blick Anlass für Missverständnisse bieten »weil der Begriff ›Grenze‹ auf eine Trennung zwischen zwei Größen, die den gleichen ontologischen Status haben, hinweist. Eine derartige Grenze gibt es jedoch, zumindest bei raumsimulierenden malerischen Werken, nicht. Mit dem Begriff ›ästhetische Grenze‹ ist ja nicht die materielle Bildfläche gemeint; vielmehr handelt es sich um eine imaginäre ›Grenze‹, die geringere oder stärkere Öffnung des Bildraums nach vorne, ›auf den Betrachter hin‹, die das mimetische Gemälde mit eigenen Gestaltungsmitteln inszeniert.« (Thürlemann 1990: 103)

137). Vor allem die Unterscheidung zwischen einem autonomen Kunstwerk (intakte ästhetische Grenze), das nicht auf den Betrachter bezogen sei, und einem heteronomen, den Betrachter involvierenden Kunstwerk (Aufhebung der ästhetischen Grenze)[17] erweist sich als nicht haltbar, da ein vom Betrachter unabhängiges Bild aus rezeptionsästhetischer Perspektive nicht existiert – »allenfalls gibt es verschiedene und verschieden intensive Methoden, den Betrachter im Bild zu adressieren« (Prange 2010: 136).

Was Michalskis Überlegungen für diese Arbeit aber dennoch so interessant macht, ist der Kerngedanke seines Modells, nämlich die dialektische Spannung der ästhetischen Grenze zwischen Geschlossenheit und Offenheit eines Bildraums – ein Phänomen, das sich, wie gezeigt wurde, insbesondere im Motiv der Rückenfigur manifestiert. Wenn man also nicht Michalskis starrer Dichotomie von autonomer und heteronomer Kunst folgt, ergibt sich ein differenziertes System mit dem sich einerseits das auf den ersten Blick paradox anmutende Phänomen der Öffnung des Bildraums durch dessen fiktionale Schließung und andererseits der Aufbruch des autonomen Raums durch die Akzentuierung der ästhetischen Grenze beschreiben lässt. Regine Prange hat dies ausgezeichnet verdeutlicht durch die Erweiterung von Michalskis Konzept um den bildtheoretisch entscheidenden Aspekt der bildlichen Selbstreferenzialität bzw. der Metapicturalität.[18]

17 Zur Unterscheidung: »Wird nun die ästhetische Grenze zwischen Kunst- und Realraum gewahrt, so kann man darin ein Zeugnis für die ästhetische Immanenz des Kunstwerkes, für die Autonomie seines Ursprungs erkennen. Wird aber die ästhetische Grenze überschritten, so spricht das für eine Heteronomie, ästhetische Transzendenz, außerästhetische Bedingtheit.« (Michalski 1996 [1932]: 12) Zur Betrachter-Unabhängigkeit des autonomen Kunstwerks: »Ein Kunstwerk dagegen, das durch keinen formalen Zug eine Verbindung und Verschleifung von Real- und Kunstraum herstellt, bekundet hierdurch zweifellos seine Unbekümmertheit um eine Außenwelt und um ein Publikum.« (Ebd.: 13)

18 »Allerdings fehlt in Michalskis substanzialistischer Sichtweise, die kategorial zwischen der Wahrung und der Negierung der ästhetischen Grenze unterscheidet, der übergreifende bildtheoretisch entscheidende Aspekt der Selbstreferenzialität. Michalski behandelt das jeweilige Verhalten zur ästhetischen Grenze lediglich unter dem Kriterium stilhistorischer Klassifikation.« (Prange 2010: 135-136) »Das Thema Metapicturalität lässt sich konkretisieren in der bildkünstlerischen Aufgabe, die Grenze des Bildraums im Bild darzustellen, um einerseits

Bei der Anwendung eines solchen gleichsam kondensierten wie erweiterten Modells der ästhetischen Grenze auf das Avatarbild zeigt sich nun, dass eine interaktive Kopplung zwischen Spieler und Avatar keinesfalls zwangsläufig zur Aufhebung der ästhetischen Grenze führen muss. Vielmehr erweitert sich das Modell hier um den Aspekt der Interaktion. So ist der Spieler zwar über den Avatar als Point of Action direkt an das interaktive Bild gekoppelt, dies führt nun aber nicht zwangsläufig zum ›Kurzschluss‹, denn über die *fictional Agency* des Avatars wird diese Kopplung wieder narrativ überformt:

> »Der Eindruck, dass Betrachter, Zuschauer und ›User‹ in die ästhetischen Konstruktionen eingehen […], spricht nicht für die Aufhebung der ästhetischen Grenze, sondern für eine Steigerung der Angebote zu ihrer imaginären Überschreitung. […] [D]as Computerspiel [ist] durch ›multiplizierte‹ Grenzen zu charakterisieren, wodurch die iterative Struktur des modernistischen Bildes wie des klassischen Spielfilms überboten wird.« (Prange 2009: o.S.)

Der interaktive Bildraum ist also einerseits gewissermaßen stärker geöffnet, andererseits aber i.d.R. weiterhin fiktional geschlossen – denn die handlungsevozierende Darstellung des Avatarbildes verweist auf eine Handlung *innerhalb* der Spielwelt. Die Interaktion bricht den Bildraum nicht auf, sondern findet in einer spielerisch-narrativen Rahmung statt.[19]

Eine solche Beobachtung stimmt mit dem hier bereits mehrfach betonten Aspekt überein, dass »[a]uch die technisch avancierten Verfahren durch eine Bildlichkeit […] im traditionellen Sinne geprägt« (Spies 2007: 156)

---

die Kontinuität zum Betrachterraum und andererseits die Macht des Bildraums zur erhebenden ›Verwandlung‹ des Betrachters zu suggerieren. Die ästhetische Grenze muss so artikuliert werden, dass sie die Erfahrung einer Schwelle zu einer ›anderen Welt‹ bietet oder diese thematisiert.« (Ebd.: 133) Prange unterscheidet somit »zwischen einer affirmativen und einer kritisch-negativen Metapicturalität. Letztere bringt eine qualitativ neue Art der bildlichen Ambiguität hervor, die weniger als Vieldeutigkeit oder Sinnoffenheit denn vielmehr als Sinnentzug oder Sinnverneinung zu benennen ist.« (Ebd.: 134)

19 Es sei an dieser Stelle nur noch einmal flüchtig auf die transformative Einbindung des HUD in die diegetische Spielwelt verwiesen (Kap. III), die eine solche Schließung des narrativen Bildraums im besonderen Maße veranschaulicht.

sind; das interaktive Bild erweitert und modifiziert das Repertoire ›klassischer‹ bildlicher Darstellungsaspekte, hebt dieses aber nicht auf. Mehr noch zeigt sich, dass sich auch die dem Motiv der Rückenfigur inhärente »Spannung isolierender und überbrückender Tendenzen« (Koch 1965: 71) in der interaktiven Erweiterung fortsetzt – nämlich in Form der Spannung aus *instrumental* und *fictional Agency* des Avatars. Wenn Klevjer von einer »built-in ambiguity in avatar-based play« (2006: 208) spricht, zeigen sich deutliche Parallelen zur dialektischen Spannung der ästhetischen Grenze. In diesem Sinne sind sowohl die Rückenfigur (im nicht-interaktiven Bild) wie auch der Avatar einerseits prädestiniert dafür, den Betrachter/Spieler ›ins Bild zu führen‹, andererseits erweisen sich beide Varianten jedoch ebenso immer wieder als neuralgische Punkte einer Störung der (Ab-)Geschlossenheit der Bild- bzw. Spielwelt.

DER AVATAR ALS RÜCKENFIGUR

Es stellt sich nun die Frage, zu welchem Bereich des Eigenschaftsspektrums des Rückenfigurmotivs der Avatar tendiert. Um noch einmal zu rekapitulieren: Variationen der Rückenfigur lassen sich zwischen den Funktionspolen der Staffage und des Bedeutungsträgers aufspannen. Als Staffage ist die Rückenfigur nicht mehr als eine Dekoration, sei es zur Verdeutlichung von Größenverhältnissen oder zur Belebung der Landschaft. Als Bedeutungsträger kehren sich diese Dominanzverhältnisse um. Die Rückenfigur wird zum bildbeherrschenden Element, die Landschaft (als Spiegel des Innenlebens des Menschen) scheint gleichsam der Rückenfigur zu entströmen. Zwischen diesen beiden Extremen findet sich die Rückenfigur als Betrachter- bzw. Grenzfigur, auf der einen Seite schlicht zur Blicklenkung des Bildbetrachters (i.d.R. als Nebenfigur), auf der anderen Seite in reflexiven Variationen, die den Akt des Sehens betonen (i.d.R. als Hauptfigur).

Die Analyse dieser unterschiedlichen Funktionsformen der Rückenfigur im Avatarbild soll sich im Folgenden aus Gründen der Vergleichbarkeit vor allem auf Third-Person-Avatare konzentrieren, obgleich einige Überlegungen ebenso (teils im geringeren Maße) auf 2D- sowie First-Person-Avatare zutreffen (vgl. Kap. V). Eine erste Verortung zeigt: Der Avatar ist i.d.R. spielmechanisch wie narrativ das zentrale – handlungsevozierende – Element des Computerspielbildes. Doch während damit einerseits die Avatarfigur deutlich zum Bereich der reflexiven Rückenfiguren tendiert, zeigt sich der Avatar andererseits als ein äußerst ›untypischer‹ Bedeutungsträger, etabliert er doch weder eine kontemplative Perspektive, noch akzentuiert er in reflexiver Art und Weise den Akt des Sehens (oder vielmehr Akt des Spielens) des Bildes.[20] Vielmehr funktioniert er ›lediglich‹ als Grenzfigur: Ob nun als Repoussoir-Figur oder schlicht als Zentrum einer stetigen Vorwärtsbewegung verstärkt der Avatar die Tiefenwirkung des Raumes; oder wie es Joseph Koerner (für das nicht-interaktive Bild!) prägnant beschreibt: »Die Rückenfigur intensiviert unser Gefühl für die Vorwärtsrichtung unseres Bilderlebnisses.« (Koerner 1998: 269) Damit ergibt sich als Ausgangspunkt zur Beschreibung des Avatars eine auf den ersten Blick recht merkwürdige Verbindung aus zentraler Hauptfigur und einer ›untergeordneten‹ Bedeutung als Blicklenker, als »Figur mit richtungsweisender Funktion« (Wilks 2005: 16) – obgleich es sich hier natürlich um einen veränderbaren, einen *interaktiven Richtungsweiser* handelt. Anders zugespitzt: Der Avatar ist zwar das wichtigste Manipulationswerkzeug; dieser Aspekt verweist aber letztlich bildlich nicht einfach auf die Avatarfigur selbst, sondern stets auf eine Interaktion zwischen Avatar und Landschaft.

Die blickleitende Funktion des Avatars fällt umso deutlicher aus, je weiter die Avatarfigur in den Bildvordergrund rückt. Dies zeigt sich etwa in den unterschiedlichen Darstellungsmodi von THE WITCHER (vgl. auch Kap. II). In einer Vogel- bzw. Übersichtsperspektive (Abb. IV-16) steht die *Position(ierung) des Avatars <u>in</u> der Landschaft* im Vordergrund, was sich bspw. als vorteilhaft für Nahkampf-Spielmechaniken erweist, die eine taktische räumliche Aufstellung der Avatarfigur zu den feindlichen Einheiten erfordern. Hier ist der Avatar das zentrale Bildelement; er ist – in diesem Fall spielerisch wie auch buchstäblich – der Bildmittelpunkt. In Abb. IV-17 ist hingegen vielmehr die *Ausrichtung des Avatar-Blickpunkts <u>zur</u> Landschaft* entscheidend. Der Avatar leitet hier als Grenzfigur in viel stärkerem Maße

---

20 Es ließe sich einwenden, dass hier schlicht eine grundsätzliche Dominanz der interaktiven Eigenschaften das Avatarbildes vorliegt, doch erweist sich eine solche These, wie in den vorangegangenen Kapiteln bereits mehrfach gezeigt wurde, letztlich als zu undifferenziert, denn sie vermag eben gerade die Spannung (oder in einigen Fällen auch Übereinstimmung bzw. gegenseitige Verstärkung) zwischen interaktiven und bildkompositorischen Aspekten nicht zu beschreiben.

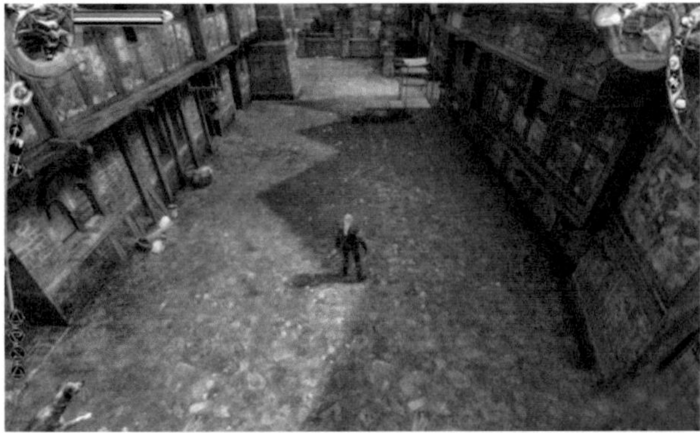

Abb. IV-16: The Witcher (2007)

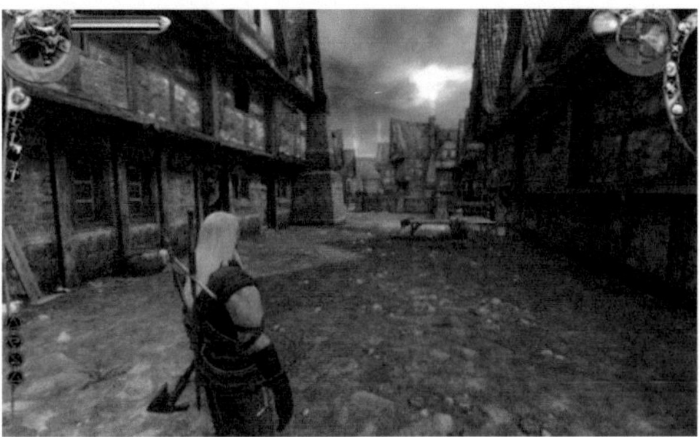

Abb. IV-17: The Witcher (2007)

den Blick in den Bildraum, er öffnet die Tiefe des Bildes. Diese Perspektive regt erstens stärker zur Exploration dieses Raumes an, zweitens realisiert sich damit die wichtigste Darstellungsform für Shooter-Spielmechaniken.

Dass der rückansichtige Third-Person-Avatar unzählige Variationen aufweist, die i.d.R. bestimmten dominanten Spielmechaniken zugeordnet sind, wurde bereits in Kap. II deutlich. Zwar lassen sich diese Darstellungsvarianten kaum verallgemeinern, doch ist es bezeichnend, dass bspw. die nur zu rudimentären Kletter- bzw. Sprungeigenschaften fähige Avatarfigur in MASS EFFECT 2 meist nur bis zur Hüfte sichtbar ist (Abb. IV-18/IV-20), während der ›beweglichere‹ Avatar in UNCHARTED 2 häufig komplett abge-

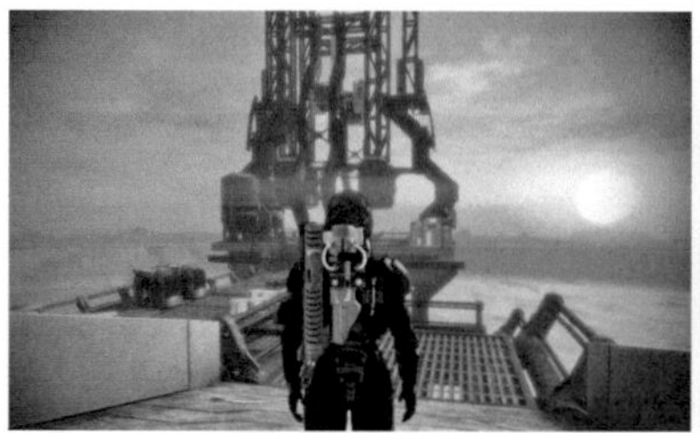

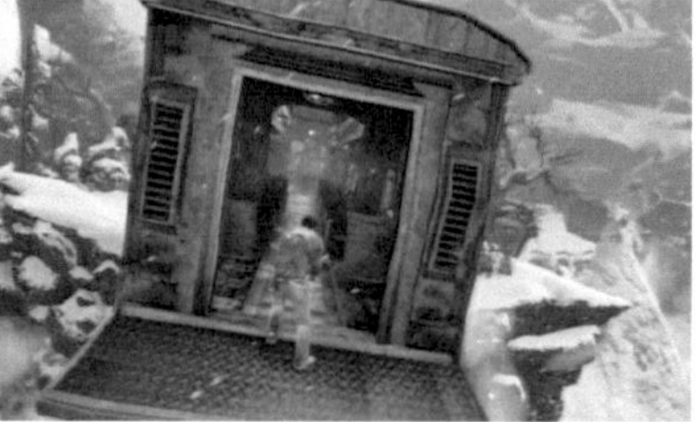

Abb. IV-18 & IV-19: Mass Effect 2 (2010) und Uncharted 2 (2009)

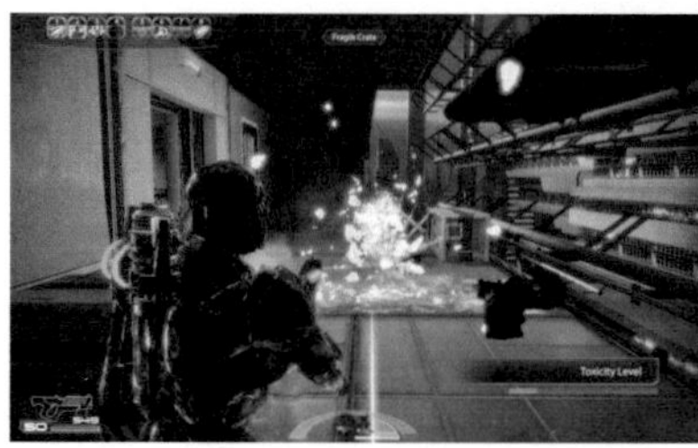

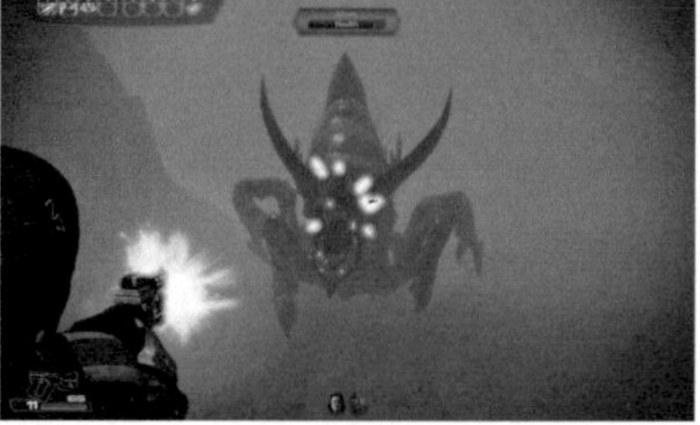

Abb. IV-20 & IV-21: Mass Effect 2 (2010)

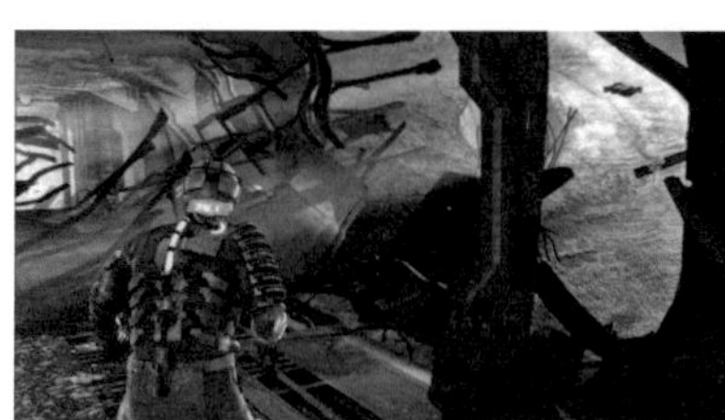

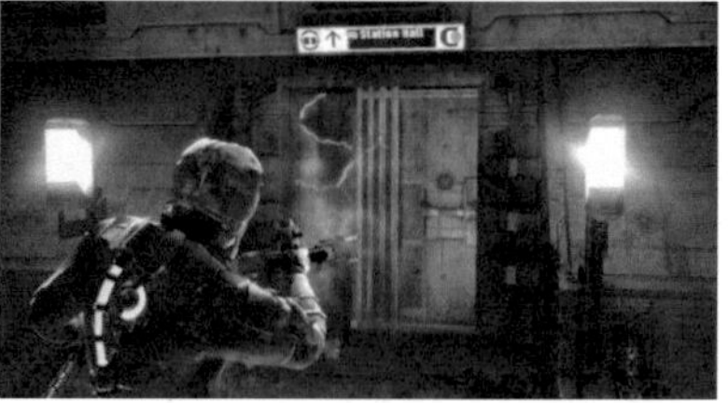

Abb. IV-22 & IV-23: Dead Space (2008)

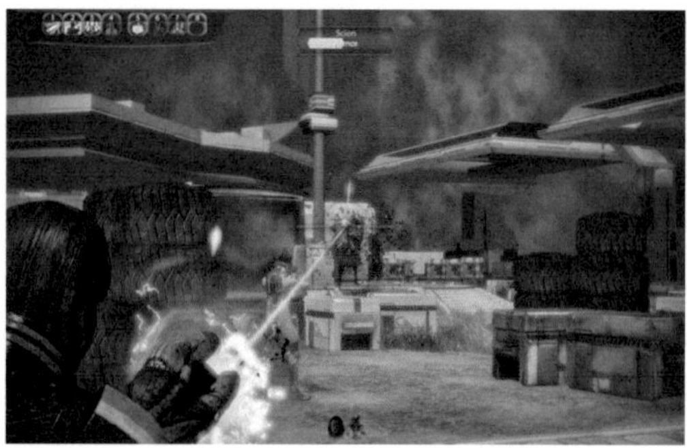

Abb. IV-24: Mass Effect 2 (2010)

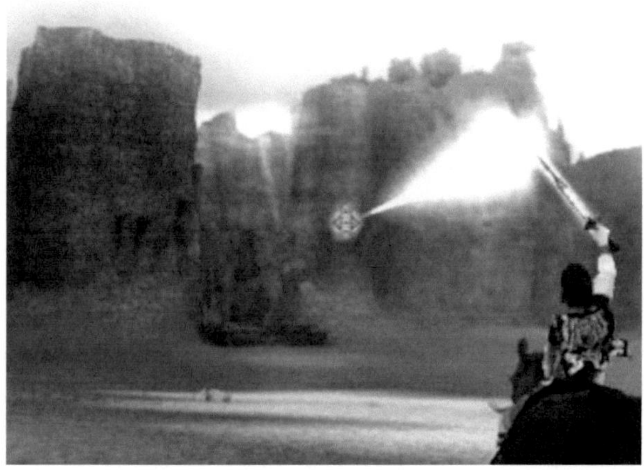

Abb. IV-25: Shadow of the Colossus (2005)

bildet wird (Abb. IV-19). Ebenso zeigt sich, dass ein auf die Erforschung der Spielwelt ausgerichteter Spielmodus eher zu einer (horizontal) mittig positionierten (i.d.R. intuitiver navigierbaren) Spielfigur tendiert, während der Shooter-Modus die Avatarfigur seitlich verschiebt, um den Blick auf das Angriffsziel freizugeben. So zeigt Abb. IV-18 den Avatar von MASS EFFECT 2 im explorativen Spielmodus – mit im Holster belassener Schusswaffe. Wird die Waffe gezogen, rückt der Avatar näher an den linken oder rechten Bildrand (Abb. IV-20/IV-21). In Spielen, die einen stärkeren Fokus auf das Shooter-Gameplay legen, ist die Avatarfigur i.d.R. durchgehend an den linken oder rechten Bildrand verschoben, so dass der in die Bildtiefe gerichtete suchende Blick stetig aufrechterhalten wird (z.B. in DEAD SPACE; Abb. IV-22/IV-23).Der Blick aus dem Vordergrund in die Tiefe der Darstellung wird in einigen Fällen durch das Avatarbild – einem *Sehstrahl* gleich (vgl. Schmidt-Burkhardt 1992: 173-184) – gar (buchstäblich) nachgezeichnet, etwa in Form des Laserstrahls einer futuristischen Waffe in MASS EFFECT 2 (Abb. IV-24) oder als magisches Licht, das dem Schwert des Avatars in SHADOW OF THE COLOSSUS entströmt (Abb. IV-25). Gerade letzteres Beispiel verdeutlicht noch einmal die spielfunktionale Facette der Blicklenkung, denn es gilt hier die Fortbewegungsrichtung des Avatars auf den Verlauf eben jenes magischen Lichtstrahls anzupassen. So lässt sich der Avatar in Abb. IV-25 zwar grundlegend als Grenz- bzw. Repoussoire-Figur beschreiben, doch indem »der Blick […] zur Handlung [wird]«

(Schwingeler 2008: 143), beinhaltet das Avatarbild immer auch ein stetiges Spiel mit dieser Bildkomposition. Es geht sozusagen um *eine Ausrichtung des Bildvordergrunds an der Tiefe des Bildes*, ein ›Zusammenziehen‹ des Bildes auf eine bestimmte Ansicht.

Auch die Shooter-Perspektive (vgl. Kap. II) kennt wiederum mehrere Varianten. In einigen Fällen ändert sich durch das Ausrichten der Waffe, die Ansicht nur wenig – die Spielperspektive bleibt ›stabil‹. In anderen Fällen fokussiert sich die Darstellung auf den Zielpunkt der Waffe – zu einer Art Zielfernrohr-Perspektive (vgl. Kap. III). Innerhalb einer solchen Systematik bildet die First-Person-Perspektive gewissermaßen die *größtmögliche Steigerung einer Grenzfigur* – eine Steigerung, die jedoch gleichzeitig (in ihrer extremen Form) die Figurendarstellung auslöscht und damit die Kategorie der Rückenfigur sprengt (vgl. Kap. V).

Die Oszillation des Avatars zwischen verschiedenen Formen der Rückenfigur, insbesondere zwischen Bedeutungsträger und Blicklenker, soll abschließend noch einmal in einem Vergleich mit Friedrichs Rückenfiguren (genauer: mit dem *Wanderer über dem Nebelmeer*) verdeutlicht werden. Um kurz zu rekapitulieren: Friedrichs Rückenfiguren lassen sich mit Werner Schnell in ihrer Funktion (leicht zugespitzt) wie folgt beschreiben:

»Die Rückenfiguren verhalten sich zur bildimmanenten Landschaft rein kontemplativ, sie verändern an ihr nichts, sie benützen sie auch nicht funktional, sondern sie nehmen sie zum Spiegel des eigenen Innern […]; so läßt sich auch das Verhältnis des Betrachters, den Friedrich sich wünschte, zum Bild der Landschaft mit Rückenfigur beschreiben.« (Schnell 1994: 145)

Die Rückenfigur tritt, wie beschrieben, zunächst als Barriere auf. Sie »verstellt und verrätselt den Zugang zur Landschaft« (Scholl 2007: 168), öffnet den Raum des Bildes erst über eine kontemplative Betrachtungsweise. In diesem Zusammenhang stellt Hartmut Böhme pointiert fest:

»Bei Friedrich geht es nie um Immersions-Ästhetik, nicht um das, was man heute vanishing interface nennt, sondern im Gegenteil gerade um die reflexive Vergegenwärtigung dessen, was Immersionseffekte allererst erzeugt.« (Böhme 2006: 75)

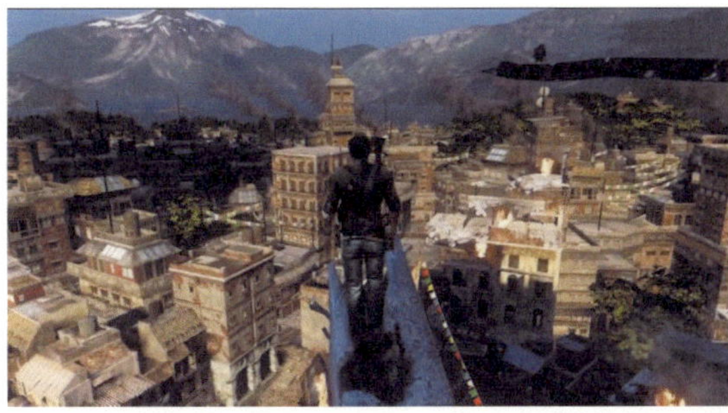
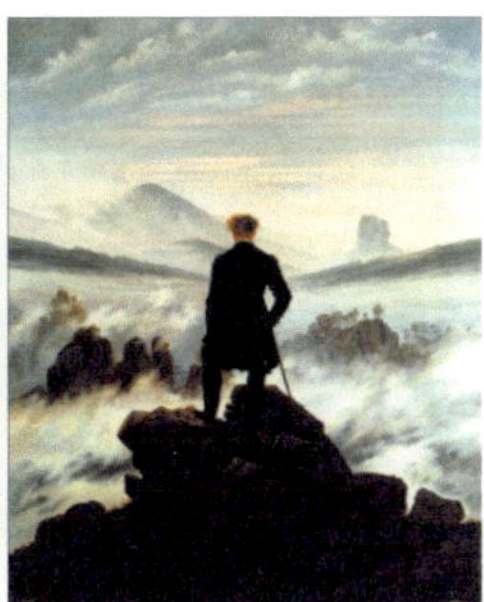

Abb. IV-26 & IV-27: Uncharted 2 (2009) und Der Wanderer über dem Nebelmeer (1818)

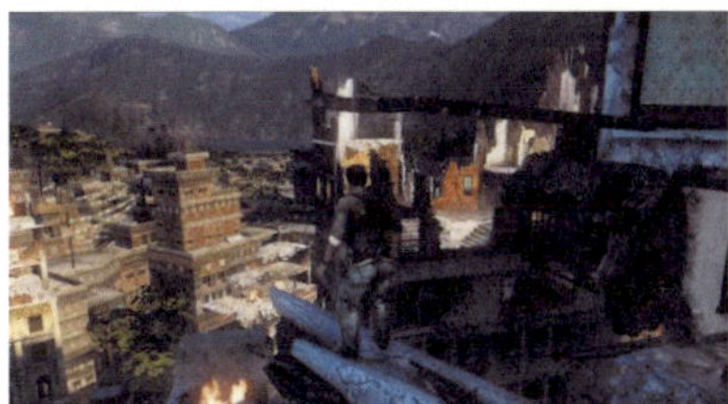
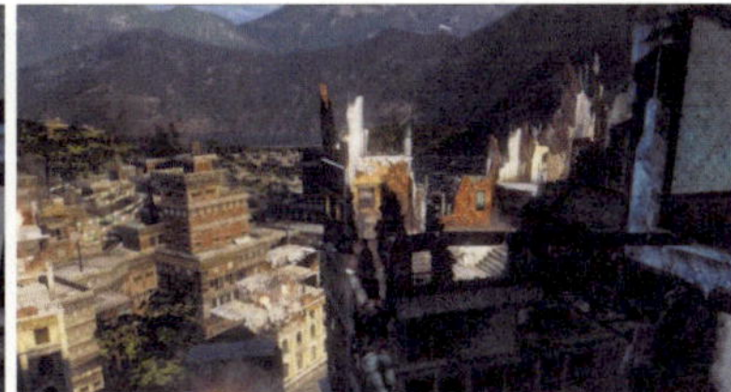

Abb. IV-28 & IV-29: Uncharted 2 (2009)

So sind die beschriebenen Techniken zur Erzeugung der Tiefenwirkung im *Wanderer über dem Nebelmeer* zunächst eine scheinbar ›falsche Fährte‹, die erst im Spannungsverhältnis mit der Flächenwirkung des Bildes schließlich einen (kontemplativen) Zugang zum Bild gewährt. Damit markiert Friedrichs *Wanderer* gewissermaßen den genauen Gegenentwurf zum durch den stetigen Sog der Bildtiefe bestimmten Third-Person-Avatar – obgleich sich die Bildkompositionen in einigen Fällen auf den ersten Blick durchaus ähneln mögen.

So ist etwa der Avatar in UNCHARTED 2 in Abb. IV-26 bildlich ähnlich zentral positioniert wie Friedrichs Wanderer und blickt ebenso wie sein ›Vorbild‹ in ein Panorama, das durch ein großes Gebirge im Hintergrund gesäumt wird (Abb. IV-26/IV-27). Doch obwohl die Darstellung in UNCHARTED 2 mit Friedrichs Bild ein gewisses Moment der Erhabenheit (vgl. Koerner 1998: 204-205) teilen mag, schließt sie in keiner Weise an dessen reflexiven Charakter an. Denn nicht nur bleibt die Topographie der Landschaft in UNCHARTED 2 stets stabil und zerfällt nicht wie bei Friedrich in-

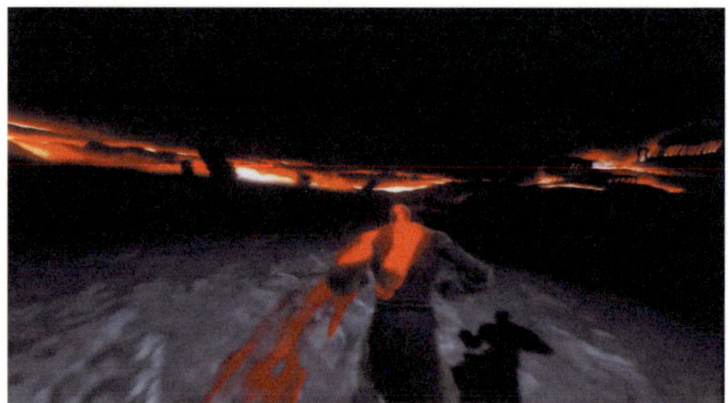

Abb. IV-30:God of War III (2010)

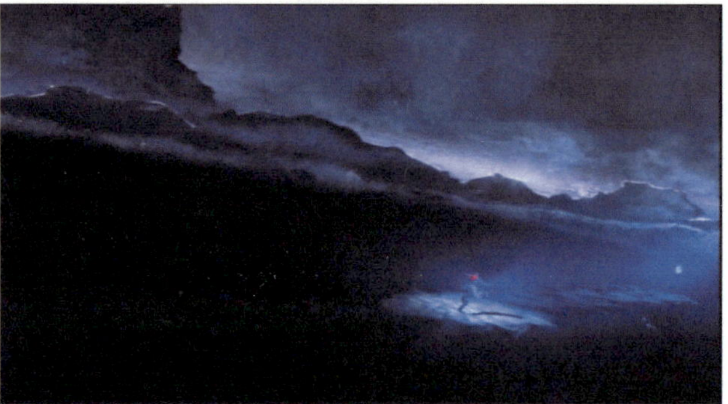

Abb. IV-31:God of War III (2010)

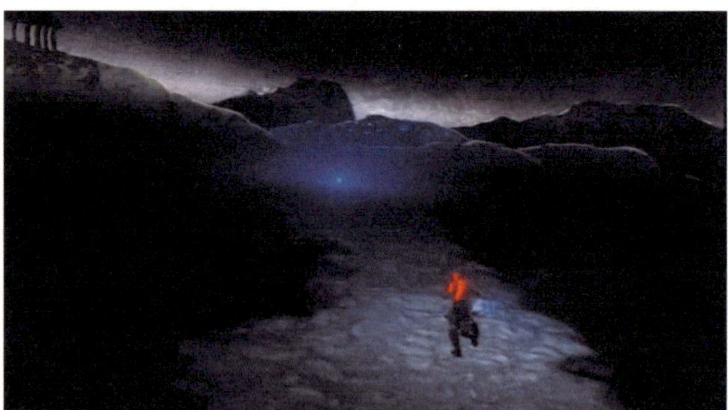

Abb. IV-32:God of War III (2010)

nerhalb einer theatralen Komposition in ihre Einzelteile. Auch regen das Querformat und der handlungsevozierende Charakter des Bildes letztlich dazu an, den Blick des Avatars wiederum anzupassen. So ist – abgesehen von einem vorübergehenden Genuss der grafischen Pracht des Panoramas – letztlich nicht das Abschweifen des Blicks hin zu den weit entfernten Bergmassiven, sondern der schwarze Balken am oberen rechten Bildrand das Ziel des Spielerblicks (Abb. IV-26/IV-28). Von dort aus lässt sich durch einige beherzte Sprünge (Abb. IV-29) das Dach des zerfallenen Gebäudes – der Zielpunkt des Levels – erklimmen. Abb. IV-26 bildet somit nur eine Art Zwischenstufe, denn das Avatarbild evoziert eine andere (spielfunktional sinnvollere) Bildkomposition, eine andere Ausrichtung des Bildvordergrunds an der Tiefe der Spielwelt.

Eine andere Form der räumlichen Struktur findet sich im letzten Level von GOD OF WAR III, das unmittelbar an Kratos (vermeintlichen) Tod durch die Hand Zeus' (vgl. Kap. III) anschließt. Kratos durchwandert in dieser Sequenz seine eigenen ›Kopfwelten‹ (Abb. IV-30/IV-31/IV-32) auf der Suche nach einer tief in seinem Unterbewusstsein verborgenen Macht, die es ihm am Ende des Spiels schließlich doch noch erlauben wird, über Zeus zu triumphieren.[21] Die Welt der Psyche Kratos' erweist sich als scheinbar endlose schwarze Tiefe in der vereinzelt Fragmente einer Landschaft aufscheinen. Damit deuten sich durchaus einige Parallelen zu Friedrichs Landschaftsdarstellung an, da auch in GOD OF WAR III »die Landschaft gleichsam [der] Seele [der Rückenfigur] zu entströmen scheint« (Koerner 1998: 86) – wenn auch in diesem Fall auf eine sehr viel weniger subtile Art und Weise. Doch leitet diese »immateriell und räumlich instabil gestaltet[e]« (ebd.: 204) Landschaft anders als bei Friedrich am Ende nicht zum »Versuch kontemplativer Wirklichkeitsaneignung« (Kemp 1983: 51) über, sondern kennt wiederum nur den Sog einer Vorwärtsbewegung – oder vielmehr erfolgt eine radikale Zuspitzung der Bildkomposition auf eben dieses hier geradezu rauschhafte Moment der Vorwärtsbewegung. Denn so fragmentiert die Kopfwelten Kratos' in ihrer Komposition auch wirken mögen

---

21 Ohne hier auf die Hintergrundgeschichte und deren Verknüpfungen wie Abweichungen zur griechischen Mythologie im Detail eingehen zu wollen: Es handelt sich natürlich um die Kraft der Hoffnung, die – gemeinsam mit allen Übeln der Welt – in der von Kratos im ersten Teil der GOD OF WAR-Trilogie geöffneten Büchse der Pandora verborgen war.

– so eindeutig fällt letztlich auch der Brotkrumenpfad aus, der den Spieler (in Form einer Blutspur in Abb. IV-30 oder als heller Lichtpunkt in Abb. IV-31 und IV-32) durch die Bruchstücke der Level-Architektur leitet. Kratos ist kein in Stillstand und Kontemplation versunkener Wanderer, er ist vielmehr ein »Mind-Walker« (Schmidt 2010: 149), der sich den Weg durch sein Unterbewusstsein bahnen muss. GOD OF WAR III zeigt somit im Vergleich mit Friedrichs *Wanderer* sozusagen einen – spielmechanisch überformten – ›Gefühlsraum‹, der die Rückfigur-typische »Vorwärtsrichtung unseres Bilderlebnisses« (Koerner 1998: 269) zwar intensiviert, gleichzeitig aber geradezu ins Absurde übersteigert, da die Fragmentierung der Landschaft der Vorwärtsbewegung des Avatars im Grunde stetig ›den Raum entzieht‹.

DER AVATAR ALS REFLEXIONSFIGUR DES INTERAKTIVEN BILDES

Während die vorangegangenen Avatarfiguren im Wesentlichen die (buchstäbliche) Flucht nach vorn demonstrierten – die Steigerung des bildlichen wie spielfunktionalen Sogs aus dem Vordergrund in die Bildtiefe –, gilt es in einer abschließenden Rahmung dieses Kapitels, sich noch einmal dem einleitenden Beispiel zuzuwenden: Denn im Hinblick auf die Motivgeschichte der Rückenfigur veranschaulicht die beschriebene Musikspiel-Sequenz aus GOD OF WAR III besonders deutlich, dass Rückenfiguren in interaktiven (wie nicht-interaktiven) Bildern einen neuralgischen Punkt markieren, der die autonome Bildwelt einerseits öffnet, andererseits stets empfindlich zu stören droht – »Rückenfiguren funktionieren als Metaphern des Bildes selbst« (Böhme 2006: 74).

In diesem Sinne lässt sich nun die ›problematische‹ Rolle der gedoppelten Controller-Symbole und deren Bedienung durch die Avatarfigur prägnant beschreiben: Die Avatarfigur sprengt innerhalb dieses Arrangements die narrative Überformung ihres Status' als grafischer Stellvertreter des Spielers. Die ›narrativ ungefilterte‹ Übertragung der Spieler-Avatar-Relation ins Bild selbst lässt die diegetische Autonomie der Spielwelt – und damit die ästhetische Grenze – kollabieren. Anders formuliert: Der *doppelte Blick* (Krüger 1995: 155) wird zur *doppelten Spielhandlung*, der »Spiegel der Betrachter-Bild-Relation« (Prange 2010: 141) wird zum Spiegel der Spieler-Avatar(bild)-Relation.

Eine solche bildliche Dopplung der Spielhandlung findet sich im zeitgenössischen Computerspiel im Wesentlichen in drei Varianten, die das Spieler-Avatar-Verhältnis bildlich in unterschiedlich starkem Maße reflektieren: So können *Spiele im Spiel* narrativ vollständig überformt sein; sie können (wie in GOD OF WAR III) einer hybriden Kombination aus Spielwelt und Controller-Designs verknüpft werden; oder sie können als Artefakte ohne jegliche Überformung in der Spielwelt platziert werden.

Die erste Form sind narrativ (mehr oder weniger) vollständig plausibilisierte Computerspiele innerhalb der Spielwelt, oft in Gestalt von Spielautomaten. Solche ›Spielgelegenheiten‹ im Spiel lassen sich mit Jesper Juul als *Staged Games* bezeichnen, als einen »special case where an abstract or somewhat representational game is played in a more elaborate world« (Juul 2005: 132).[22] Dementsprechend sind es meist ältere Arcade-Titel, die in den ungleich detaillierteren Welten zeitgenössischer Spiele anzutreffen sind.[23]

So kann etwa die Avatarfigur Sackboy in LITTLE BIG PLANET 2 über eine Art Spielhallen-Automaten eine Version des Arcade-Klassikers BREAKOUT spielen (Abb. IV-33). Natürlich funktioniert auch dieses Staged Game als selbstreflexives Element des Computerspiels, doch ist seine Einbindung narrativ-bildlich praktisch vollständig überformt, da die Bedienelemente

22 »This can obviously be done on any number of levels, but the major limitation seems to be that you can only stage a game in a game with a fictional world. You can play an abstract game against characters in a fictional world, but you cannot play EVERQUEST inside Tetris. It is not that it is *graphically* impossible to place EVERQUEST inside a game of TETRIS; it is just that it does not make sense.« (Jules 2005: 133; Herv. i.O.)

23 Das berühmte Vorbild dieser Spiele im Spiel findet sich in DAY OF THE TENTACLE. Hier kann auf einem Computer in der Spielwelt der Vorgänger-Titel MANIAC MANSION gespielt werden. Aktuelle Beispiele sind QUB3D (eine Art 3D-TETRIS) in GRAND THEFT AUTO IV oder auch das Shoot'em Up LOST VIKINGS in STARCRAFT 2. Beide Titel binden ihre Staged Games über Spielautomaten in der Spielwelt ein. Allerdings wird das Spiel im Spiel jeweils bildschirmfüllend dargestellt, d.h. man sieht nicht, wie der Avatar den Spielautomaten bedient.

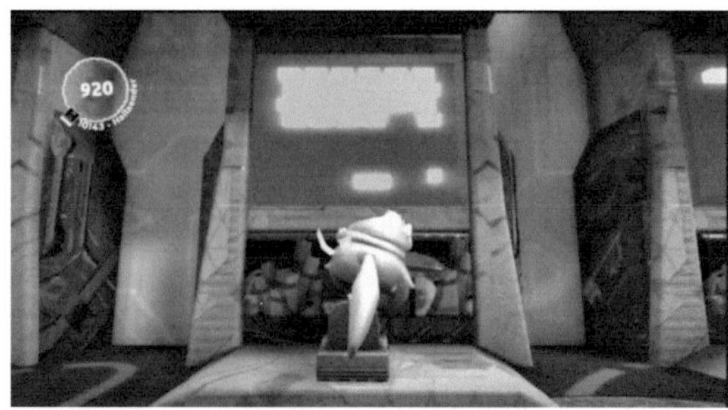

Abb. IV-33: Little Big Planet 2 (2011)

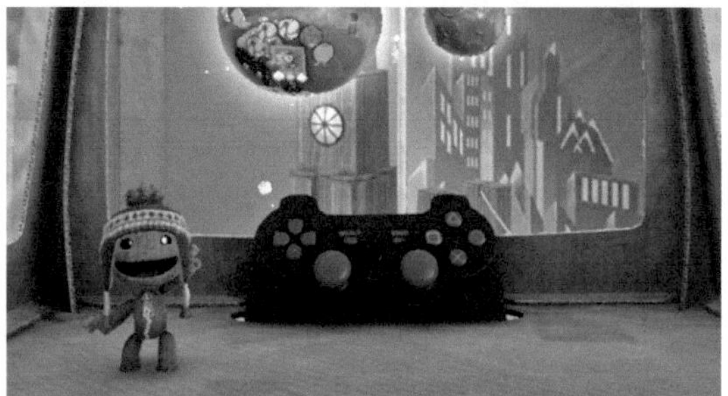

Abb. IV-34: Little Big Planet 2 (2011)

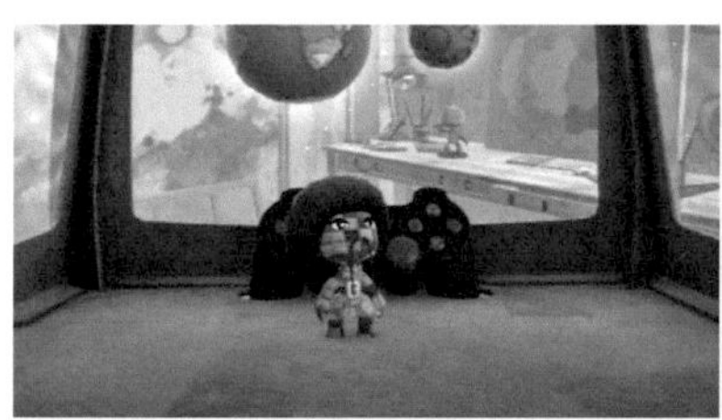
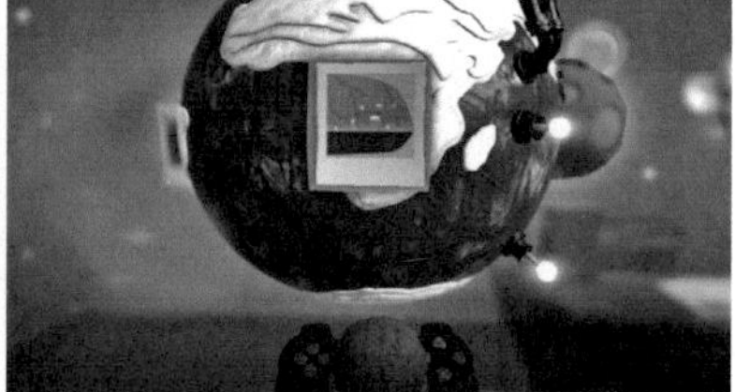

Abb. IV-35 & IV-36: Little Big Planet 2 (2011)

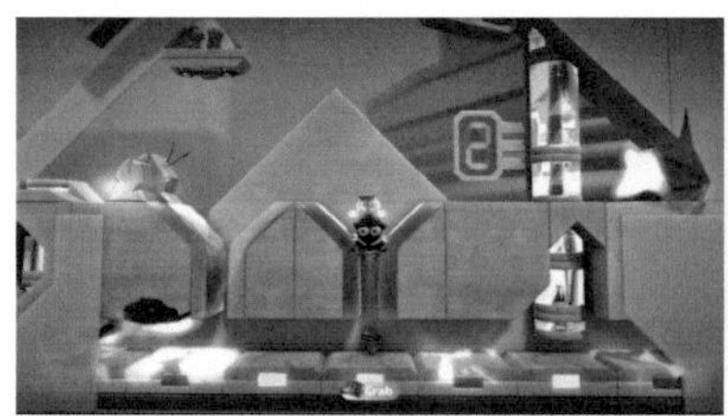
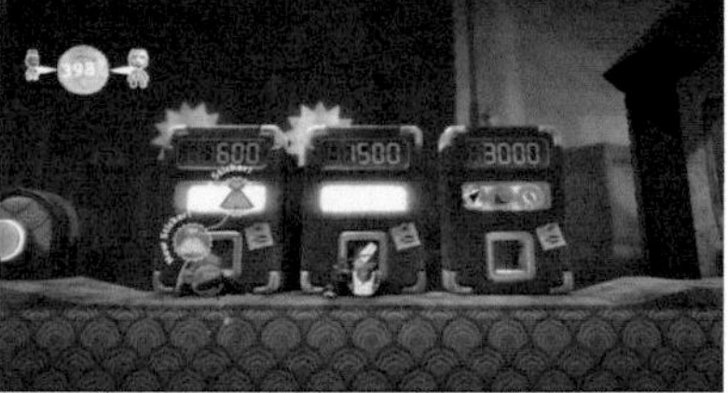

Abb. IV-37 & IV-38: Little Big Planet 2 (2011)

des Spielautomaten (eine Art kleines Cockpit mit Steuerknüppel) keine Ähnlichkeit mit dem Layout des Playstation-Controllers aufweisen. Zusätzlich wird die Controller-Dopplung hier durch die äußerst simple Bedienung des BREAKOUT-Spiels abgeschwächt, die durch ein Neigen des Avatarkörpers nach links und rechts – also durch die etablierten Bewegungsoptionen der Avatarfigur im Spiel – realisiert werden kann.

Eine solche narrative Überformung fällt an anderer Stelle in LITTLE BIG PLANET 2 nahezu vollständig weg. So findet sich in der ›Kommandozentrale‹ der Spielwelt – das intradiegetische Äquivalent zum Hauptmenü-HUD – ein überdimensionaler Playstation-Controller (Abb. IV-34/IV-35), der vom Avatar zur Anwahl der verschiedenen Level des Spiels genutzt werden kann. Die Bedienung des Playstation-Controllers durch den Spieler findet im Computerspielbild ihre exakte visuelle Entsprechung: der Avatar betätigt die gleichen Knöpfe, justiert die Analogsticks nach dem Vorbild der Bewegung des Spielers (Abb. IV-36). Allerdings führt diese Einbindung des Playstation-Controllers als Spielwelt-›Requisite‹ – als seltsame Form der »Verschleifung von Real- und Kunstraum« (Michalski 1996 [1932]: 13) – im Fall von LITTLE BIG PLANET 2 interessanterweise letztlich kaum zum vollständigen metapicturalen Zusammenbruch der Spielwelt. So ist ihr illusionsstörendes Potenzial zwar schwerlich abzustreiten, wird allerdings bereits durch die stark verzerrten Größenverhältnisse zwischen Avatar und Controller ironisch gebrochen. Darüber hinaus ist das komplette Setting in LITTLE BIG PLANET 2 durch einen die Geschlossenheit der Spielwelt-Fiktion stetig perforierenden ›Leveleditor-Stil‹ (vgl. Beil 2009b) geprägt. Dies beginnt mit dem Avatar Sackboy – eine Stoffpuppe, die vom Spieler individuell verändert und mit verschiedenen Kleidungsstücken und Items versehen werden kann – und setzt sich in der Spielwelt-Architektur fort, die im Wesentlichen aus einer mal chaotischen, mal sorgsam arrangierten Bricolage popkultureller Fundstücke besteht (Abb. IV-33/IV-37/ IV-38).

Vorläufiges Fazit: Der Avatar stellt eine höchst ungewöhnliche Form der Grenzfigur dar, die spielmechanisch zum bildlichen Bedeutungsträger stilisiert wird. Gerade diese ›stabile‹ spielmechanische Grundierung, scheint aber auch häufig das reflexive Potenzial der Avatarfigur in gewissem Maße zu binden oder zumindest abzuschwächen. Somit lässt das Computerspiel zwar das Motiv der Rückenfigur, insbesondere durch den Third-Person-Avatar, in den zeitgenössischen medialen Bilderwelten wieder verstärkt an Bedeutung gewinnen – allerdings in seinen Bedeutungs*variatio-*

nen durchaus (noch) in geschmälerter Form. Ein stärker reflexives Potenzial scheint sich jedoch in den Extremformen des Rückenfigurmotivs abzuzeichnen, genauer: im Übergang der Third-Person- zu einer First-Person-Perspektive. Diesen ›Grenzfall der Grenzfigur‹ gilt es im Folgenden ausführlicher in den Blick zu nehmen.

Kapitel V: First-Person

Fremde Blicke

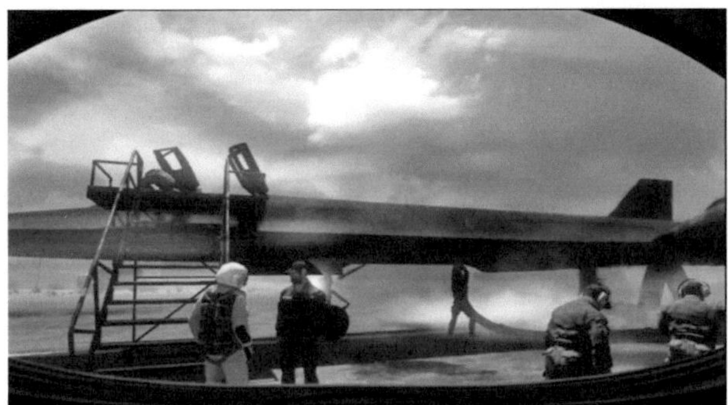

Abb. V-01: Call of Duty: Black Ops (2010)

Das 11. Level des First-Person-Shooters CALL OF DUTY: BLACK OPS – die Mission »WMD« (Weapons of Mass Destruction) – beginnt ungewöhnlich für einen Titel dieses Genres. Das Spiel zeigt die Sicht der Avatarfigur Captain Mosely (Abb. V-01), der sich auf dem Weg zur Startbahn befindet, wo bereits ein Aufklärungsflugzeug auf ihn wartet – eine SR-71 Blackbird mit dem verheißungsvollen Codenamen »BigEye 6«. Am oberen und unteren Bildrand wird die First-Person-Perspektive gerahmt durch Teile des geschwungenen Helmvisiers; die typische von unten in Bild ragende Waffe sucht man zu diesem Zeitpunkt noch vergeblich. Captain Mosely besteigt das Cockpit (Abb. V-02), danach kann der Spieler per Controllereingabe den Start initiieren. Die SR-71 hebt ab. Es folgt eine Sequenz, die die Perspektive Captain Moselys verlässt und eine Außenansicht des durch die

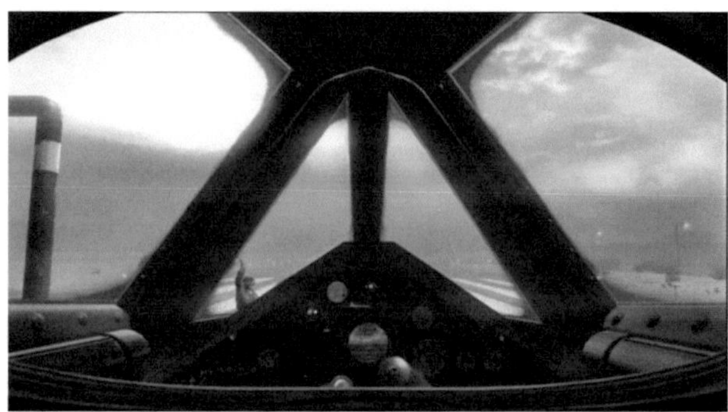

Abb. V-02: Call of Duty: Black Ops (2010)

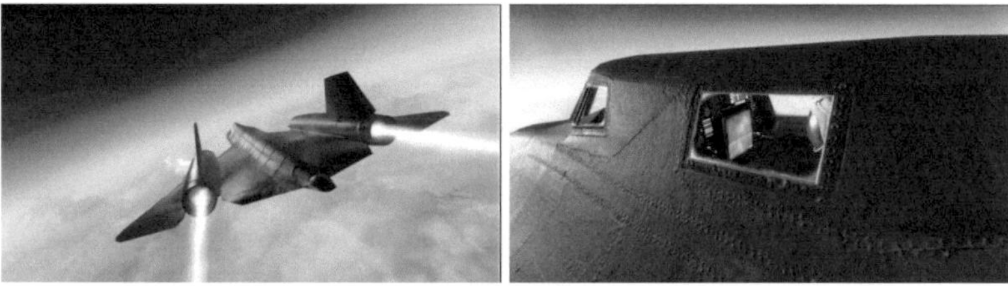

Abb. V-03 & V-04: Call of Duty: Black Ops (2010)

oberen Schichten der Erdatmosphäre rasenden Flugzeugs präsentiert. In einer spektakulären Kamerafahrt nähert sich die Ansicht wieder dem Cockpit der SR-71 an (Abb. V-03/V-04), landet jedoch diesmal nicht in der subjektiven Perspektive Moselys, sondern in der des Co-Piloten Major Neitsch, der die Aufklärungskamera des Flugzeugs bedient.

Die Spieldarstellung zeigt nun die Cockpit-Instrumente (Abb. V-05): ein Monitor mit monochromer, flimmernder Anzeige in der Bildmitte, links und rechts gesäumt durch verschiedene rot und orange leuchtende Schalter und Kontrollanzeigen. Sichtbar sind zudem die beiden behandschuhten Hände Neitschs; die linke bedient einen Drehregler, die rechte einen – den Analogsticks des Xbox- bzw. Playstation-Controllers nicht unähnlichen – kleinen Joystick. Der Monitor zeigt aus der Vogelperspektive einen Trupp Soldaten, der eine bergige Waldlandschaft durchquert, wobei eine Art Nachtsicht-Modus die Menschen, Fahrzeuge und Teile der Vegetation weiß strahlend hervorhebt. Zudem ist die Darstellung durch verschiedene HUD-Elemente überlagert, wie ein Fadenkreuz (Mitte) und eine Anzeige des

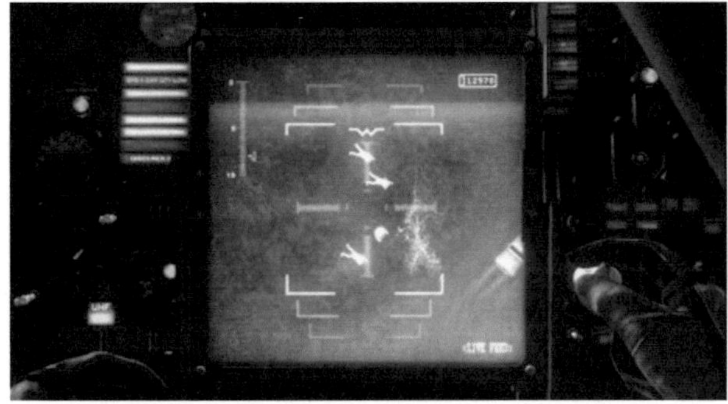

Abb. V-05: Call of Duty: Black Ops (2010)

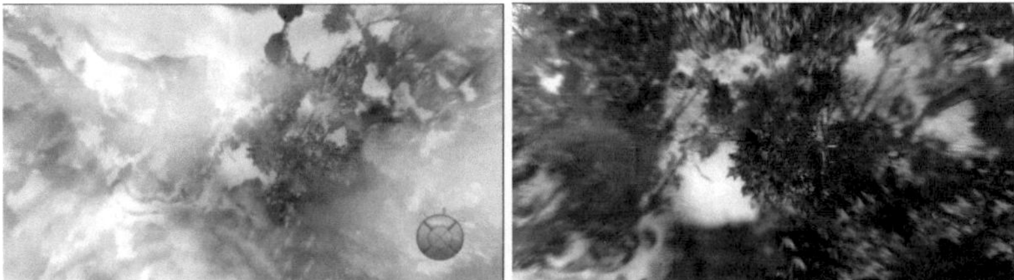

Abb. V-06 & V-07: Call of Duty: Black Ops (2010)

Zoomfaktors der Aufklärungskamera (links). Die Aufgabe des Spielers besteht nun darin, die Gruppe der Soldaten durch das von feindlichen Einheiten kontrollierte Gebiet zu lotsen. Hierzu werden mit dem Fadenkreuz, das mit dem rechten Joystick-Regler bewegt wird, Wegpunkte oder Angriffsziele markiert.

Kommt es zu Kampfhandlungen, findet ein erneuter Wechsel der First-Person-Perspektive statt. Eingeleitet wird dieser Übergang durch eine kurze Sequenz, bei der die Kamera durch die Wolkendecke fliegt und mit enormer Geschwindigkeit in die bis dahin nur auf dem Monitor präsente Berglandschaft hinabstößt (Abb. V-06/V-07) – um schließlich in der Sicht des dritten First-Person-Avatars dieses Levels, dem CIA-Agenten Jason Hudson, zu landen (Abb. V-08).

Die Perspektive Hudsons entspricht im Wesentlichen bekannten Darstellungskonventionen des zeitgenössischen First-Person-Shooters. Am unteren Bildschirmrand ragt mittig (leicht nach rechts verschoben) eine Waffe ins Bild, zudem sind die linke Hand und ein Teil des Unterarms sichtbar.

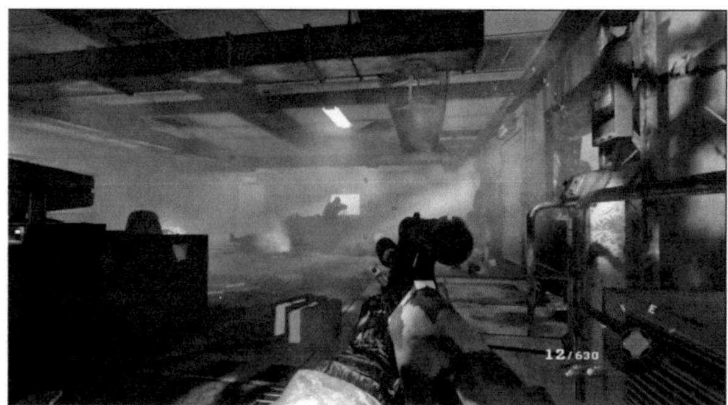

Abb. V-08: Call of Duty: Black Ops (2010)

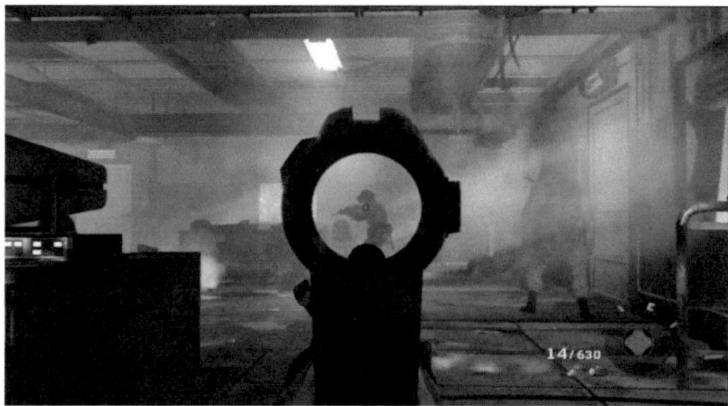

Abb. V-09: Call of Duty: Black Ops (2010)

Die HUD-Elemente – eine Munitionsanzeige und eine Minimap (rechts unten) – sind sparsam eingesetzt und in ihrer grafischen Gestaltung schlicht gehalten. Abb. V-08 zeigt die Standardansicht. Zum besseren Zielen kann in eine zweite Darstellungsvariante umgeschaltet werden, die den Blick näher an das Zielfernrohr der Waffe führt (Abb. V-09). Die Waffendarstellung wird dabei zur Silhouette stilisiert, die die Ansicht auf dem Fluchtpunkt – dem Angriffsziel – zusammenzieht. Sind alle feindlichen Einheiten ausgeschaltet, springt die Darstellung zurück in die Cockpit-Ansicht. Das Wechselspiel von Truppenkoordination aus der Luft und Shooter-Gameplay am Boden beginnt von Neuem.

Auch wenn das WMD-Level von CALL OF DUTY: BLACK OPS scheinbar schlicht den Wechsel von zwei First-Person-Perspektiven (den Prolog nicht mitgerechnet) präsentiert, könnte die bildliche Wirkung der Luft- und Bodeneinsätze kaum unterschiedlicher ausfallen. Hudsons Perspektive bedient sich etablierter Stilmittel des Shooters. Die First-Person-Perspektive als Steigerungsform der Grenzfigur funktioniert hier vor allem als »through-the-gunsights perspective« (Jenkins/Squire 2002: o.S.) – in der Standard-Ansicht noch mit der Möglichkeit zur Navigation der Spielfigur, in der Zielfernrohr-Ansicht schließlich ganz den Tiefensog des Bildes zelebrierend. Neitschs ›Cockpit-Perspektive‹ hingegen tilgt diese Attraktionsmomente des First-Person-Shooters weitgehend. Die Ansicht des Kampfgeschehens wird durch die Regler und Statusanzeigen von links und rechts eingeengt auf ein kleines, flimmerndes Monitorbild, dessen Darstellung einerseits aufgrund der Vogelperspektive, andererseits durch den stilisierten Nachtsicht-Modus wenig Tiefenreize bietet. Die Darstellung verflacht, der Tiefensog prallt geradezu an der virtuellen Monitorscheibe ab. Schließlich zeigt sich gar, dass Neitschs Sicht im Grunde nicht einmal die ›Minimal-Anforderungen‹ der First-Person-Perspektive erfüllt, da die Möglichkeit zur Blicksteuerung fehlt (vgl. Kap. II). Die Darstellung bleibt stets auf die Cockpit-Ansicht fixiert, nur der Bildausschnitt des Monitors kann (über die Ausrichtung und den Zoom der Aufklärungskamera) manipuliert werden. Doch selbst dieser Zoom-Effekt verleiht dem Bild letztlich kaum eine zusätzliche Tiefenwirkung, dient er doch nur zur kontrollierten Vergrößerung bestimmter Bildausschnitte.

Und doch ist man geneigt, Neitsch als einen First-Person-Avatar zu bezeichnen. Denn nicht nur wird der Blickträger durch den Kameraflug hin zur Außenansicht des Cockpits der SR-71 narrativ eingeführt (Abb. V-04), auch ist er über seine die Instrumente bedienenden Hände stets im Bild (und über den Funkverkehr zudem auch stimmlich) präsent. So ist es scheinbar nicht allein die fehlende Möglichkeit zur Blicksteuerung (denn diese wird gewissermaßen an das manipulierbare Monitorbild delegiert), sondern vor allem die verflachte und zudem recht statische Bildkomposition, die die Darstellung seltsam ›First-Person-untypisch‹ erscheinen lässt – und die darüber hinaus natürlich die Betrachterposition (noch einmal zusätzlich) reflektiert: Denn nicht nur realisiert der First-Person-Avatar als Grenzfigur einen *doppelten Blick*; auch gibt es ein Monitorbild im Monitorbild, eine Dopplung der Bildoberfläche in der Bildfläche, die gewissermaßen gleich zweifach das ›Eintreten‹ ins Bild verwehrt.

Die Cockpit-Abschnitte verweisen mit dieser mehrstufigen Irritation[1] der ›klassischen‹ First-Person-Perspektive somit gewissermaßen auf jenen Scheitelpunkt, in dem die subjektive Perspektive als Extremform der Grenzfigur (und damit auch als Grenzfall des Avatarbildes) in eine objektive Ansicht umzuschlagen droht, in diesem Fall in eine Art *God View* (vgl. Neitzel 2007b),[2] eine Übersichtsperspektive, die keine Avatarfigur mehr kennt. Nicht zufällig trägt die Mission den Untertitel: »Eye in the Sky« und schließt damit an jenes berühmte Motiv des allsehenden göttlichen Auges an, die »Vorstellung, daß Gott Augen hat, ja mehr noch Auge ist« (Schmidt-Burkhardt 1992: 13). Damit wäre die Perspektive jedoch nicht mehr Figuren-gebunden, sondern vielmehr ein körperloser »Blick von überall und nirgendwo« (Clausberg 1999: 147).

CALL OF DUTY: BLACK OPS gelingt es im WMD-Level zwei ›populärkulturelle Ästhetiken‹ von Kriegsbildern zu verflechten – eine Verknüpfung die gerade durch die durchgängige (oder vielmehr wiederkehrende) First-Person-Perspektive an Prägnanz gewinnt. Auf der einen Seite präsentiert sich die Kriegshandlung als blutiges Tiefensog-Bild, das die kämpferischen Auseinandersetzungen als viszerale Erfahrung (vgl. bspw. Curtis 2005) inszeniert. Auf der anderen Seite findet sich die verflachte/stilisierte/reflexive ›Cockpit-Perspektive‹, die den Krieg als technisch mehrfach gefiltertes, depersonalisiertes – aber durch die First-Person-Perspektive dennoch seltsam Figuren-gebundes – Ereignis zeigt.

---

1 Hinzu kommt hier natürlich außerdem noch eine weitere Form der reflexiven Brechung durch die Dopplung von Knöpfen und Reglern in der Bildansicht (vgl. Kap. IV).

2 Anders zugespitzt: Der Spieler nimmt nicht mehr die Rolle des Avatars als göttlicher Stellvertreter ein, sondern darf »im spielerischen Als-ob [selbst] Gott sein« (Neitzel 2007b: 314). Auch wenn der nicht ganz einfachen Frage einer Definition des God Game-Genres (vgl. ebd.; Adams 2008) an dieser Stelle nicht weiter nachgegangen werden soll, gilt es doch festzuhalten, dass sich dieses Genre (neben der namensgebenden Rollenzuschreibung) vor allem durch eine entkörperlichte Übersichtsperspektive auszeichnet: »Die Übersichtsperspektive korrespondiert mit den Handlungsmöglichkeiten des Spielers. […] Der Spieler lenkt nicht mehr die Geschicke eines Einzelnen, es werden vielmehr die Handlungen eines Schöpfers übernommen, indem eine Welt gestaltet wird.« (Neitzel 2007b: 318)

FIRST-PERSON-PERSPEKTIVEN

CALL OF DUTY: BLACK OPS veranschaulicht, dass es nicht nur sehr unterschiedliche Stilisierungen der First-Person-Perspektive im Computerspiel gibt, sondern dass diese Darstellungsvariante zudem einen entscheidenden Grenzfall des Avatarbildes markiert. Denn durch die Zuspitzung der Avatardarstellung auf einen Blickpunkt, durch die zunehmende – buchstäbliche – Verdrängung der Figurendarstellung an die Ränder des Bildes, läuft die First-Person-Perspektive als Avatarbild-ohne-Avatar scheinbar stetig Gefahr zur objektiven Ansicht zu werden.

Im Wesentlichen lassen sich hier zwei Grenzfälle, zwei Formen einer ›Entkörperlichung‹ unterscheiden: CALL OF DUTY: BLACK OPS nimmt dem Bild den First-Person-typischen Tiefensog und engt es auf einen Bildschirmblick ein, der eher den Logiken der God View entspricht – wenn auch hier wiederum kontrastiert durch die Visualisierung der Hände des Avatarkörpers. Der andere Grenzfall ist ein vollständiger Verzicht auf eine Darstellung des Avatarkörpers, bei gleichzeitiger Beibehaltung einer in die Tiefe wirkenden Handlungsperspektive, die auf eine Figuren-basierte Interaktion mit der Spielwelt schließen lässt.

So zeigt etwa der Adventure-Klassiker MYST seine Spielwelt zwar aus einem Blickpunkt auf Augenhöhe (Abb. V-10/V-11), doch darüber hinaus bietet die (statische) Bildansicht keinerlei Hinweise auf einen Blickträger, d.h. es könnte sich dem ersten Eindruck nach ebenso gut um eine objektive Ansicht handeln. In MYST wird eine subjektive Perspektive somit erst durch Bewegungs- und Handlungsoptionen innerhalb der Spielwelt etabliert – oder vielmehr durch Bewegungs- und Handlungs*restriktionen* bei der Navigation durch den Raum,[3] denn der Spieler kann eben nicht wie in der God View den Blickpunkt (mehr oder weniger) frei durch die Spielwelt bewegen, sondern ist an einen (unsichtbaren) Avatarkörper gebunden.

Zur Beschreibung einer solchen Körper-gebundenen Interaktion ohne Körperdarstellung im Bild haben sich in den Game Studies insbesondere

3 Hier noch nicht einmal in Realtime-3D (vgl. Kap. II), sondern als eine Hintereinanderschaltung vorgerenderter Ansichten. Dementsprechend stand MYST bspw. die Simulation einer Gehbewegung – ein zentrales ›subjektivierendes‹ Stilmittel zeitgenössischer First-Person-Spiele – noch nicht zur Verfügung.

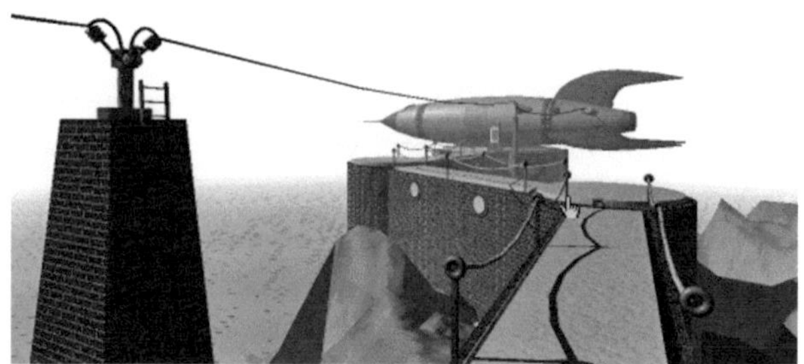

Abb. V-10: Myst (1993)

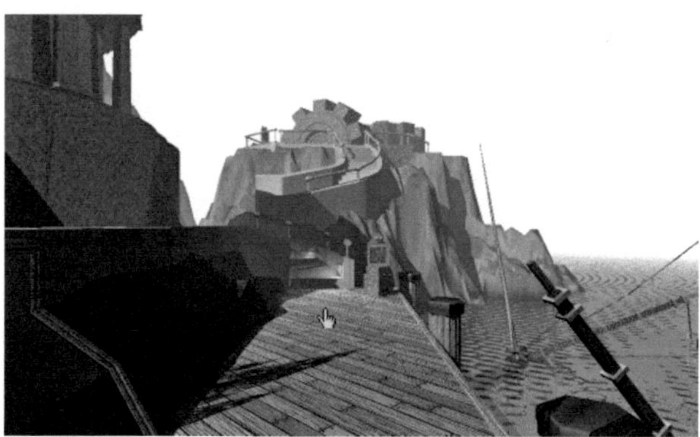

Abb. V-11: Myst (1993)

phänomenologische Ansätze als Erklärungsmodell etabliert. So argumentiert etwa Britta Neitzel, dass in der First-Person-Perspektive der nichtvisualisierte Avatarkörper gewissermaßen durch den Spielerkörper ersetzt wird:

»In 3D-Spielen, die die First-Person-Perspektive benutzen, verschmilzt der Blickpunkt (Point of View) des Betrachters mit dem Point of Action des Spielers/der Spielerin. In diesen Spielen wird kein Avatar visualisiert. Der Point of Action in der Spielwelt wird lediglich durch eine Hand oder eine Waffe an der Unterseite des Bildschirms repräsentiert. [...] Der Ort, an dem der Körper imaginiert wird, der zur abgebildeten Hand gehört, ist gleichzeitig der Ort an dem der Point of View situiert ist: Vor dem Monitor, wo sich der Spieler/die Spielerin befindet. [...] Es gibt keine vierte Wand, die die Diegese schließt. Stattdessen arbeitet diese Technik der Visualisierung an der Ausweitung der Diegese in den realen Raum.« (Neitzel 2008a: 105)

Nun ist eine solche »Irreduzibilität der Subjektposition« (Günzel 2007, vgl. auch Günzel 2009: 341-343) phänomenologisch zwar bestechend und natürlich spielen viele First-Person-Darstellungen offenkundig gerade mit der Faszination einer Art diffusen Grenzziehung zwischen Bild- und Betrachterraum – weshalb der Nutzen dieses Modells hier auch gar nicht grundlegend infrage gestellt werden soll. Doch wird der ›Sonderfall‹ First-Person-Perspektive in dieser Arbeit gewissermaßen genau von der entgegengesetzten Seite aus betrachtet: d.h. es wird nicht von einer Ausweitung des Spielraums und einem Wegfall der vierten Wand ausgegangen. Vielmehr lautet die These, dass auch in der First-Person-Perspektive eine Schließung der fiktionalen Spielwelt realisiert wird.

Zur Verdeutlichung: Der beschriebene Wegfall der vierten Wand verweist auf eine Art Paradigma der Immersionsräume (vgl. Grau 2001; Korn 2005), das vor allem im Zuge der Virtual-Reality-Debatte (Woolley 1994; Huhtamo 1995) für die Beschreibung interaktiver Bilder prägend wurde (vgl. hierzu kritisch Schröter 2004a). Diese hier bereits angesprochenen Virtual-Reality-Utopien (vgl. Kap. I) zielen auf eine möglichst vollständige Immersion des Spielers in den virtuellen Raum ab – und damit aber auch auf eine in letzter Konsequenz im Grunde Interface-lose Interaktion.[4] Rune Klevjer spricht hier in Anlehnung an Marie-Laure Ryan (2001) treffend vom »myth of the Holodeck« (Klevjer 2006: 66). Aus einer solchen Perspektive ist der First-Person-Avatar – bzw. die Avatar-basierte Interaktion überhaupt – dann jedoch nur noch eine ›Spar-Variante‹ einer Virtual-

4 Vgl. hierzu bspw. Meredith Brickens Essay *Virtual Worlds: No Interface to Design* (1991) mit seinen ›symptomatischen‹ Kapitelüberschriften »From Interface to Inclusion«, »From Mechanism to Intuition« oder auch »From Metaphor to Virtuality«. Die VR-Utopie wird dabei eindeutig benannt: »In a virtual world, we are inside an environment of pure information that we can see, hear, and touch. The technology itself is invisible, and carefully adapted to human activity so that we can behave naturally.« (Bricken 1991: 361)

Reality-Fantasie, eine »poor man's VR« (ebd.: 199; vgl. hierzu auch Beil 2010: 58-62).[5]

Pointiert lassen sich der hier vertretene Ansatz und das Konzept einer *full immersive* Virtual Reality dabei wiederum im Modell der Bildgrenze gegenüberstellen. So argumentiert etwa Florian Rötzer, dass für die interaktiven Bilder des Cyberspace, die Metapher des *Fensters* durch die der *Tür* ersetzt werden müsse: »Während man durch ein Fenster hinaus- oder hineinblickt, tritt man durch eine Tür in ein Gehäuse hinein oder aus ihm heraus. Die Tür erlaubt das Durchschreiten einer Grenze.« (Rötzer 1993: 89)

Nun nimmt Rötzers Argumentation freilich keinen direkten Bezug auf Michalskis Modell der ästhetischen Grenze, doch verleitet an dieser Stelle die Rede vom »Durchschreiten einer Grenze« natürlich zu einem Vergleich mit dem hier favorisierten Modell der Spieler-Spielwelt-Kopplung – denn dieses setzt gerade voraus, dass es *nicht* zu einer Grenzüberschreitung kommt. So bildet der First-Person-Avatar, wie im vorangegangenen Kapitel gezeigt wurde, zwar eine Extremform der Grenzfigur, die den Betrachterblick nicht mehr über eine Figurendarstellung ins Bild führt, sondern sozusagen direkt in der Figur platziert – auf diese Weise jedoch immer noch eine Form des *doppelten Blicks* (Krüger 1995) realisiert. Die ästhetische Grenze bleibt somit bestehen, die Öffnung des Bildraums vollzieht sich erst über dessen Schließung. Anders formuliert: Der Avatar ist eine grundlegend eigenständige Form der Schnittstelle zum interaktiven Bild,

5 Darüber hinaus prägt ein solcher Ausgangspunkt auch die ›Hierarchie‹ zwischen den verschiedenen Varianten des Avatars, insbesondere zwischen First-Person- und Third-Person-Avatar, da erstere dem ›VR-Idealfall‹ scheinbar näher steht. Dementsprechend argumentiert etwa Neitzel: »In Spielen mit der Third Person Perspektive ist die Diegese zumindest visuell geschlossen. Die Distanz zur virtuellen Welt wäre somit bei diesen Spielen größer.« (Neitzel 2008a: 106) Anders pointiert Günzel seinen Vergleich von Third- und First-Person-Perspektive, so sei die Third-Person-Perspektive »dem Spielprinzip nach keine wirklich eigenständige Perspektive, sondern eine Ableitung der Ersten Person Perspektive« (Günzel 2008a: 117). Der hier eingeschlagene Argumentationsweg nimmt nun die genau entgegengesetzte Ableitung vor: der First-Person-Avatar wird als eine Extremform der (Third-Person-)Grenzfigur gesehen.

eine handlungsevozierende *personale Perspektive*.[6] Auch der First-Person-Avatar bleibt stets als diegetischer Figurenkörper bestehen. Er wird etwa im First-Person-Shooter nicht zur Waffenhandprothese des Betrachters, sondern bildet als Grenzfigur eine (durchaus seltsame) Form eines Wirtskörpers, in dem sich der Spieler einnistet.

*

Doch was zeichnet den First-Person-Avatar, der insbesondere seit den 1990er Jahren im Computerspiel weit verbreitet ist, im Rahmen dieses Argumentationswegs nun genau aus? Während das Motiv der Rückenfigur eine lange bildhistorische Tradition aufweist, finden sich für den First-Person-Avatar kaum Vorläufer in Malerei und Fotografie. Lediglich der Film hat die First-Person-Perspektive immer wieder in Form der subjektiven Kamera erprobt, allerdings im Unterschied zum Computerspiel i.d.R. nur als »vorübergehende Einlage« (Brinckmann 1997b: 95) nicht als Genre-bildende Darstellungsart – doch hierzu später mehr.

Nun ließe sich einwenden, dass – (zugegebenermaßen) vereinfacht formuliert – jede (gegenständliche) Bildgestaltung eine Form der »Positionierung des Betrachters zum Bild« (Brassat/Kohle 2003: 108) realisiert und dass zumindest in zentralperspektivischen Darstellungen i.d.R. ein (mehr oder weniger konkreter) Betrachterstandpunkt identifiziert werden kann – wenn auch keineswegs immer ein eindeutiger und widerspruchsfreier (vgl. hierzu bspw. Hensel 2009). Die Frage nach den Vorläufern des First-Person-Avatars bezieht sich aber wohlgemerkt nicht auf solche ›grundsätzlichen‹ Formen einer Betrachterposition(ierung), denn für diese gilt normalerweise,[7] dass der Betrachter selbst unsichtbar bleibt, nicht im Bild ›prä-

---

6 Damit einher geht, dass mit dem Begriff der First-Person- bzw. der subjektiven Perspektive hier stets eine Figurenperspektive – eine durch die Wahrnehmung einer diegetischen Figur geleitete Ansicht – gemeint ist und nicht die subjektive Perspektive des Spielers.

7 Zwar zeigt Karl Clausberg mit Hilfe einer äußerst eindrücklichen Materialfülle, dass die Bildgeschichte von subjektiven Darstellungen geradezu durchzogen ist, genauer: von einer *Selbstdarstellung als Gestaltungsprinzip* (1999): »Sehr viele Bilder, die scheinbar nichts anderes als die äußere Welt abbilden oder entrückte Vorstellungswelten in Szene setzen, geben tatsächlich unbewußt wesentliche

sent‹ ist.[8] In der First-Person-Perspektive des zeitgenössischen Avatarbildes hingegen ist ein Blickträger meist eindeutig Teil der Darstellung. Wolfgang Kemps berühmte These »der Betrachter ist im Bild« findet hier ihre buchstäbliche – bildliche – Entsprechung; oder vielmehr ihre bildliche *Doppelung*. Eine solche Akzentuierung des Blickträgers lässt sich im Wesentlichen über zwei Arten realisieren: erstens eine direkte Darstellung durch den teilweise im Bild sichtbaren Körper des Blickträgers; zweitens Bildstilisierungen, die auf eine Wahrnehmungsstörung des Blickträgers zurückgeführt werden können (*Perception*-Effekte, vgl. Kap. III) und den Blickträgerkörper indirekt ins Bild integrieren. Für die weitere Argumentation ergibt sich somit ein Fokus auf *Körper-* und auf *Wahrnehmungsbilder* der First-Person-Perspektive.

SELBSTANSCHAUUNG ICH

Die wohl berühmteste Darstellung einer subjektiven Perspektive – oder genauer eines im Bild visualisierten Blickträgers – ist Ernst Machs *Selbstanschauung Ich* (Abb. V-12). Das um 1870 skizzierte und zuerst 1886 als

---

Strukturen der zerebralen Organisation ihrer Erzeuger wieder.« (Ebd.: 9) Doch so bemerkenswert und inspirierend Clausbergs Argumentation auch ist, es zeigt sich häufig, dass die Selbstdarstellung oft erst durch ein nicht unwesentliches kunsthistorisches Detailwissen und die sorgsame Bildanalyse ›sichtbar‹ wird. Vor diesem Hintergrund ist anzumerken: Es geht in diesem Kapitel stets ›nur‹ um die vergleichsweise eindeutigen, weniger subtilen Formen einer subjektiven Perspektive.

8 Eine ›Problematik‹, die insbesondere in der filmwissenschaftlichen Debatte zur subjektiven Kamera immer wieder aufgegriffen wird: So etwas wie eine *eindeutig* subjektive – d.h. mit dem Blick einer Figur übereinstimmende – Einstellung scheint nicht zu existieren (vgl. bspw. Branigan 1984: 124; Flückiger 2001: 365; Schweinitz 2007: 96), denn Subjektivierungen lassen sich, anders als in der Literatur, letztlich nur kontextuell realisieren – »die subjektive Markierung läßt sich vom narrativ-diegetischen Block nicht trennen« (Metz 1997: 102). Für eine ausführliche Diskussion und Übertragung dieser Thematik auf das Computerspiel vgl. Beil 2010.

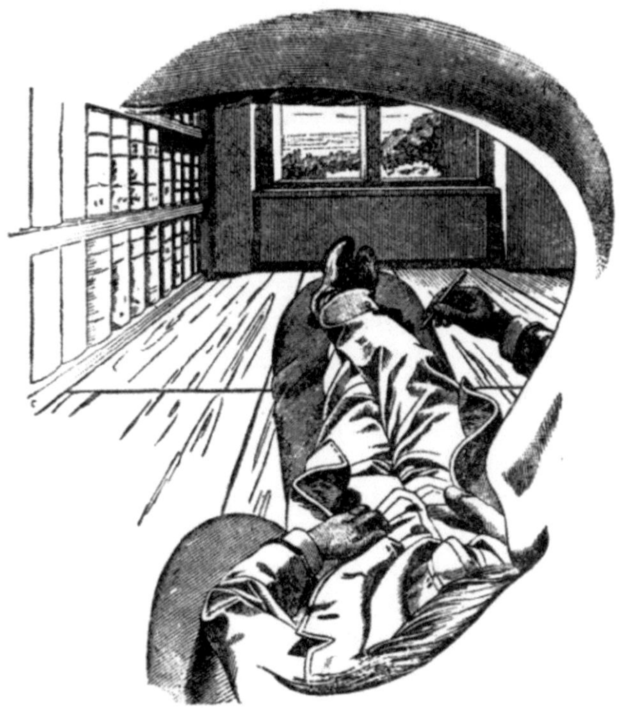

Abb. V-12: Ernst Mach, Selbstanschauung Ich (1886)

Holzstich in Machs *Analyse der Empfindungen* erschienene Bild dürfte zu den ungewöhnlichsten Selbstportraits der Kunstgeschichte gehören[9] – ist nach Ernst Bloch gar »ein Novum in der Geschichte des Selbstporträts« (1968: 14). »Nur daß das Subjekt eben, im Zentrum eines Selbstporträts, gar nicht erscheint: ein Ohnekopf, ein Décapité ist der angeschaute Mensch vor sich selbst.« (Ebd.) Das Bild zeigt den Blick aus dem linken Auge[10]

9 Ansatzweise vergleichbar erscheinen allenfalls die ›Augenlider-Portraits‹ von Max Peintner, wie etwa die Zeichnung *Die Sonne hinter einer Wolke, eingefaßt von Augenbraue und Nase* (1980). Vgl. hierzu Schmidt-Burkhardt 1992: 163-171.

10 Zur Monokularität der Darstellung äußert sich Mach schlicht mit der Anmerkung: »Von dem binocularen Gesichtsfeld, das mit seiner eigentümlichen Stere-

Machs, gesäumt von Teilen der Augenbraue, der Nasenwand und des Schnurrbarts. Oder noch einmal in den Worten Blochs: »Bartsträhnen wehen über den riesigen Schulteransatz, der dort, wo der Kopf sitzen müßte, in weißes Papier verläuft, abwärts aber mit grotesker Verkürzung, den Leib, die Beine, die Füße hintereinander entwickelt.« (Ebd.)

Der Blick führt entlang des auf einer Chaiselongue liegenden Blickträger-Körpers zu einem Fensterkreuz hinter dem sich eine Landschaft erstreckt. Die Blickführung wird durch einen fluchtenden Dielenboden und auf der linken Seite durch ein Regal mit großen Büchern gerahmt. Diesem »optischen Sog« (Clausberg 1999: 15) des Bildes, der über die Fußspitzen Machs hinweg auf einen Fluchtpunkt in Höhe der unteren rechten Ecke der linken Fensterscheibe weist, wirkt einzig die einen Bleistift haltende rechte Hand entgegen – die zudem in ihrer perspektivischen Positionierung nicht zur übrigen Körperdarstellung zu passen scheint.

Bereits in dieser knappen Bildbeschreibung zeigt sich, dass Machs »inverses Selbstbildnis« (Sommer 1987: 21) eine eher irritierende Wirkung entfaltet, obgleich es sich im Grunde um eine scheinbar naheliegende Art der Darstellung einer subjektiven Perspektive handelt – doch genau in dieser Verknüpfung liegt auch das Problem. So hat die Irritation mehrere Ursachen, allen voran die ›unnatürliche‹ durchgehende Schärfe des Bildes, die von der Augenhöhle bis in die Weite der Landschaft reicht:

> »Je mehr man sich allerdings auf einen Punkt, sei es nun Braue, Fuß oder Horizont konzentriert, so lehrt die Physiologie, je mehr verschwimmt das Gesichtsfeld ringsherum in Unschärfe. Alles zusammen kann man auf einmal nicht scharfsichtig sehen. Dies beruht auf der Akkommodation des Auges.« (Schmidt-Burkhardt 1992: 167)

Oder pointiert mit Jonathan Miller formuliert: »Mach's sketch shows more resolution than it should.« (1998: 134) Natürlich bedarf diese These einer Spezifizierung, denn eine durchgehende Schärfentiefe wirkt in malerischen (fotografischen, filmischen etc.) Darstellungen normalerweise keinesfalls ungewöhnlich oder besser: irritierend. Ohnehin erscheint ein Verweis auf

oskopie jedermann geläufig ist, das aber schwieriger zu beschreiben ist, wollen wir hier absehen.« (Mach 1886, zit. n. Clausberg 1999: 11) Vgl. hierzu kritisch Clausberg 1999: 1-35.

die ›Unnatürlichkeit‹ einer solchen Darstellungsart fragwürdig, setzen zentralperspektivische Darstellungen als *symbolische Form* (Panofsky) doch stets ein ganzes Bündel an Konventionen und Automatismen voraus.[11] Doch indem die Darstellung einer subjektiven Perspektive einen Vergleich zur ›natürlichen‹ Wahrnehmung sozusagen im besonderen Maße ›provoziert‹, erweist sich dieser Aspekt in Machs Darstellung als durchaus kritischer Punkt – auch weil hier mit der Augenhöhle und dem in die Ferne der Landschaft schweifenden Blick der denkbar weiteste Schärfebereich gewählt wurde.

In den filmtheoretischen Überlegungen zur subjektiven Kamera,[12] ist die ›Auffälligkeit‹ der Darstellungsweise, die – im Unterschied zur ›unsichtbaren‹ Kamera des *Classical Hollywood Style* (Bordwell/Thompson/Staiger 1985) – das technische Medium in den Vordergrund treten lässt, immer wieder thematisiert worden:

»Das filmische Bild, das sonst wie kein anderes Erzählmedium kraft seines ›Realitätseindrucks‹ die Beglaubigung des Erzählten zu leisten vermag, erfährt so einen massiven Verlust seiner Glaubwürdigkeit und illusionierenden Kraft: Der rechteckige Bildausschnitt, die bis zu den Bildrändern reichende gleichmäßige Bildschärfe, die Aufhebung der Größen- und Formenkonstanz, die Kontinuität von Schwenkbildern (anstelle der Sakkaden des menschlichen Auges) u.v.m. erscheinen plötzlich als Defizit, weil sie der Wahrnehmungsweise des menschlichen Auges, als das die Kamera sich hier nun beglaubigen soll, widersprechen.« (Lohmeier 1996: 197)

»Der technische Apparat filmischen Erzählens wird damit auf eine Weise anthropomorphisiert, die gerade keine naturalistische Illusion subjektiver Wahrnehmung, sondern einen verfremdenden Effekt schafft.« (Griem/Voigts-Virchow 2002: 173)

11 Vgl. hierzu etwa einschlägig Edgerton 1975 [2002]; 1991 [2004] oder im filmwissenschaftlichen Bereich Winkler 1992: 101-117.

12 Die umfangreiche filmwissenschaftliche Debatte zur subjektiven Kamera (vgl. etwa Mitry 1998 [1963-1965]; Metz 1973; Branigan 1984; Brinckmann 1997a), kann und soll an dieser Stelle nicht ausführlich diskutiert werden. Zur Übertragbarkeit einiger dieser filmwissenschaftlichen Ansätze auf das Computerspiel vgl. Beil 2010: 67-87.

Die subjektive Perspektive erweist sich somit letztlich als ein betont artifizielles Darstellungsverfahren – was natürlich ebenso auf den noch unbewegten ›Vorläufer‹ der subjektiven Kamera zutrifft: In diesem Sinne ist Machs *Selbstanschauung Ich* nicht nur ein Selbstportrait, sondern vielmehr noch eine bildliche Auseinandersetzung mit dem »Übergang von physikalischen zu physiologischen und psychologischen Erscheinungen« (Clausberg 1999: 16), ein reflexives Spiel mit der Innen- und Außenperspektive.[13] Der Betrachter wird hier nicht zum ›*Ich*‹ der *Selbstanschauung*. Vielmehr ist er ein *Homunculus* im Kopf des Blickträgers,[14] »the little man who strikes the chords of the muscles or who has to read out the incoming sensory messages« (Wiesendanger 1997: 251). So beschreibt etwa Manfred Sommer Machs Zeichnung wie folgt:

»Die Position des Zuschauers liegt im Inneren des Kopfes der Person, der er zuschaut. Der Zuschauer blickt nicht einfach mit den Augen dessen, der da liegt, durch das Fenster aus dem Raum in die Landschaft hinaus; er blickt zuvor schon durch ein viel näheres Fenster in diesen Raum selbst erst hinein. Der Betrachter sitzt im Kopf und schaut durch die Augenöffnung dieses Kopfes wie durch ein Fenster in die Welt die durch diesen Blick zur Außenwelt wird. Wie die heitere Landschaft draußen vor dem Fenster das Äußere ist, relativ zu dem nur von dorther erleuchteten Inneren des Zimmers, so ist dieses selbst das Äußere relativ zum Inneren in der Kopfhöhle.« (Sommer 1987: 26)

---

13 Vgl. hierzu auch Bredekamp: »Von innen geht der Blick des auf einer Liege gelagerten Mach entlang den Rändern der Augenhöhle und dem Nasenrücken in den Raum. Man glaubt sich förmlich auf der Grenze zwischen einem Blick, der expansiv den Raum zu erschließen vermag, und einer Sicht, die gleichsam einen Schritt zurücktritt und allein der Introspektion gewidmet ist.« (2005: 123-124)

14 Hier im Sinne der sogenannten *Humunculus-Theorien* der Wahrnehmungsphilosophie, die ein bewusstes Wesen oder einen Geist postulieren, der an bestimmten Orten des Körpers aufzufinden sei. Vgl. hierzu etwa Wiesing: »So wie auch in der Camera obscura jemand stehen muß, um die Bilder an der Wand sehen zu können, so muß auch im Bewußtseinszimmer ein Betrachter der Ideen unterstellt werden, ein *humunculus*, der sich die Repräsentationen im Geist anschaut.« (2002: 26) Zu den verschiedenen Konzepten eines *Little Man in the Brain* vgl. Wiesendanger 1997.

Diesen reflexiven Charakter der *Selbstanschauung Ich* betont schließlich auch die zeichnende rechte Hand, die (als Teil des Blickträgerkörpers) perspektivisch nicht in der Darstellung aufgeht, ja gar die Zeichnung in paradoxer Weise zu skizzieren scheint:

»Die zeichnende Hand zeichnet sich als zeichnende selbst, an einer Stelle aber, die nur auf dem Blatt, nicht jedoch aus der Liegehaltung körperlich erreichbar ist. Also hat die zeichnend gezeichnete Figur nur die Zeichnung vor Augen, anstatt, wie im Spiegel sich selbst. Nicht anders als wir, die wir's ansehen.« (Hart Nibbrig 1987: 38)

*

Doch was verrät dieses metapicturale Szenario, das Machs Selbstportrait hervorbringt, nun über den First-Person-Avatar des Computerspiels? Vor allem veranschaulicht es die Artifizialität, aber auch die Komplexität der Décapité-Figur und eine damit einhergehende Disparität des Verhältnisses zwischen Blickträger und Betrachter bzw. Avatar- und Betrachter-Körper. Erstes vorläufiges Fazit: Der First-Person-Avatar bleibt als diegetischer Figurenkörper erhalten, realisiert als Grenzfigur und Wirtskörper einen doppelten Blick. Allerdings unterliegt der Figurenstatus des First-Person-Avatars einer stetigen Irritation, da er oft noch stärker als die Rückenfigur als »Metapher des Bildes selbst« (Böhme 2006: 74) funktioniert. Wenn hier zuvor für die Rückenfigur festgestellt wurde, dass sie einerseits die »Kontinuität zwischen Betrachter- und Bildsphäre« (Prange 2010: 129) verdeutlicht und andererseits die »Schwelle zwischen beiden« (ebd.) betont, gilt dies für den First-Person-Avatar im besonderen Maße – kaum eine andere Bildkomposition zieht den Betrachter so stark ins Bild hinein, kaum eine andere macht ihm die Künstlichkeit der Darstellung deutlicher bewusst.

Dementsprechend lässt sich argumentieren, dass die subjektive Perspektive ihr Attraktionsmoment gerade nicht über eine vermeintliche ›Natürlichkeit‹ ihrer Darstellung und einer Auflösung der Grenze zwischen Real- und Spielraum erzeugt, sondern einerseits über spielmechanische Aspekte (wie etwa ein intuitives Zielen)[15] und andererseits über stilistische Zuspit-

15 So verwundert es nicht, dass der First-Person-*Shooter* die Darstellung eines subjektiven Point of View im Computerspiel am stärksten geprägt hat, da die First-Person-Sicht schlicht für die Spielmechanik des Zielens die ideale Perspektive

zungen (insbesondere der bereits mehrfach erwähnte Tiefensog) oder auch reflexive Strategien funktioniert.

Auf den ersten Blick mag sich die (vermeintlich) typische First-Person-Perspektive des zeitgenössischen Computerspiels relativ stark von Machs metapicturaler Wahrnehmungsstudie unterscheiden: (1) Zwar zeigt das First-Person-Spiel meist eine (bewaffnete) Hand des Blickträgers, aber nicht die komplette Vorderseite des Körpers; (2) zwar findet sich i.d.R. eine durchgehende Tiefenschärfe, doch reicht die Darstellung des Gesichtsfelds nicht bis zur Augenhöhle; (3) zwar lässt die Position der Hand/Waffe am unteren Bildschirmrand oft auf eine äußerst unbequeme Körperhaltung schließen, aber nicht auf eine perspektivisch unmögliche Positionierung, wie sie bei Machs rechter Zeichenhand auftritt.

Auf den zweiten Blick zeigt sich allerdings, dass sich die maßgeblichen Irritationsmomente von Machs Selbstanschauung durchaus auch – medienspezifisch angereichert und transformiert – im zeitgenössischen Computerspiel finden. Wie im Fall der Rückenfigur gilt es dabei wiederum zu betonen, dass es sich bei den folgenden Überlegungen nicht um eine Identifikation »konkrete[r] Motivanregungen oder ikonographische[r] Vorbilder« (Krüger 1995: 155) handelt, sondern um den Vergleich bildlicher Aufmerksamkeits- oder vielmehr Irritationspotenziale. Es geht nicht um direkte Parallelen, sondern um ähnliche Ausgangs- wie Fluchtpunkte einer Stilisierung der Décapité-Figur.

Ad 1 – Körper. Als vermeintlich markantester Unterschied zwischen Machs Selbstanschauung und den Varianten des First-Person-Avatars ließe sich anführen, dass Machs Portrait fast den gesamten Körper des Blickträgers abbildet und gerade auf diese Weise eine *Homunculus*-Position des Betrachters evoziert, während der First-Person-Avatar meist auf eine Hand oder das in dieser Hand geführte Werkzeug (i.d.R. eine Waffe) beschränkt ist. Die rhetorische Führung dieser Anmerkung mag bereits erahnen lassen, dass das Gegenteil der Fall ist. Denn das vermeintlich simpel wie eindeutig strukturierte Bildarrangement aus subjektiver Avatar-Perspektive plus

---

darstellt – und so erscheint es nur konsequent, dass in diesem Genre oft ›unnatürlicherweise‹ die Waffe fest mit dem Avatar-Blick verbunden ist. Rune Klevjer spricht hier treffend von einer »camera-gun« (2006b: o.S.).

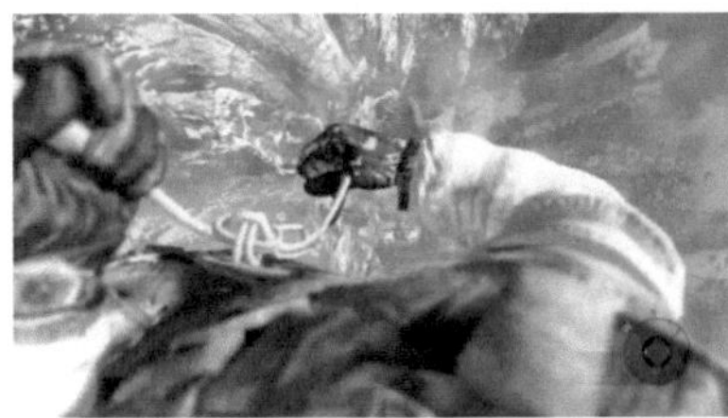 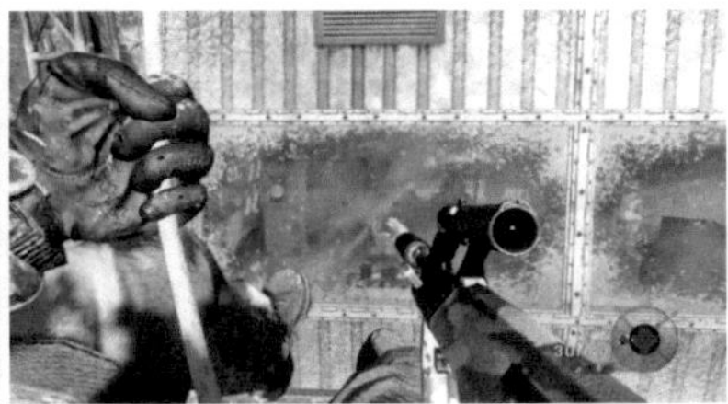

Abb. V-13 & V-14: Call of Duty: Black Ops (2010)

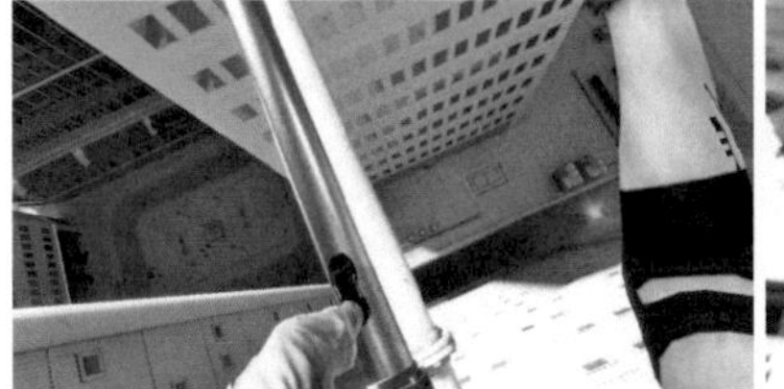 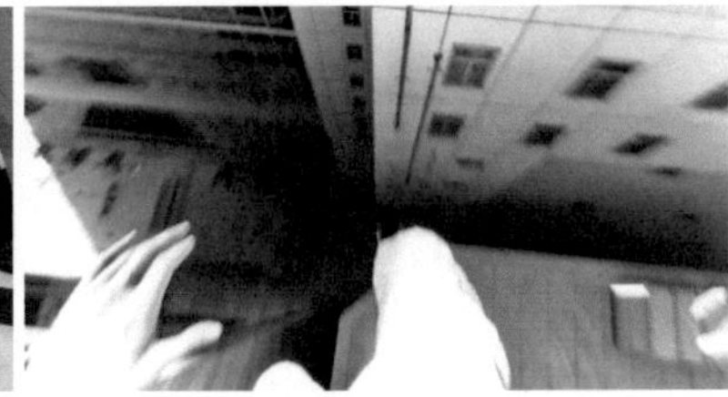

Abb. V-15 & V-16: Mirror's Edge (2008)

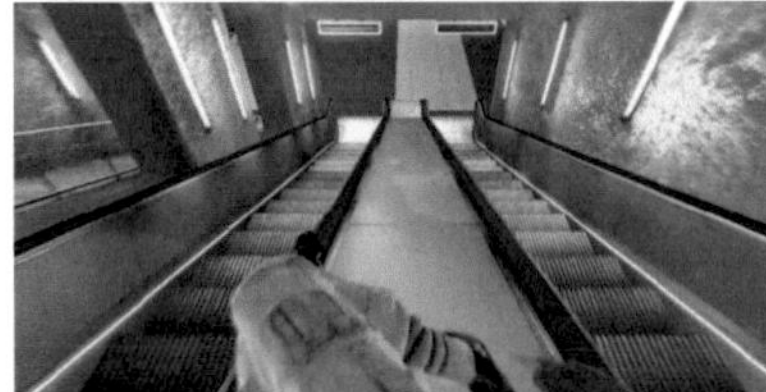 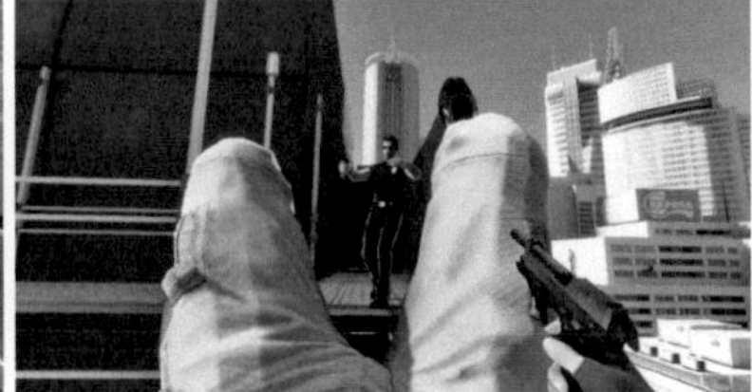

Abb. V-17 & V-18: Mirror's Edge (2008)

Hand/Werkzeug wird in vielen zeitgenössischen Computerspielen durch Darstellungen der Arme und Beine und z.T. auch des Rumpfes ergänzt – etwa in, um hier nur einige wenige Titel zu nennen, ALONE IN THE DARK: INFERNO, CRYSIS, CONDEMMEND 2, METRO 2033, FARCRY 2, BULLETSTORM oder der auch im einleitend vorgestellten CALL OF DUTY: BLACK OPS; hier wandert der Blick des Avatars bspw. beim Abseilen von einer Felsklippe entlang seines Körpers nach unten, um dem Verlauf des Seils folgen zu können (Abb. V-13/V-14).

Diese Argumentation soll nun nicht in der These münden, dass der Körper des First-Person-Avatars unentwegt ›ins Bild drängt‹. Es geht lediglich darum aufzuzeigen, dass eine erweiterte Körperdarstellung in den First-Person-Variationen des zeitgenössischen Computerspiels eher die Regel als eine Ausnahmeerscheinung bildet.[16] Typisch ist dabei vor allem eine kontextsensitive Einbindung: So ist bspw. in dem durch Parkour-Rennen inspirierten First-Person-Action-Adventure MIRROR'S EDGE der Körper der Avatarfigur Faith – zieht man alle Darstellungsvarianten zusammen – vom Bauch bis zu den Füßen sowie von den Schultern bis zu den Händen sichtbar. Je nach Bewegungsmanöver – ob Springen, Kriechen, Rutschen, Balancieren oder Klettern – wird dabei auf verschiedene Visualisierungen zurückgegriffen. Bei Sprüngen und beim Balancieren sind Füße und Hände der Avatarfigur sichtbar (Abb. V-15/V-16), rutscht Faith über den Boden, kommen ihre Beine ins Bild (Abb. V-17). Bei Kämpfen werden verschiedene Körper-Visualisierungen kombiniert (Abb. V-18).

Abschließend sind an dieser Stelle auch noch die Möglichkeiten eines freien oder kontextsensitiven Wechsels zwischen einer First- und einer Third-Person-Darstellung zu ergänzen, wie sie etwa in THE ELDER SCROLLS IV: OBLIVION, FALLOUT 3, METROID PRIME 3, SPIDER-MAN: SHATTERED DIMENSIONS oder im bereits vorgestellten RAINBOW SIX: VEGAS (Kap. II, Abb. II-33/II-34/II-35/II-36; vgl. auch Beil 2010: 98-103) zu finden sind.

Ad 2 – Gesichtsfeld. Zwar findet sich in zeitgenössischen Spielen – insbesondere im Fall des Shooter-typischen Zielfernrohr-Blicks – nicht selten auch eine selektive Schärfenführung, doch zeichnen sich die explorativen Modi der First-Person-Perspektive in nahezu allen Varianten durch eine durchgehende Tiefenschärfe aus. So sind bspw. in FARCRY 2 (vgl. Kap. III) sowohl Objekte im unmittelbaren Bildvordergrund wie auch die Tiefe der Savannenlandschaft scharf gezeichnet (Abb. V-19). Doch natürlich fehlt hier das für Machs Selbstportrait so entscheidende Element der Rahmung durch Augenbraue, Nasenwand und (ggf.) Schnurrbart.

---

16 Ein Grund dürfte hierbei auch eine zunehmende Genre-Hybridisierung (vgl. Klevjer 2009; Arsenault 2009; Beil 2012) sein. Während es in frühen Klassikern des First-Person-Shooter-Genres (bspw. in DOOM) schlicht technisch nicht möglich und spielfunktional nicht nötig war, nach oben oder unten und somit am Körper des Avatars hinab zu sehen, hat sich eine freiere Blicksteuerung durch die Hybridisierung verschiedener Gameplay-Elemente, die von der Visualisierung weiterer Körperabschnitte profitieren, mittlerweile etabliert.

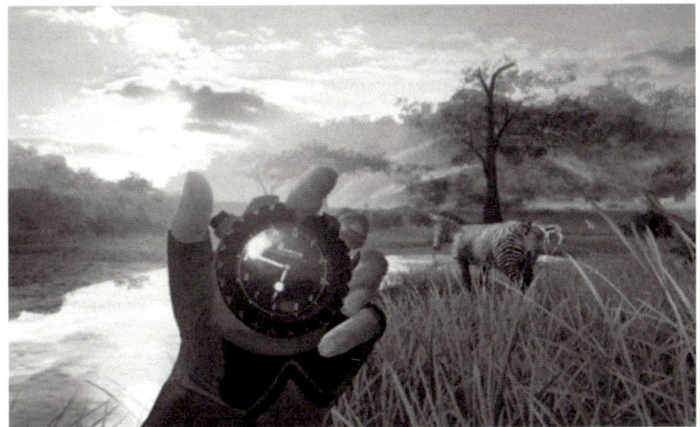

Abb. V-19: Farcry 2 (2008)

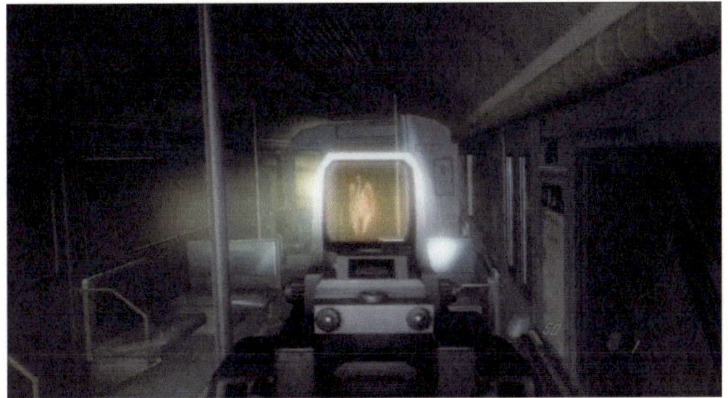

Abb. V-20: F.E.A.R. 2 (2009)

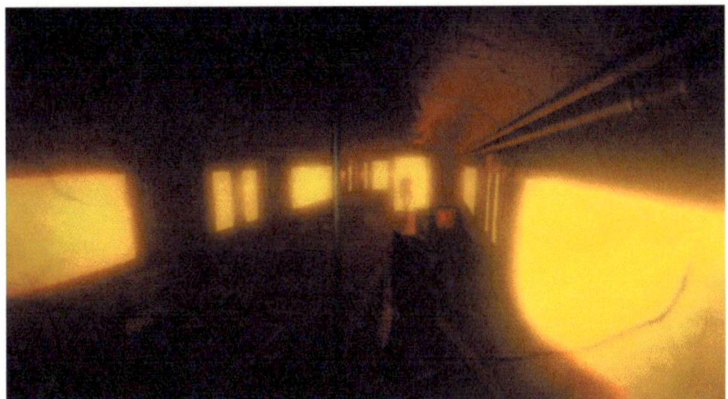

Abb. V-21: F.E.A.R. 2 (2009)

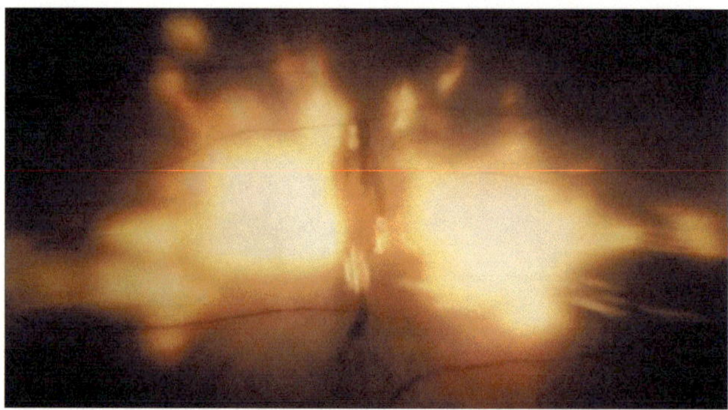

Abb. V-22: F.E.A.R. 2 (2009)

Sucht man in zeitgenössischen Avatarbildern allerdings nicht nach der Darstellung einer Augenhöhle, sondern geht gewissermaßen noch ›einen Schritt weiter zurück‹ Richtung Körper, wird man schnell fündig: So zeigt etwa der First-Person-Shooter F.E.A.R. 2: PROJECT ORIGIN in Spielsituationen, in denen der Avatar von Geistererscheinungen heimgesucht wird (Abb. V-20), einige feine rote Linien, die über die Raumdarstellung gelegt sind (Abb. V-21/V-22) – es sind Äderchen in der Hornhaut des Auges, so zumindest eine naheliegende Interpretation.

Damit verfehlt F.E.A.R. 2 zwar gerade die pointierte Komposition von Machs Selbstanschauung, indem es den für das Auge sichtbaren Bereich ›hinterschreitet‹ – doch erweist sich eine solch exzessive Übersteigerung, eine »Lust an primitivster Buchstäblichkeit im Metaphorisieren« (Knörer 2001: o.S.) im Hinblick auf die *Homunculus*-Metapher als durchaus reizvoll. So manifestiert sich die Hornhaut des Auges in F.E.A.R. 2 geradezu als ›letzte Barriere‹, als letzte Instanz der narrativ-bildlichen Überformung, die die grauenhaften Geisterwesen der Spielwelt zurückhält.

Es mag einzuwenden sein, dass eine solche Verknüpfung mit Machs *Selbstanschauung Ich* genauso übersteigert ausfällt wie die Bildästhetik von F.E.A.R. 2. Doch thematisieren die wenig subtilen Stilisierungen des Spiels letztlich – und darin Mach eben durchaus nicht unähnlich – eine Art *Grenze zwischen Innen und Außen*. Nur ist es hier der fließende Übergang von Körperdarstellung und Perception-Effekt (vgl. wiederum Kap. III), der eine seltsame (aber effektvolle) Variante einer viszeralen Inszenierung hervorbringt. Die Grenzen des Gesichtsfeldes werden hier nicht mehr direkt dargestellt, es geht vielmehr um darüber hinaus führende wie dahinter zurück bleibende – gleichermaßen spektakuläre wie spielfunktionale – Strategien einer *stilisierten Präsenz* des Avatar(blick)s.

Ad 3 – unmögliche Perspektiven. Zwar lassen viele Hand-/Werkzeug-/Waffendarstellungen der First-Person-Perspektive aufgrund ihrer Positionierung im Blickfeld auf eine unrealistische oder zumindest äußerst unbequeme Körperhaltung schließen, doch ergibt sich selten eine perspektivisch tatsächlich unmögliche Körperdarstellung, d.h. das metapicturale Potenzial von Machs paradoxer Zeichenhand wird nicht erreicht. Ohnehin erscheint fraglich, wie das Äquivalent zu Machs Zeichenstift aussehen könnte.[17] Doch geht es hier nicht mehr um die schöpferische Macht des Zeichners, sondern vielmehr um die Interaktions-Macht des Spielers – und so ist die Frage nach dem entscheidenden Instrument zumindest für den Fall des First-Person-Shooters leicht zu beantworten: es geht um die Waffe. So ist es nicht mehr eine schöpferische, sondern eine destruktive Macht, die die Bildkomposition völlig auf sich bezieht – Matteo Bittanti spricht zurecht von einem *Gun Porn* (2008). Exemplarisch soll hier (wie schon in Kap. III) ein Blick in die Waffengalerie von KILLZONE 3 erfolgen: Entweder ist die Waffe schlicht aufgrund ihrer Größe bildbeherrschend (Abb. V-23/V-24/V-25) oder aber sie zieht die Bildansicht in einer Zielfernrohr-Perspektive zusammen (Abb. V-26/V-27), wobei das Scharfschützengewehr diesen Effekt noch steigern kann (Abb. V-28/V-29).

Die Pointe soll hier freilich nicht lauten, dass die Waffe den Avatarkörper damit tilgt, doch vermag sie – für den Moment der destruktiven Interaktion – das Bild fast vollständig zu beherrschen. Die Spielwelt existiert kurzzeitig nur noch als Tunnelblick.

Eine – im Grunde konsequente – Steigerung der »through-the-gunsights perspective« (Jenkins/Squire 2002: o.S.) findet sich im First-Person-Shooter BULLETSTORM. Bei der Nutzung des Scharfschützengewehrs (Abb. V-30) löst sich die Darstellung vom Blickpunkt des First-Person-Avatars

---

17 Natürlich haben die Zeichen- bzw. Malwerkzeuge längst den Weg in die Welten des Computerspiels gefunden. So dient ein Malpinsel etwa in ŌKAMI und in EPIC MICKEY als ›Waffe‹ zur destruktiven wie restaurativen Interaktion mit der Spielwelt – doch wären solche Arten intermedialer Transfers gesondert zu untersuchen.

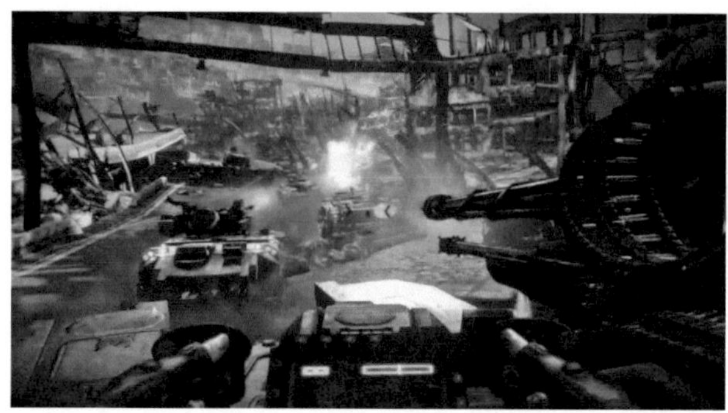

Abb. V-23: Killzone 3 (2011)

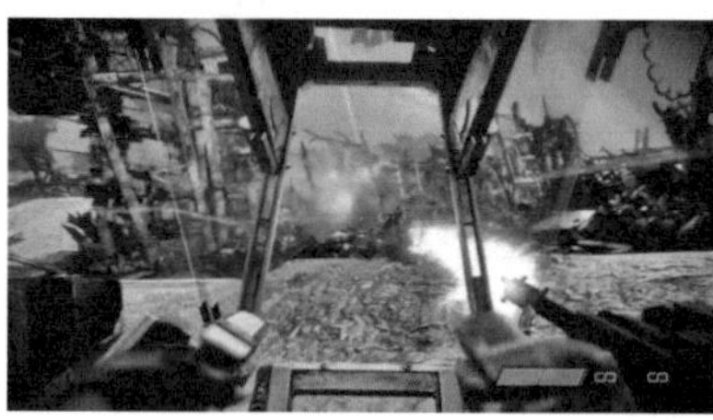

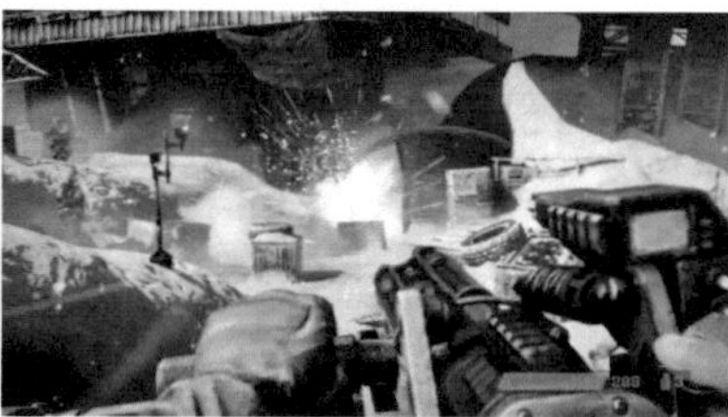

Abb. V-24 & V-25: Killzone 3 (2011)

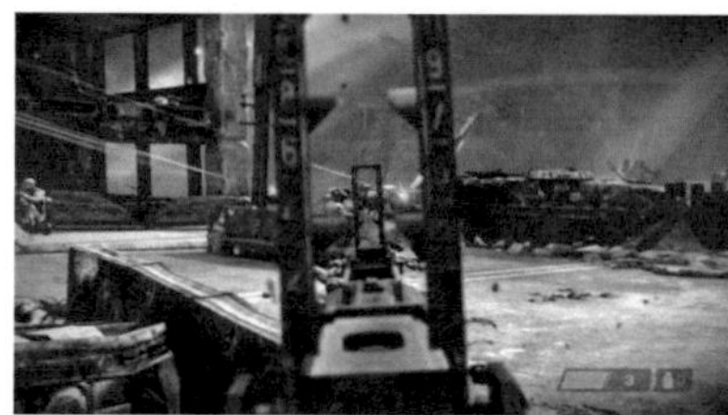

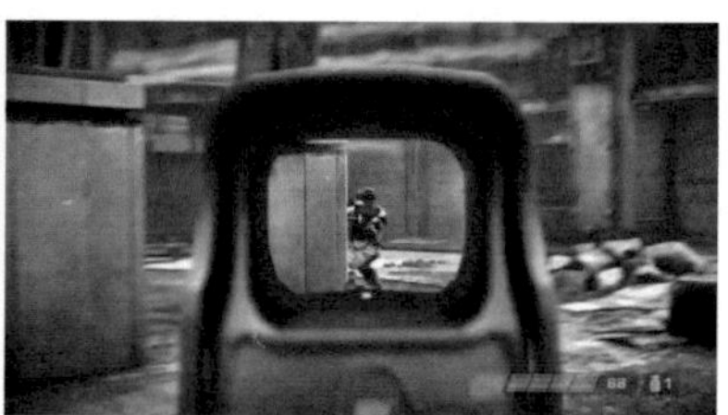

Abb. V-26 & V-27: Killzone 3 (2011)

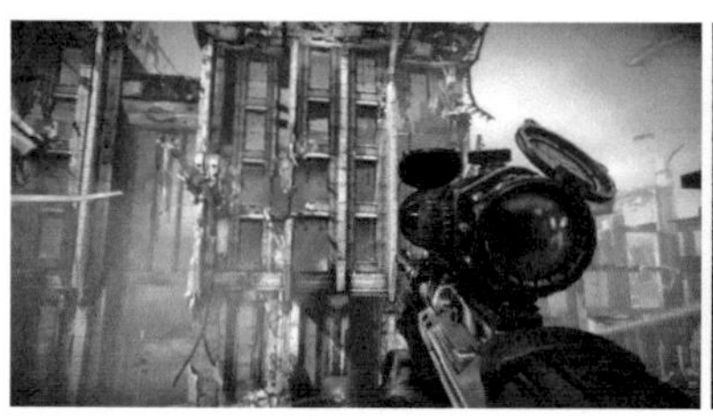

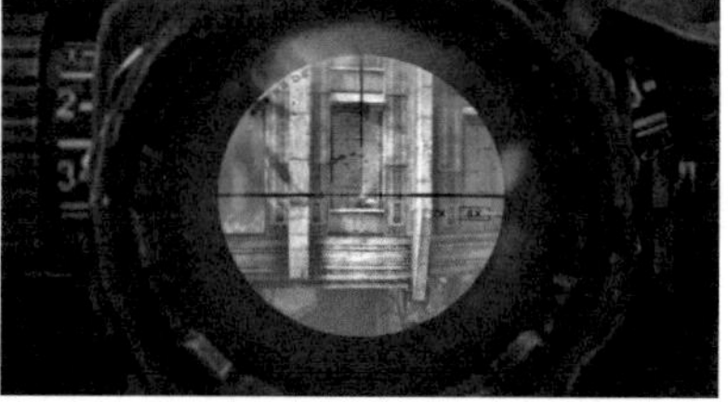

Abb. V-28 & V-29: Killzone 3 (2011)

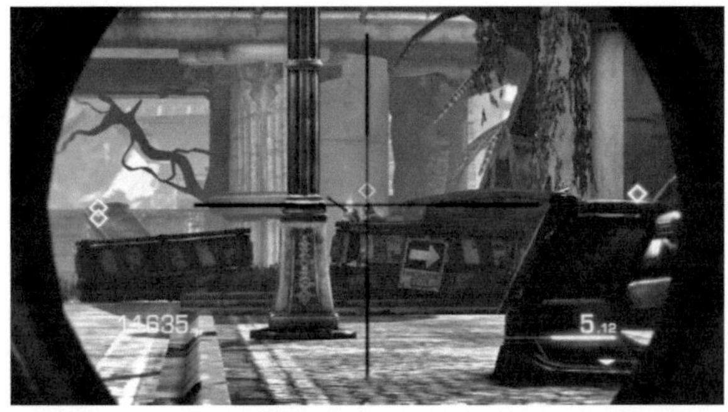

Abb. V-30: Bulletstorm (2011)

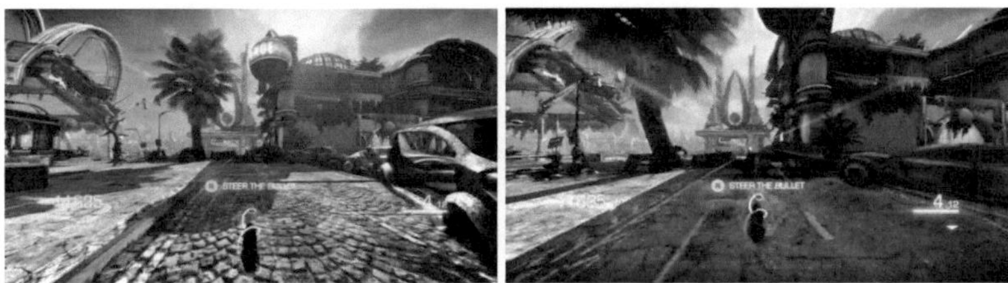

Abb. V-31 & V-32: Bulletstorm (2011)

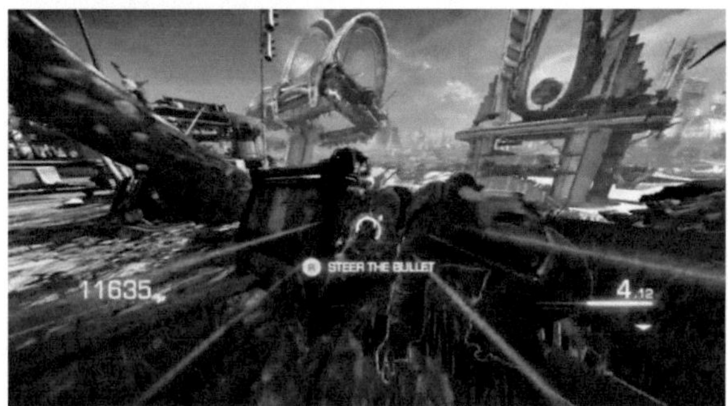

Abb. V-33: Bulletstorm (2011)

und folgt (im Zeitlupen-Modus) der abgefeuerten (nun lenkbaren) Gewehrkugel (Abb. V-31/V-32/V-33). Hier wird der destruktive Tunnelblick nun tatsächlich übermächtig. Er vermag die First-Person-Perspektive abzuspalten und in den Tiefensog zu reißen. Erst mit dem Einschlag der Kugel kehrt die Sicht wieder in den Blickpunkt des First-Person-Avatars zurück – das Spektakel ist vorüber, die Suche nach dem nächsten Ziel beginnt.

WRONG ENOUGH

In seiner Analyse des gleichsam berühmten wie misslungenen First-Person-Kamera-Experiments LADY IN THE LAKE kommt Alexander Galloway zu dem Ergebnis, dass der Film vor allem deshalb scheitert, weil er zu ›natürlich‹ wirken will: »It tried to merge the camera body with a real, human body, a dubious proposition for cinema.« (Galloway 2006b: 56)[18] Und so lautet Galloways pointierte Schlussfolgerung schließlich: »LADY IN THE LAKE fails not because it doesn't get it right but because it doesn't get it wrong enough.« (Ebd.) Und genau jenes »wrong enough« lässt sich in vielen Fällen als eine maßgebliche Kategorie für die Ästhetik des zeitgenössischen Computerspielbildes benennen – nicht nur aber im besonderen Maße für den Fall des First-Person-Avatars.

Dazu noch einmal zurück zu MYST: Die Interaktionsmöglichkeiten visualisieren sich hier lediglich durch einen Cursor (Abb. V-34/V-35), über den das Bild an bestimmten Stellen – in der Unterfläche durch die Oberfläche – manipuliert werden kann. Zwar ist dieser Cursor durch seine Formgebung – eine kleine Hand mit ausgestrecktem Zeigefinger – ansatzweise anthropomorphisiert, doch wurde bereits gezeigt, dass die Cursor-Interaktion letztlich Avatar-untypisch ist, da sie in der Fläche des Bildes stattfindet.[19] Auf diese Weise wirkt die First-Person-Perspektive in MYST – obgleich die narrative Einbettung dem Spieler eindeutig die Rolle eines (namenlosen) Fremden zuspricht – seltsam distanziert und depersonalisiert. Die Interaktion mit der Spielwelt erfolgt gleichsam – oder wenn man so will auch buchstäblich – wie von Geisterhand (vgl. hierzu auch Kap. III).

Ob bei MYST nun technische Beschränkungen oder ästhetische Entscheidungen für eine solche Tilgung der Avatardarstellung in der First-Person-Perspektive ausschlaggebend waren, lässt sich nur spekulieren. Entscheidend ist jedoch vielmehr, dass zeitgenössische First-Person-Spiele

---

18 Eine These, die geradezu das Zentrum der filmwissenschaftlichen Debatte zur subjektiven Kamera markiert und die Galloways Text natürlich mit vielen anderen Interpretationen dieses Films teilt (vgl. bspw. Moreno 1953; Mitry 1998 [1963-1965]).

19 So ist der Hand-Cursor eher ein typisches Element von God Games und findet sich etwa im Klassiker POPULUS oder auch in der BLACK & WHITE-Reihe.

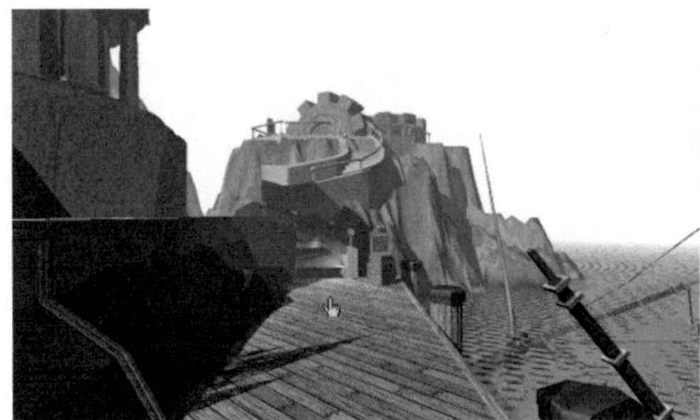
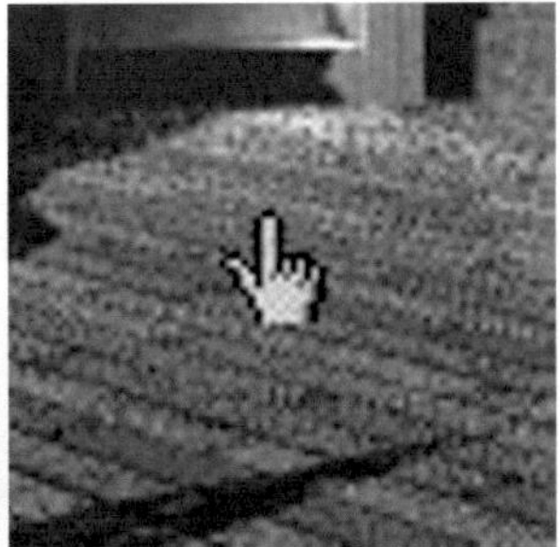

Abb. V-34 & V-35: Myst (1993)

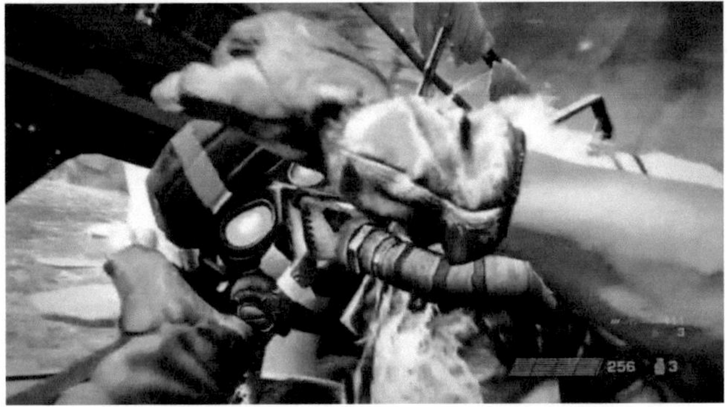

Abb. V-36: Killzone 3 (2011)

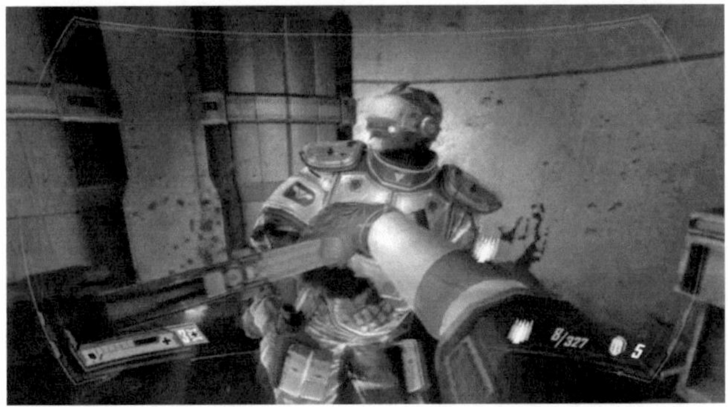

Abb. V-37: F.E.A.R. 2 (2009)

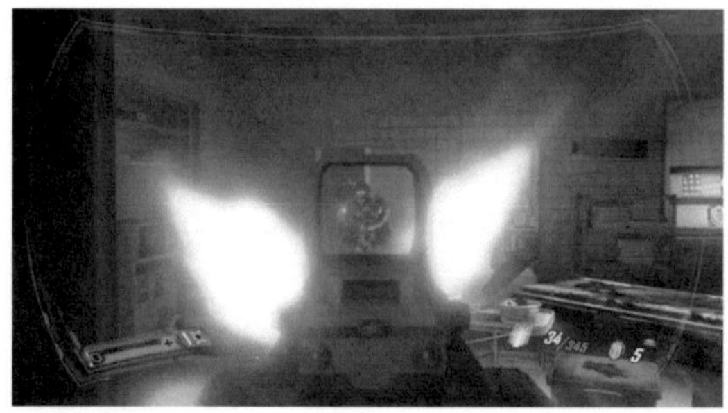

Abb. V-38: F.E.A.R. 2 (2009)

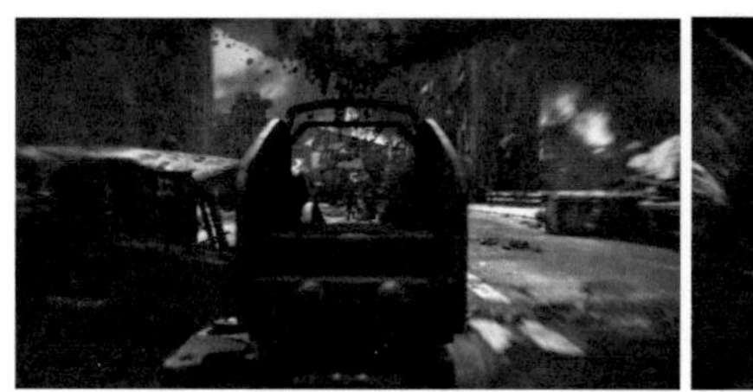

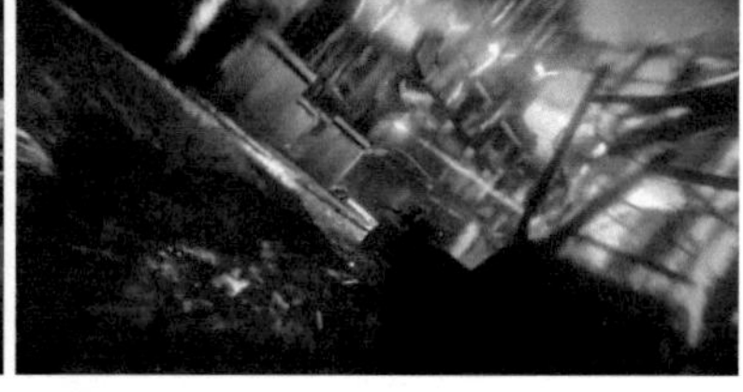

Abb. V-39 & V-40: Killzone 3 (2011)

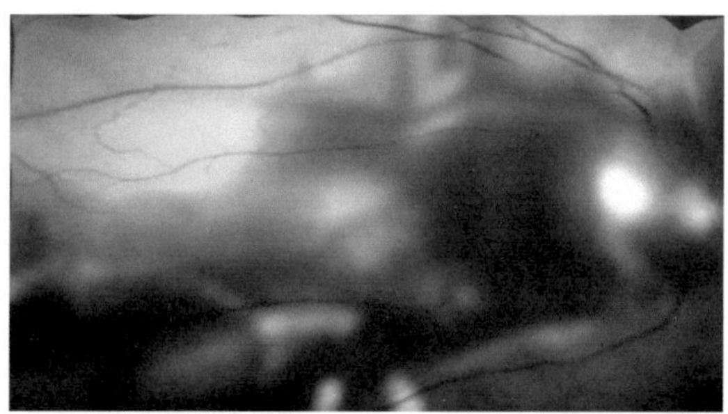

Abb. V-41: F.E.A.R. 2 (2009)

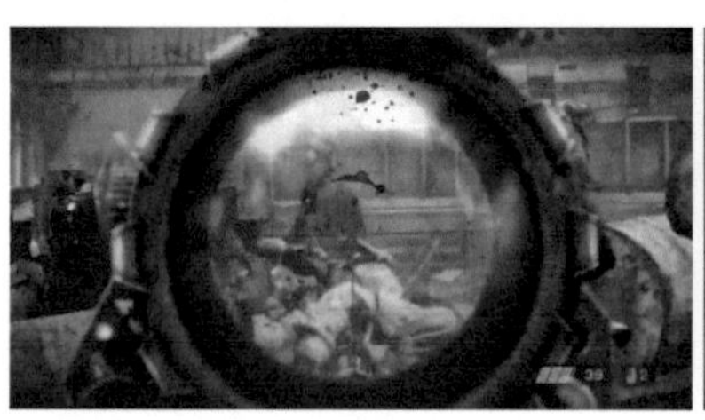

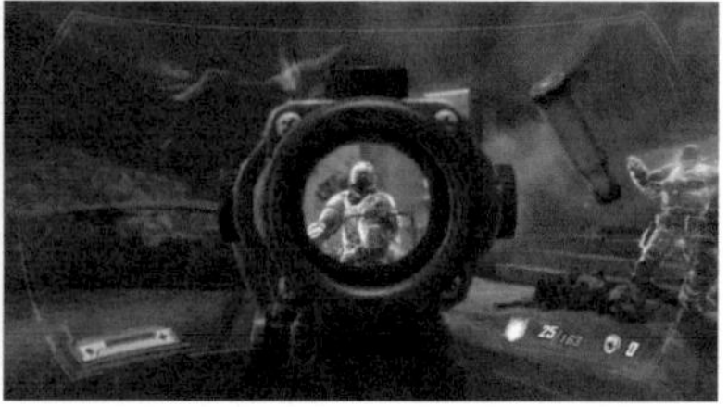

Abb. V-42 & V-43: Killzone 3 (2011) & F.E.A.R. 2 (2009)

i.d.R. ganz andere Bildästhetiken hervorbringen: So zeigt etwa ein Blick auf F.E.A.R. 2 und KILLZONE 3 – um hier mit einer kleinen Galerie zu schließen – einen (für tödliche Nahkampf-Attacken) ins Bild drängenden Avatarkörper (Abb. V-36/V-37), übersteigerte Perception-Effekte (Abb. V-38/V-39/V-40/V-41) oder den bildbeherrschenden Tunnelblick der Waffe (Abb. V-42/V-43).

Diese Stilisierungen sind, genau wie in den meisten anderen Beispielen, natürlich immer auch Spektakel (und Interface-Element) – doch dass das Computerspiel im Zweifelsfall den Exzess vorzieht, muss hier nicht erneut betont werden. Jedoch – und dies ist entscheidend – sind sich die First-Person-Stilisierungen ihres komplexen wie problematischen bildlichen Grundgerüsts in vielen Fällen bewusst. Ihre exzessive Inszenierung der Décapité-Figur ist geprägt durch die Akzentuierung ihrer Artifizialität, oft kombiniert mit der – buchstäblichen – Flucht nach vorn in die Tiefe des Bildes im Rausch des First-Person-Tiefensogs. Das Avatarbild zelebriert hier seinen Extremfall – seine Grenze, aber gleichzeitig auch eine seiner berühmtesten wie erfolgreichsten Formen.

Literatur

Aarseth, Espen J. (1997): Cybertext. Perspectives on Ergodic Literature, Baltimore: John Hopkins Univ. Press.

Aarseth, Espen J. (2004): »Genre Trouble. Narrativism and the Art of Simulation«, in: Noah Wardrip-Fruin/Pat Harrigan (Hg.), First Person. New Media as Story, Performance, and Game, Cambridge, MA: MIT Press, S. 45-55.

Adams, Ernest (2008): »What's Next for God Games?«, http://www.designersnotebook.com/Lectures/God_Games/god_games.htm

Adamowsky, Natascha (2000): Spielfiguren in virtuellen Welten, Frankfurt a.M.: Campus.

Andrews, Marcus (2010): »Game UI Discoveries: What Players Want«, http://www.gamasutra.com/view/feature/4286/game_ui_discoveries_what_players_.php

Arsenault, Dominic (2009): »Video Game Genre. Evolution and Innovation«, in: Eludamos. Journal for Computer Game Culture, Vol. 3, No. 2, S. 149-176.

Atkins, Barry (2003): More Than a Game. The Computer Game as Fictional Form, Manchester: Manchester University Press.

Aumont, Jacques (1992): »Projektor und Pinsel. Zum Verhältnis von Malerei und Film«, in: montage/av 1/1/1992, S. 77-89.

Bartels, Klaus (2007): »Vom Elephant Land bis Second Life. Eine Archäologie des Computerspiels als Raumprothese«, in: Ders./Jan-Noël Thon (Hg.), Computer/Spiel/Räume. Materialien zur Einführung in die Computer Game Studies (= Hamburger Hefte zur Medienkultur 5), S. 61-81.

Bausch, Constanze/Jörissen, Benjamin (2005): »Das Spiel mit dem Bild. Zur Ikonologie von Action-Computerspielen«, in: Christoph Wulf/Jörg Zirfas (Hg.), Ikonologie des Performativen, München: Fink, S. 345-364.

Beil, Benjamin (2009a): »Spiel mit der Perspektive. Von gedrehten, gequetschten und unmöglichen Räumen im Computerspiel«, in: Gundolf Winter/Jens Schröter/Joanna Barck (Hg.), Das Raumbild: Bilder jenseits ihrer Flächen, München: Fink, S. 239-257.

Beil, Benjamin (2009b): »Vom Castle Smurfenstein zum LittleBigPlanet. Modding, Leveleditoren und Prosumenten-Kulturen«, in: Sebastian Abresch/Ders./Anja Griesbach (Hg.), Prosumenten-Kulturen, Siegen: Universi, S. 191-214.

Beil, Benjamin (2010): First Person Perspectives. Point of View und figurenzentrierte Erzählformen im Film und im Computerspiel, Münster: Lit.

Beil, Benjamin (2011): »8-Bit-High-Definition. Zu verpixelten Bildern in hochaufgelösten Filmen und Computerspielen«, in: Jens Schröter/Marcus Stiglegger (Hg.), High Definition Cinema, Siegen: Universi, S. 83-105.

Beil, Benjamin (2012): »Genre-Konzepte des Computerspiels«, in: GamesCoop (Hg.), Theorien des Computerspiels. Zur Einführung, Hamburg: Junius (im Erscheinen).

Beil, Benjamin/Schröter, Jens (2011): »Die Parallelperspektive im Digitalen Bild«, in: ZfM. Zeitschrift für Medienwissenschaft 4, S. 127-137.

Bittanti, Matteo (2008): »From GunPlay to GunPorn: A Technovisual History of the First-person Shooter«, http://humanitieslab.stanford.edu/44/249

Bizzocchi, Jim/Woodbury, Robert F. (2003): »A Case Study in the Design of Interactive Narrative. The Subversion of the Interface«, in: Simulation & Gaming 34/4, S. 550-568.

Bloch, Ernst (1962): »Selbstportrait ohne Spiegel«, in: Ders., Verfremdungen I, Frankfurt a.M.: Suhrkamp, S. 13-17.

Boehm, Gottfried (1995): »Zeitigung. Annäherung an Gary Hill«, in: Hans Belting/Theodora Vischer (Hg.), Gary Hill. Arbeit am Video, Ostfildern: Cantz, S. 26-42.

Böhme, Hartmut (2006): »Rückenfiguren bei Caspar David Friedrich«, in: Gisela Greve (Hg.), Caspar David Friedrich. Deutungen im Dialog, Tübingen: Ed. diskord, S. 49-95.

Bordwell, David/Thompson, Kristin/Staiger, Janet (1985): The Classical Hollywood Cinema. Film Style and Mode of Production to 1960, New York: Columbia Univ. Press.

Branigan, Edward (1984): Point of View in the Cinema. A Theory of Narration and Subjectivity in Classical Film, Berlin: Mouton.

Brassat, Wolfgang/Kohle, Hubertus (2003): »Der rezeptionsästhetische Ansatz – Wolfgang Kemp«, in: Dies. (Hg.), Methoden-Reader Kunstgeschichte, Köln: Deubner, S. 107-109.

Bredekamp, Horst (2005): »Denkende Hände. Überlegungen zur Bildkunst der Naturwissenschaften«, in: Von der Wahrnehmung zur Erkenntnis – From Perception to Understanding, hg. v. Monica Lessl, Berlin: Springer, S. 109-132.

Bricken, Meredith (1991): »Virtual Worlds. No Interface to Design«, in: Michael Benedikt (Hg.), Cyberspace. First Steps, Cambridge, MA: MIT Press, S. 363-382.

Brincken, Jörg von (2009): »Blickpunkte, Spielpunkte, Standpunkt. Körpersubjekt, Visualität und Transgression in virtuellen Spiel-Welten«, in: Jürgen Schläder/Franziska Weber (Hg.), Gegenwelten. Zwischen Differenz und Reflexion, Leipzig: Henschel, S. 60-83.

Brinckmann, Christine N. (1997a): Die anthropomorphe Kamera und andere Schriften zur filmischen Narration, hg. v. Mariann Lewinsky und Alexandra Schneider, Zürich: Chronos.

Brinckmann, Christine N. (1997b): »Ichfilm und Ichroman«, in: Die anthropomorphe Kamera und andere Schriften zur filmischen Narration, hg. v. Mariann Lewinsky und Alexandra Schneider, Zürich: Chronos, S. 82-112.

Brock, Bazon (2001): »Uchronische Moderne – Zeitform der Dauer«, in: Peter Gendolla et al. (Hg.), Formen interaktiver Medienkunst: Geschichte, Tendenzen, Utopien, Frankfurt a.M.: Suhrkamp, S. 205-217.

Bruhn, Matthias (2009): Das Bild. Theorie – Geschichte – Praxis, Berlin: Akademie Verlag.

Buerkle, Robert (2010): »Tetramino, Falling«, in: The Escapist, http://www.escapistmagazine.com/articles/view/issues/issue_273/8158-Tetramino-Falling

Busch, Werner (2003): Caspar David Friedrich. Ästhetik und Religion, München: Beck.

Cermak-Sassenrath, Daniel (2010): Interaktivität als Spiel. Neue Perspektiven auf den Alltag mit dem Computer, Bielefeld: transcript.

Chapeaurouge, Donat de (1970): »Zur neuzeitlichen Darstellung des Betrachters im Bilde«, in: Niederdeutsche Beiträge zur Kunstgeschichte 11, S. 243-259.

Clausberg, Karl (1999): Neuronale Kunstgeschichte. Selbstdarstellung als Gestaltungsprinzip, Wien/New York: Springer.

Concelmo, Chad (2008): »The Memory Card 44: Solid vs. Liquid«, http://www.destructoid.com/the-memory-card-44-solid-vs-liquid-111137.phtml

Curtis, Robin (2005): »Embedded Images: Der Kriegsfilm als Viszerale Erfahrung«, in: Nach dem Film 7, http://www.nachdemfilm.de/content/embedded-images

Dauss, Markus (2008): »Alterität als Entfremdung in der Malerei von Friedrich bis Richter«, in: Alexandra Böhm/Monika Sproll (Hg.), Fremde Figuren. Alterisierung in Kunst, Wissenschaft und Anthropologie um 1800, Würzburg: Köningshausen & Neumann, S. 317-350.

Deuber-Mankowsky, Astrid (2001): Lara Croft – Modell, Medium, Cyberheldin, Frankfurt a.M.: Suhrkamp.

Dinkla, Söke (2001): »Das flottierende Werk. Zum Entstehen einer neuen künstlerischen Organisationsform«, in: Peter Gendolla et al. (Hg.), Formen interaktiver Medienkunst: Geschichte, Tendenzen, Utopien, Frankfurt a.M.: Suhrkamp, S. 64-91.

Dovey, Jon/Kennedy, Helen (2006): Game Cultures. Computer Games as New Media, Maidenhead: Open Univ. Press.

Edgerton, Samuel Y. (2002 [1975]): Die Entdeckung der Perspektive, München: Fink.

Edgerton, Samuel Y. (2004 [1991]): Giotto und die Erfindung der dritten Dimension. Malerei und Geometrie am Vorabend der wissenschaftlichen Revolution, München: Fink.

Eichner, Susanne (2005): »Videospielanalyse«, in: Lothar Mikos/Claudia Wegener (Hg.), Qualitative Medienforschung. Ein Handbuch, Konstanz: UVK, S. 474-483.

Eskelinen, Markku (2001): »The Gaming Situation«, in: Games Studies 01/01, http://www.gamestudies.org/0101/eskelinen/

Fagerholt, Erik/Lorentzon, Magnus (2009): »Beyond the HUD. User Interfaces for Increased Player Immersion in FPS Games«, Master Thesis, Chalmers University of Technology, http://publications.lib.chalmers.se/records/fulltext/111921.pdf

Felsmann, Klaus-Dieter (Hg.) (2011): Mein Avatar und ich. Die Interaktion von Realität und Virtualität in der Mediengesellschaft, München: kopaed.

Felzmann, Sebastian (2010): »Playing Yesterday: Mediennostalgie und Videospiele«, in: Andreas Böhn/Kurt Möser (Hg.), Techniknostalgie und Retrotechnologie, Karlsruhe: KIT Scientific Publishing, S. 197-215.

Fenty, Sean (2008): »Why Old School is ›Cool‹. A Brief Analysis of Classic Video Game Nostalgia«, in: Laurie N. Taylor/Zach Whalen (Hg.), Playing the Past. History an Nostalgia in Video Games, Nashville: Vanderbilt Univ. Press, S. 19-31.

Fernández-Vara, Clara/Zagal, José Pablo/Mateas, Michael (2005): »Evolution of Spatial Configurations in Videogames«, in: Proceedings of DiGRA 2005 Conference: Changing Views – Worlds in Play, http://mit.academia.edu/ClaraFernandezVara/Papers/169395/Evolution_of_spatial_configurations_ in_videogames

Flanagan, Mary (1999): »Mobile Identities, Digital Stars, and Post-Cinematic Selves«, in: Wide Angle 21/1, S. 77-93.

Fließ, Ingo (1994): »Schau genau. Anregungen zu einem zukünftigen Dialog zwischen Bildwissenschaft und Filmanalyse«, in: Joachim Paech (Hg.), Film, Fernsehen, Video und die Künste. Strategien der Intermedialität, Stuttgart: Metzler, S. 19-27.

Flückiger, Barbara (2001): Sound Design. Die virtuelle Klangwelt des Films, Marburg: Schüren.

Flynn, Bernadette (2005): »Imaging Gameplay. The Design and Construction of Spatial Worlds«, http://www.dab.uts.edu.au/research/conferences/imaginary-worlds/imaging_gameplay.pdf

Frasca, Gonzalo (2003): »Ludologists Love Stories, Too: Notes from a Debate that Never Took Place«, in: Proceedings of the Level Up 2003 Conference, http://ludology.org/articles/Frasca_LevelUp2003.pdf

Fried, Michael (1980): Absorption and Theatricality. Painting and Beholder in the Age of Diderot, Berkeley: University of California Press.

Friedman, Ted (1995): »Making Sense of Software. Computer Games and Interactive Textuality«, http://www.duke.edu/~tlove/simcity.htm

Fritz, Jürgen (2008): Computerspiele(r) verstehen. Zugänge zu virtuellen Spielwelten für Eltern und Pädagogen, Bonn: Bundeszentrale für Politische Bildung.

Furtwängler, Frank (2005): »Menschliche Praxis. Wie das Ergodenproblem die Re-Animation anthropologischer Perspektiven in den game studies herausfordert«, http://www.brown.edu/Research/dichtung-digital/2005/1/Furtwaengler/index.htm

Furtwängler, Frank (2007): »Kulturtechnik des Sterbens. You are Dead – Continue Yes/No?«, in: Thomas Macho/Kristin Marek (Hg.), Die neue Sichtbarkeit des Todes, München: Fink, S. 559-576.

Furtwängler, Frank (2008): »Die durchlässige Grenze ziehen. Intermedialität und Game Studies«, in: Joachim Paech/Jens Schröter (Hg.), Intermedialität – analog/digital. Theorien – Methoden – Analysen, München: Fink, S. 547-556.

Galloway, Alexander R. (2006a): »Gamic Action, Four Moments«, in: Ders., Gaming. Essays on Algorithmic Culture, Minneapolis: Univ. of Minnesota Press, S. 1-38.

Galloway, Alexander R. (2006b): »Origins of the First-Person Shooter«, in: Ders., Gaming. Essays on Algorithmic Culture, Minneapolis: Univ. of Minnesota Press, S. 39-69.

Gendolla, Peter et al. (Hg.) (2001): Formen interaktiver Medienkunst: Geschichte, Tendenzen, Utopien, Frankfurt a.M.: Suhrkamp.

Gerkens, Gerhard (1984): Staffage – oder: die heimlichen Helden der Bilder, Bremen: Kunsthalle Bremen.

Gogolin, Heiko (2008): »Wenn weniger mehr ist«, in: Mathias Mertens/Tobias O. Meißner (Hg.), Ladezeit. Andere Geschichten vom Computerspielen, Göttingen: Blumenkamp, S. 34-41.

Grau, Oliver (2001): Virtuelle Kunst in Geschichte und Gegenwart, Berlin: Reimer.

Griem, Julika/Voigts-Virchow, Eckart (2002): »Filmnarratologie. Grundlagen, Tendenzen und Beispielanalysen«, in: Ansgar Nünning/Vera Nünning (Hg.), Erzähltheorie transgenerisch, intermedial, interdisziplinär, Trier: VWT, S. 155-184.

Griesbach, Anja (2009): »Nutzerkunst. Eine Reflextion zur Ausstellung YOU_ser: Das Jahrhundert des Konsumenten im ZKM/Karlsruhe«, in: Sebastian Abresch/Benjamin Beil/Dies. (Hg.): Prosumenten-Kulturen, Siegen: Universi, S. 21-44.

Groh, Rainer (2005): Das Interaktions-Bild. Theorie und Methodik der Interfacegestaltung, Dresden: TUDpress.

Günzel, Stephan (2006): »Bildtheoretische Analyse von Computerspielen in der Perspektive Erste Person«, in: IMAGE. Zeitschrift für interdisziplinäre Bildwissenschaft 4, S. 31-43.

Günzel, Stephan (2008a): »Die Realität des Simulationsbildes. Raum im Computerspiel«, in: Jörg H. Gleiter (Hg.), Die Realität der Imagination – Architektur und das digitale Bild (= 10. internationales Bauhaus-Kolloquium), Weimar: Verlag der Bauhaus-Univ., S. 127-136.

Günzel, Stephan (2008b): »Böse Bilder? Sehenhandeln im Computerspiel«, in: Werner Faulstich (Hg.), Das Böse heute. Formen und Funktionen, München: Fink, S. 295-305.

Günzel, Stephan (2008c): »Raum, Karte und Weg im Computerspiel«, in: Jan Distelmeyer/Christine Hanke/Dieter Mersch (Hg.), Game Over?! Perspektiven des Computerspiels, Bielefeld: transcript, S. 115-131.

Günzel, Stephan (2009): »Simulation und Perspektive. Der bildtheoretische Ansatz in der Computerspielforschung«, in: Matthias Bopp/Rolf F. Nohr/Serjoscha Wiemer (Hg.), Shooter. Eine multidisziplinäre Einführung, Münster: Lit, S. 331-352.

Günzel, Stephan (2010): »Die Geste des Manipulierens. Zum Gebrauch statischer und beweglicher Digitalbilder«, in: Stefanie Diekmann/Winfried Gerling (Hg.), Freeze Frames. Zum Verhältnis von Fotografie und Film, S. 115-129.

Günzel, Stephan (2012): »Die Ästhetik der Grenze im Computerspiel«, in: Regine Prange/Henning Engelke/Ralph Michael Fischer (Hg.), Film als Raumkunst. Historische Perspektiven und aktuelle Methoden, Marburg: Schüren, S. 329-348.

Haraway, Donna (1991 [1985]): »A Cyborg Manifesto: Science, Technology, and Socialist-Feminism in the Late Twentieth Century«, in: Dies.: Simians, Cyborgs and Women: The Reinvention of Nature, London/New York: Routledge, S. 149-181.

Hart Nibbrig, Christiaan L. (1987): Spiegelschrift. Spekulationen über Malerei und Literatur, Frankfurt a.M.: Suhrkamp.

Hensel, Thomas (2009): »Aperspektive und Anamorphose. Zu Raumbildern der Vormoderne«, in: Gundolf Winter/Jens Schröter/Joanna Barck (Hg.), Das Raumbild. Bilder jenseits ihrer Flächen, München: Fink, S. 159-176.

Hensel, Thomas (2011a): »Das Spielen des Bildes. Für einen Iconic Turn der Game Studies«, in: Medienwissenschaft. Rezensionen 3/2011, S. 282-293.

Hensel, Thomas (2011b): Nature morte im Fadenkreuz. Zur Bildlichkeit des Computerspiels (= Intermedia Design Books 02), Trier: Fachhochschule Trier.

Hensel, Thomas (2012): »Still Life in the Crosshairs or For an Iconic Turn in Game Studies«, in: Rania Gaafar/Martin Schulz (Hg), Technology and Desire. The Transgressive Art of Moving Images, Bristol: Intellect (im Erscheinen).

Hinterwaldner, Inge (2010): Das systemische Bild. Ikonizität im Rahmen computerbasierter Echtzeitsimulationen, München: Fink.

Huhtamo, Erkki (1995): »Encapsulated Bodies in Motion. Simulators and the Quest for Total Immersion«, in: Simon Penny (Hg.): Critical Issues in Electronic Media, Albany: State Univ. of New York Press, S. 159-186.

Iser, Wolfgang (1970): Die Appellstruktur der Texte. Unbestimmtheit als Wirkungsbedingung literarischer Prosa, Konstanz: Universitätsverlag.

Iser, Wolfgang (1976): Der Akt des Lesens. Theorie ästhetischer Wirkung, München: Fink.

Jenkins, Henry (2004): »Game Design as Narrative Architecture«, http://web.mit.edu/cms/People/henry3/games&narrative.html

Jenkins, Henry/Squire, Kurt (2002): »The Art of Contested Spaces«, in: Lucien King (Hg.): Game On. The History and Culture of Videogames, London: Laurence King, S. 64-75.

Jörissen, Benjamin (2008): »The Body is the Message. Avatare als visuelle Artikulation, soziale Aktanten und hybride Akteure«, in: Paragrana 17/1, S. 277-295.

Juul, Jesper (2005): Half-Real: Video Games between Real Rules and Fictional Worlds, Cambridge, MA: MIT Press.

Juul, Jesper (2010): A Casual Revolution. Reinventing Video Games and Their Players, Cambridge, MA: MIT Press.

Kelman, Nic (2005): Video Game Art, New York: Assouline.

Kemp, Wolfgang (1983): Der Anteil des Betrachters. Rezeptionsästhetische Studien zur Malerei des 19. Jahrhunderts, München: Mäander.

Kemp, Wolfgang (1988): »Kunstwerk und Betrachter. Der rezeptionsästhetische Ansatz«, in: Hans Belting et al. (Hg.), Kunstgeschichte. Eine Einführung, Berlin: Reimer, S. 240-257.

Kemp, Wolfgang (1992): Der Betrachter ist im Bild. Kunstwissenschaft und Rezeptionsästhetik, Berlin: Reimer.

King, Geoff/Krzywinska, Tanya (2002): ScreenPlay. Cinema. Videogames. Interfaces, London: Wallflower.

Kittler, Friedrich (2004): »Schrift und Zahl – Die Geschichte des errechneten Bildes«, in: Christa Maar/Hubert Burda (Hg.), Iconic Turn. Die neue Macht der Bilder, Köln: Dumont, S. 186-203.

Klevjer, Rune (2006): »What is the Avatar? Fiction and Embodiment in Avatar-Based Single-player Computer Games«, Dissertation, University of Bergen, http://www.uib.no/People/smkrk/docs/RuneKlevjer_What%20is%20the%20Avatar_finalprint.pdf

Klevjer, Rune (2009): »The Way of the Gun. Die Ästhetik des Singleplayer First-Person-Shooters«, in: Benjamin Beil et al. (Hg.), It's all in the Game. Computerspiele zwischen Spiel und Erzählung (= Navigationen. Zeitschrift für Medien- und Kulturwissenschaften, Jg. 9, H. 1), Marburg: Schüren, S. 53-72.

Knörer, Ekkehard (2001): »On/Off, Subjektiv/Objektiv. Zur Chandler-Verfilmung Murder, my Sweet«, http://www.jump-cut.de/backlist-murdermysweet.html

Koch, Magarete (1965): Die Rückenfigur im Bild. Von der Antike bis zu Giotto, Recklinghausen: Bongers.

Kocher, Mela (2007): Folge dem Pixelkaninchen! Ästhetik und Narrativität digitaler Spiele, Zürich: Chronos.

Koebner, Thomas (2006): »Koexistenz durch Sukzession. Zur bipolaren Bauform von Filmbildern«, in: Ders./Thomas Meder (Hg.), Bildtheorie und Film, München: Fink, S. 62-73.

Koerner, Joseph L. (1998): Caspar David Friedrich. Landschaft und Subjekt, München: Fink.

Korn, Andreas (2005): Zur Entwicklungsgeschichte und Ästhetik des digitalen Bildes. Von traditionellen Immersionsmedien zum Computerspiel, Aachen: Shaker.

Krüger, Klaus (1995): »Der Blick ins Innere des Bildes. Ästhetische Illusionen bei Gerhard Richter«, in: Bruckmanns Pantheon. Internationale Zeitschrift für Kunst 53, S. 149-166.

Lahti, Martti (2003): »As We Become Machines. Corporealized Pleasures in Video Games«, in: Mark J. P.Wolf/Bernard Perron (Hg.), The Video Game Theory Reader, London/New York: Routledge, S. 157-170.

Leschke, Rainer (2010): Medien und Formen. Eine Morphologie der Medien, Konstanz: UVK.

Leschke, Rainer/Kolb, Andreas/Schemer-Reinhard, Timo (2008): »Interaktivität. Ein Begriff im Netz der Wissenschaften«, in: Kai Schubert/ Sigrid Schubert/Volker Wulf (Hg.), Interaktionen (= Navigationen. Zeitschrift für Medien- und Kulturwissenschaften, Jg. 8, H. 1), S. 81-101.

Licklider, J. C. R./Taylor, Robert (1968): »The Computer as a Communication Device«, in: Science and Technology 76, S. 21-31.

Liebe, Michael (2008): »Dispositive des Computerspiels«, in: Jan Distelmeyer/Christine Hanke/Dieter Mersch (Hg.), Game Over?! Perspektiven des Computerspiels, Bielefeld: transcript, S. 73-94.

Lischka, Konrad (2002): Spielplatz Computer. Kultur, Geschichte und Ästhetik des Computerspiels, Heidelberg: Heise.

Lohmeier, Anke-Marie (1996): Hermeneutische Theorie des Films, Tübingen: Niemeyer.

Lutz, Helga (2010): »Löcher und Lichter. Zum Verhältnis von Opazität und Transparenz in der niederländischen Malerei des 15./16. Jahrhunderts«, in: Markus Rautzenberg/Andreas Wolfsteiner (Hg.), Hide and Seek. Das Spiel von Transparenz und Opazität, München: Fink, S. 243-264.

Mach, Ernst (1886): Beiträge zur Analyse der Empfindungen, Jena: Fischer.

Manovich, Lev (1997): »Über totalitäre Interaktivität. Beobachtungen vom Feind des Volkes«, in: Telepolis. Die Zeitschrift für Netzkultur 1, S. 123-127.

Manovich, Lev (2001): The Language of New Media, Cambridge, MA: MIT Press.

McLuhan, Marshall (1964): Understanding Media. The Extension of Man, New York: McGraw-Hill.

Meinrenken, Jens (2007): »Bullet Time & Co. Steuerungsutopien von Computerspielen und Filmen als raumzeitliche Fiktion«, in: Rainer Leschke/Jochen Venus (Hg.), Spielformen im Spielfilm. Zur Medienmorphologie des Kinos nach der Postmoderne, Bielefeld: transcript, S. 239-270.

Mersch, Dieter (2008): »Logik und Medialität des Computerspiels«, in: Jan Distelmeyer/Christine Hanke/Ders. (Hg.), Game Over?! Perspektiven des Computerspiels, Bielefeld: transcript, S. 19-42.

Mertens, Mathias (2004): »Computerspiele sind nicht interaktiv«, in: Christoph Bieber/Claus Leggewie (Hg.), Interaktivität. Ein transdisziplinärer Schlüsselbegriff, Frankfurt a.M.: Campus, S. 274-288.

Mertens, Mathias/Meißner, Tobias O. (Hg.) (2008): Ladezeit. Andere Geschichten vom Computerspielen, Göttingen: Blumenkamp.

Metz, Christian (1972): Semiologie des Films, München: Fink.

Metz, Christian (1973): »Current Problems of Film Theory«, in: Screen 14/1-2, S. 40-87.

Metz, Christian (1997): Die unpersönliche Enunziation oder der Ort des Films, Münster: Nodus.

Michalsky, Ernst (1996 [1932]): Die Bedeutung der ästhetischen Grenze für die Methode der Kunstgeschichte, Berlin: Gebr. Mann Verlag.

Miller, Jonathan (1998): On Reflection, London: National Gallery Publication.

Mitchell, William J. (2007): »Realismus im digitalen Bild«, in: Hans Belting (Hg.), Bilderfragen. Die Bildwissenschaften im Aufbruch, München: Fink, S. 237-256.

Mitry, Jean (1998 [1963-1965]): The Aesthetics and Psychology of the Cinema, London: Athlone Press.

Moreno, Julio L. (1953): »Subjective Cinema and the Problem of Film in the First Person«, in: The Quarterly of Film Radio and Television 7/4, S. 341-358.

Morningstar, Chip/Farmer, F. Randall (1991): »The Lessons of Lucasfilm's Habitat«, in: Michael Benedikt (Hg.), Cyberspace. First Steps, Cambridge, MA: MIT Press, S. 273-302.

Morris, Sue (2002): »First-Person Shooter – A Game Apparatus«, in: Geoff King/Tanya Krzywinska (Hg.), ScreenPlay. Cinema. Videogames. Interfaces, London: Wallflower, S. 81-97.

Murray, Janet H. (1997): Hamlet on the Holodeck. The Future of Narrative in Cyberspace, New York: Free Press.

Nake, Frieder (2005): »Das doppelte Bild«, in: Margarete Pratschke (Hg.), Digitale Form (= Bildwelten des Wissens. Kunsthistorisches Jahrbuch für Bildkritik 3/2), Berlin: Akademie Verlag, S. 40-50.

Nake, Frieder (2008): »Zeigen, Zeichnen und Zeichen. Der verschwundene Lichtgriffel«, in: Hans Dieter Hellige (Hg.), Mensch-Computer-Interface. Zur Geschichte und Zukunft der Computerbedienung, Bielefeld: transcript, S. 121-156.

Neitzel, Britta (2000): »Gespielte Geschichten. Struktur- und prozessanalytische Untersuchungen der Narrativität von Videospielen«, Dissertation, Bauhaus Universität Weimar, http://e-pub.uniweimar.de/volltexte/2004/72/

Neitzel, Britta (2004): »Wer bin ich? Thesen zur Avatar-Spieler Bindung«, in: Dies./Matthias Bopp/Rolf F. Nohr (Hg.), ›See? I'm Real ...‹ Multidisziplinäre Zugänge zum Computerspiel am Beispiel von Silent Hill, Münster: Lit, S. 193-212.

Neitzel, Britta (2007a): »Point of View und Point of Action. Eine Perspektive auf die Perspektive in Computerspielen, in: Klaus Bartels/Jan-Noël Thon (Hg.), Computer/Spiel/Räume. Materialien zur Einführung in die Computer Game Studies (= Hamburger Hefte zur Medienkultur 5), S. 8-28.

Neitzel, Britta (2007b): »Die Frage nach Gott oder Warum spielen wir eigentlich so gerne Computerspiele«, in: Alf Mentzer/Ulrich Sonnenschein (Hg.), Die Welt der Geschichten. Kunst und Technik des Erzählens, Frankfurt a.M.: Fischer, S. 314-319.

Neitzel, Britta (2008a): »Medienrezeption und Spiel«, in: Jan Distelmeyer/Christine Hanke/Dieter Mersch (Hg.): Game Over?! Perspektiven des Computerspiels, Bielefeld: transcript, S. 95-114.

Neitzel, Britta (2008b): »Zurück auf Anfang. Zum Tod in Computerspielen«, in: Petra Missomelius (Hg.): Ende – Mediale Inszenierungen von Tod und Sterben (Augenblick. Marburger Hefte zur Medienwissenschaft 43), S. 82-90.

Neitzel, Britta/Nohr, Rolf F. (2010): »Game Studies«, in: Medienwissenschaft. Rezensionen 4/2010, Marburg: Schüren, S. 416-435.

Newman, James (2002): »The Myth of the Ergodic Videogame. Some Thoughts on Player-Character Relationships in Videogames«, in: Game Studies 01/02, http:// www.gamestudies.org/0102/newman

Newman, James (2004): Videogames, London/New York: Routledge.

Nitsche, Michael (2008): Video Game Spaces. Image, Play, and Structure in 3D Game Worlds, Cambridge, MA: MIT Press.

Nohr, Rolf F. (2008): Die Natürlichkeit des Spielens. Vom Verschwinden des Gemachten im Computerspiel, Münster: Lit.

Nöth, Winfried/Bischara, Nina/Neitzel, Britta (2008): Mediale Selbstreferenz. Grundlagen und Fallstudien zu Werbung, Computerspiel und Comics, Köln: von Halem.

Paech, Joachim/Schröter, Jens (2008): »Intermedialität analog/digital. Ein Vorwort«, in: Dies. (Hg.), Intermedialität analog/digital. Theorien, Methoden, Analysen, München: Fink, S. 9-12.

Pias, Claus (2002): »Bilder der Steuerung«, in: Hans Dieter Huber/Bettina Lockemann/Michael Scheibel (Hg.), Bild – Medien – Wissen. Visuelle Kompetenz im Medienzeitalter, München: kopaed, S. 47-67.

Poole, Steven (2000): Trigger Happy. The Inner Life of Videogames, London: Fourth Estate.

Prange, Regine (1989): »Reflexion und Vision im Werk Caspar David Friedrichs. Zum Verhältnis von Fläche und Raum«, in: Zeitschrift für Ästhetik und allgemeine Kunstwissenschaft 34, S. 280-310.

Prange, Regine (2009): »Die Figuration der Grenze: Film – Medien – Installationskunst. Thesenpapier für einen Workshop im Rahmen des DFG-Forschungsprojekts ›Reflexion der filmischen Räume‹«, http://www.kunst.uni-frankfurt.de/files/pdfs/figuration.pdf

Prange, Regine (2010): »Sinnoffenheit und Sinnverneinung als metapicturale Prinzipien. Zur Historizität bildlicher Selbstreferenz am Beispiel der Rückenfigur«, in: Verana Krieger/Rachel Mader (Hg.), Ambiguität in der Kunst. Typen und Funktionen eines ästhetischen Paradigmas, Köln: Böhlau, S. 125-168.

Quandt, Thorsten (Hg.) (2008): Die Computerspieler. Studien zur Nutzung von Computergames, Wiesbaden: VS Verlag für Sozialwissenschaften.

Quéau, Philippe (1995): »Die virtuelle Simulation. Illusion oder Allusion? Für eine Phänomenologie des Virtuellen«, in: Stefan Iglhaut/Florian Rötzer/Elisabeth Schweeger (Hg.), Illusion und Simulation. Begegnung mit der Realität, Ostfildern: Cantz, S. 61-70.

Rapp, Bernhard (2008): Selbstreflexivität im Computerspiel, Boizenburg: vwh.

Rautzenberg, Markus (2002): Spiegelwelt. Elemente einer Aisthetik des Bildschirmspiels, Berlin: Logos.

Rosenberg, Scott (1993): »The Latest Action Heroes«, in: Wired Magazine 3/01, http://www. wired.com/wired/archive/3.01/action.heroes_pr.html

Rosenfelder, Andreas (2008): Digitale Paradiese. Von der schrecklichen Schönheit der Computerspiele, Köln: Kiepenheuer & Witsch.

Rötzer, Florian (1993): »Virtuelle und reale Welten«, in: Ders./Peter Weibel (Hg.), Cyberspace. Zum medialen Gesamtkunstwerk, München: Boer, S. 81-113.

Rumbke, Leif (2005): »Pixel³. Raumrepräsentation im klassischen Computerspiel«, Kunsthochschule für Medien, Köln, http://www.rumbke.de/data/text/pixel3%20-%20leif%20rumbke%202005.pdf

Rumbke, Leif (2009): »›P1 Ready‹ – Das klassische Shoot'em Up als kinetische Konfiguration«, in: Matthias Bopp/Rolf F. Nohr/Serjoscha Wiemer (Hg.), Shooter. Eine multidisziplinäre Einführung, Münster: Lit, S. 43-74.

Ryan, Marie-Laure (2001): Narrative as Virtual Reality. Immersion and Interactivity in Literature and Electronic Media, Baltimore: John Hopkins Univ. Press.

Rzucidlo, Ewelina (1998): Caspar David Friedrich und Wahrnehmung. Von der Rückenfigur zum Landschaftsbild, Münster: Lit.

Sachs-Hombach, Klaus (2003): Das Bild als kommunikatives Medium, Köln: von Halem.

Salen, Katie/Zimmerman, Eric (2004): Rules of Play. Game Design Fundamentals, Cambridge, MA: MIT Press.

Schatter, Günther (2011): »Affektive Agenten, Avatare, Apparate. Emotionale Empathie als Voraussetzung für überzeugende Charaktere künstlicher Subjekte«, in: Klaus-Dieter Felsmann (Hg.), Mein Avatar und ich. Die Interaktion von Realität und Virtualität in der Mediengesellschaft, München: kopaed, S. 13-24.

Schelske, Andreas (2005): »Zehn funktionale Leitideen multimedialer Bildpragmatik«, in: IMAGE. Zeitschrift für interdisziplinäre Bildwissenschaft 1, S. 89-113.

Schirra, Jörg R. J. (2005): Foundation of Computational Visualistics, Wiesbaden: DUV.

Schirra, Jörg R.J./Carl-McGrath, Stefan (2002): »Identifikationsformen in Computerspiel und Spielfilm«, in: Michael Strübel (Hg.), Film und Krieg. Die Inszenierung von Politik zwischen Apologetik und Apokalypse, Opladen: Leske + Budrich, S. 149-163.

Schlüter, Bettina (2008): »›Avatarial Operations‹ – mediale Selbstkonstitution an den Schnittstellen von Realität und Virtualität«, in: Jörg Dünne/Christian Moser (Hg.), Automedialität. Subjektkonstitution in Schrift, Bild und neuen Medien, München: Fink, S. 305-322.

Schmidt, Oliver et al. (2010): »Und der Kreisel dreht sich weiter. Eine Round-Table-Diskussion zu Christopher Nolans Inception«, in: Rabbit Eye. Zeitschrift für Filmforschung 2, S. 142-152.

Schmidt-Burkhardt, Astrid (1992): Sehende Bilder. Die Geschichte des Augenmotivs seit dem 19. Jahrhundert, Berlin: Akademie Verlag.

Schneider, Birgit (2009): »Wissenschaftsbilder zwischen digitaler Transformation und Manipulation. Einige Anmerkungen zur Diskussion des ›digitalen Bildes‹«, in: Martina Heßler/Dieter Mersch (Hg.), Logik des Bildlichen. Zur Kritik der ikonischen Vernunft, Bielefeld: Transcipt, S. 188-200.

Schnell, Werner (1994): Georg Friedrich Kersting, Berlin: Deutscher Verlag für Kunstwissenschaft.

Scholl, Christian (2007): Romantische Malerie als neue Sinnbildkunst. Studien zur Bedeutungsgebung bei Philipp Otto Runge, Caspar David Friedrich und den Nazarenern, Berlin/München: Deutscher Kunstverlag.

Schröter, Jens (2004a): Das Netz und die virtuelle Realität. Zur Selbstprogrammierung der Gesellschaft durch die universelle Maschine, Bielefeld: transcript.

Schröter, Jens (2004b): »Das Ende der Welt. Analoge und Digitale Bilder – mehr oder weniger Realität?«, in: Ders./Alexander Böhnke (Hg.), Analog/Digital – Opposition oder Kontinuum? Beiträge zu Theorie und Geschichte einer Unterscheidung, Bielefeld: transcript, S. 335-354.

Schröter, Jens (2008): »Das ur-intermediale Netzwerk und die (Neu-)Erfindung des Mediums im (digitalen) Modernismus. Ein Versuch«, in: Joachim Paech/Ders. (Hg.), Intermedialität analog/digital. Theorien, Methoden, Analysen, München: Fink, S. 579-601.

Schröter, Jens (2009): »Wirklichkeit ist überhaupt nur darzustellen, indem man sie konstruiert (Andreas Gursky)«, in: Martina Heßler/Dieter Mersch (Hg.), Logik des Bildlichen. Zur Kritik der ikonischen Vernunft, Bielefeld: transcript, S. 201-218.

Schröter, Jens/Spies, Christian (2006): »Interface. Analoger Close-Circuit vs. digitale Interaktivität?«, in: Britta Neitzel/Rolf F. Nohr (Hg.), Das Spiel mit dem Medium. Partizipation – Immersion – Interaktion, Marburg: Schüren, S. 104-116.

Schweinitz, Jörg (2007): »Multiple Logik filmischer Perspektivierung. Fokalisierung, narrative Instanz und wahnsinnige Liebe«, in: montage/av 16/1/2007, S. 83-100.

Schwingeler, Stephan (2008): Die Raummaschine. Raum und Perspektive im Computerspiel, Boizenburg: vwh.

Shneiderman, Ben (1983): »Direct Manipulation: A Step Beyond Programming Languages«, in: IEEE Computer 16/8, S. 57-69.

Smid, Tereza (2008): »Zwischen Schärfe und Unschärfe. Zur räumlichen Dimension der Schärfenverlagerung«, in: Hans-Georg von Arburg (Hg.), Mehr als Schein. Ästhetik der Oberfläche in Film, Kunst, Literatur und Theater, Zürich: Diaphanes, S. 219-235.

Sommer, Manfred (1987): Evidenz im Augenblick. Eine Phänomenologie der reinen Empfindung, Frankfurt a.M.: Suhrkamp.

Spies, Christian (2007): Die Trägheit des Bildes. Bildlichkeit und Zeit zwischen Malerei und Video, München: Fink.

Stephenson, Neal (1994 [1992]): Snow Crash, München: Goldmann.

Stockburger, Axel (2006) : »The Rendered Arena: Modalities of Space in Video and Computer Games«, Dissertation, University of the Arts, London, http://www.stockburger.at/ files/2010/04/stockburger_phd.pdf

Stoichita, Victor I. (1998): Das selbstbewußte Bild. Vom Ursprung der Metamalerei, München: Fink.

Stoll, Alexander (2009): ›Killerspiele‹ oder E-Sport? Funktionalität von Gewalt und die Rolle des Körpers in Multiplayer-Ego-Shootern, Boizenburg: vwh.

Strothotte, Thomas/Schlechtweg, Stefan (2002): Non-photorealistic Computer Graphics: Modeling, Rendering, and Animation, San Francisco: Morgan Kaufmann.

Sugiyama, Akane (2007): »Wanderer unter dem Regenbogen. Die Rückenfigur Caspar David Friedrichs«, Dissertation, Freie Universität Berlin, http://www.diss.fu-berlin.de/diss/receive/FUDISS_thesis_000000010089

Suominen, Jaakko (2008): »The Past as Future? Nostalgia and Retrogaming in Digital Culture«, in: Fibreculture 11, http://journal.fibreculture.org/ issue11/index.html

Thürlemann, Felix (1990): Vom Bild zum Raum. Beiträge zu einer semiotischen Kunstwissenschaft, Köln: DuMont.

Ullrich, Wolfgang (2002): Die Geschichte der Unschärfe, Berlin: Wagenbach.

Vollmer, Dennis Ray (2007): »Does it have to be 3D? Zum Phänomen der 3D-Technologie in Computerspielen«, in: Tristan Thielmann/Jens Schröter (Hg.), Display II – Digital (= Navigationen. Zeitschrift für Medien- und Kulturwissenschaften, Jg. 7, H. 2), Marburg: Schüren, S. 87-104.

Wade, Daniel (Hg.) (2010): The Art of Uncharted 2: Among Thieves, Adelaide: Ballistic Publishing.

Waggoner, Zach (2009): My Avatar, My Self. Identity in Video Roleplaying Games, Jefferson, NC u.a.: McFarland.

Wesseley, Christian (1997): Von Star Wars, Ultima und Doom, Frankfurt a.M.: Lang.

Wiemer, Serjoscha (2004): »Horror, Ekel und Affekt. Silent Hill als somatisches Erlebnis«, in: Britta Neitzel/Matthias Bopp/Rolf F.Nohr (Hg.), ›See? I'm Real...‹ Multidisziplinäre Zugänge zum Computerspiel am Beispiel von Silent Hill, Münster: Lit, S. 177-192.

Wiesendanger, Mario (1997): »The Little Man in the Brain, Alchemy, Mandrake Roots, Mental Faculties, and Phrenology«, in: Hans-Konrad Schmutz (Hg.), Phantastische Lebensräume, Phantome und Phantasmen, Marbug: Basilisken-Presse, S. 239-254.

Wiesing, Lambert (2002): »Einleitung: Philosophie der Wahrnehmung«, in: Ders. (Hg.), Philosophie der Wahrnehmung. Modelle und Reflexionen, Frankfurt a.M.: Suhrkamp, S. 9-64.

Wiesing, Lambert (2005): Artifizielle Präsenz. Studien zur Philosophie des Bildes, Frankfurt a.M.: Suhrkamp.

Wilks, Guntram (2005): Das Motiv der Rückenfigur und dessen Bedeutungswandlungen in der deutschen und skandinavischen Malerei zwischen 1800 und der Mitte der 1940er Jahre, Marburg: Tectum Verlag.

Winkler, Hartmut (1992): Der filmische Raum und der Zuschauer, Heidelberg: Winter.

Winter, Gundolf (1999): »Das Bild zwischen Medium und Kunst«, in: Yvonne Spielmann/Ders. (Hg.): Bild – Medium – Kunst, München: Fink, S. 15-30.

Wilson, Greg (2006): »Off With Their HUDs!: Rethinking the Heads-Up Display in Console Game Design«, http://www.gamasutra.com/view/feature/2538/off_with_their_huds_rethinking_.php

Wolf, Mark J. P. (2001): »Space in the Video Game«, in: Ders. (Hg.), The Medium of the Video Game, Austin: Univ. of Texas Press, S. 51-75.

Wolf, Mark J. P. (2003): »Abstraction in the Video Game«, in: Ders./Bernard Perron (Hg.), The Video Game Theory Reader, London/New York: Routledge, S. 47-65.

Wolf, Mark J. P. (2009): »Z-axis Development in the Video Game«, in: Bernard Perron/Ders. (Hg.), The Video Game Theory Reader 2, London/New York: Routledge, S. 151-168.

Woolley, Benjamin (1994): Die Wirklichkeit der virtuellen Welten, Basel: Birkhäuser.

Yalçin, Fatma (2004): Anwesende Abwesenheit. Untersuchungen zur Entwicklungsgeschichte von Bildern mit menschenleeren Räumen, Rückenfiguren und Lauschern im Holland des 17. Jahrhunderts, Berlin/München: Deutscher Kunstverlag.

Computerspiele/Filme

Computerspiele

3D Dot Game Heroes (2010) (Silicon Studio/South Peak Games)
A Boy and His Blob (2009) (WayForward Technologies/Majesco)
A Boy and His Blob: Trouble on Blobolonia (1990) (Imagineering/Majesco)
Alone in the Dark: Inferno (2008) (Eden Games/Atari)
Assassin's Creed (2007) (Ubisoft Montreal/Ubisoft)
Battlezone (1980) (Atari/Atari)
Black & White (2001) (Lionhead Studios/Electronic Arts)
Black & White 2 (2005) (Lionhead Studios/Electronic Arts)
Braid (2008) (Number None/Microsoft)
Breakout (1976) (Atari/Atari)
Bulletstorm (2011) (People can Fly/Electronic Arts)
Call of Duty: Black Ops (2010) (Treyarch/Activision)
Condemned: Criminal Origins (2005) (Monolith/SEGA)
Condemned 2: Bloodshoot (2008) (Monolith/SEGA)
Crysis (2007) (Crytek/EA)
Crysis 2 (2011) (Crytek/EA)
Day of the Tentacle (1993) (LucasArts/LucasArts)
Defender (1980) (Williams Electronics/Williams Electronics)
Deadly Creatures (2010) (Rainbow Studios/THQ)
Dead Rising 2 (2010) (Blue Castle/Capcom)
Dead Space (2008) (Visceral Games/Electronic Arts)
Doom (1993) (id/id)
Echochrome (2008) (Japan Studio/Sony)

EPIC MICKEY (2010) (Junction Point/Disney Interactive)
EVERQUEST (1999) (Sony/Sony)
FALLOUT 3 (2008) (Bethesda/Bethesda)
FARCRY 2 (2008) (Ubisoft Montreal/Ubisoft)
F.E.A.R. 2: PROJECT ORIGIN (2009) (Monolith/WB Games)
INDIANA JONES AND THE TEMPLE OF DOOM (1988) (Atari/Atari)
GEIST (2005) (n-Space/Nintendo)
GHOST RECON (2001) (Red Storm/Ubisoft)
GISH (2004) (Cryptic Sea/Chronic Logic)
GOD OF WAR (2005) (SCE Studios/Sony)
GOD OF WAR II (2007) (SCE Studios/Sony)
GOD OF WAR III (2010) (SCE Studios/Sony)
GRAND THEFT AUTO IV (2008) (Rockstar North/Rockstar)
GRAN TURISMO (1997) (Polyphony Digital/Sony)
GUITAR HERO (2005-2010) (Harmonix/Red Octane/Activision)
HABITAT (1986) (Lucasfilm Games/Quantum Link)
HITMAN 2: SILENT ASSASSIN (2002) (IO Interactive/Eidos)
HALF-LIFE 2 (2004) (Valve/Sierra)
HAZE (2008) (Free Radical/Ubisoft)
HEAVY RAIN (2010) (Quantic Dream/Sony)
INFAMOUS (2009) (Sucker Punch/Sony)
JERICHO (2007) (Mercury Steam/Codemasters)
KANE & LYNCH 2: DOG DAYS (2010) (IO Interactive/Eidos)
KILLZONE 3 (2011) (Guerrilla Games/Sony)
KIRBY'S EPIC YARN (2011) (Good-Feel/Nintendo)
LEGEND OF THE GUARDIANS: THE OWLS OF GA'HOOL (2010) (Krome Studios/Warner Bros.)
LIMBO (2010) (Playdead Studios/Microsoft)
LITTLE BIG PLANET (2008) (Media Molecule/Sony)
LITTLE BIG PLANET 2 (2011) (Media Molecule/Sony)
LOSTWINDS: WINTER OF THE MELODIAS (2009) (Frontier Developments/Frontier Developments)
MACHINARIUM (2009) (Amanita Design/Daedalic Entertainment)
MANIAC MANSION (1987) (LucasArts/LucasArts)
MASS EFFECT 2 (2010) (Bioware/Electronic Arts)
MAX PAYNE (2001) (Remedy/Gathering of Developers)
METAL GEAR (1987) (Konami/Konami)

METAL GEAR 2: SOLID SNAKE (1990) (Konami/Konami)
METAL GEAR SOLID (1998) (Konami/Konami)
METAL GEAR SOLID 2: SONS OF LIBERTY (2001) (Konami/Konami)
METAL GEAR SOLID 3: SNAKE EATER (2004) (Konami/Konami)
METAL GEAR SOLID 4: GUNS OF THE PATRIOTS (2008) (Kojima Productions/ Konami)
METRO 2033 (2010) (4A Games/THQ)
METROID PRIME 3: CORRUPTION (2007) (Retro Studios/Nintendo)
MIRROR'S EDGE (2008) (Dice/Electronic Arts)
MYST (1993) (Cyan/Brøderbund)
NIER (2010) (Cavia/Square Enix)
NO MORE HEROES 2: DESPERATE STRUGGLE (2010) (Grasshopper Manufacture/Ubisoft)
NYXQUEST: KINDRED SPIRITS (2009) (Over The Top Games/Over The Top Games)
ŌKAMI (2006) (Clover/Capcom)
PAC-MAN (1980) (Namco/Namco)
PAC-MANIA (1987) (Namco/Namco)
PONG (1972) (Atari/Atari)
POPULUS (1989) (Bullfrog/Electronic Arts)
PRINCE OF PERSIA: THE SANDS OF TIME (2003) (Ubisoft Montreal/Ubisoft)
PRINCE OF PERSIA: WARRIOR WITHIN (2004) (Ubisoft Montreal/Ubisoft)
PRINCE OF PERSIA: THE TWO THRONES (2005) (Ubisoft Montreal/Ubisoft)
RAINBOW SIX: VEGAS (2006) (Ubisoft Montreal/Ubisoft)
SACRED 2: FALLEN ANGEL (2008) (Ascaron/Deep Silver)
SHADOW COMPLEX (2009) (Chair Entertainment/Epic Games/Microsoft)
SHADOW OF THE COLOSSUS (2005) (Team Ico/Sony)
SPACE INVADERS (1978) (Taito/Midway)
SPIDER-MAN: SHATTERED DIMENSIONS (2010) (Beenox/Activision)
STARCRAFT 2 (2010) (Blizzard/Blizzard)
SUPER PAPER MARIO (2007) (Intelligent Systems/Nintendo)
THE BLIND MONK'S SOCIETY (2008) (Kyle Audick & Erik Carlson)
THE BOURNE CONSPIRACY (2008) (High Moon/Sierra)
THE ELDER SCROLLS IV: OBLIVION (2006) (Bethesda/2K)
THE WITCHER (2007) (CDProject/Atari)
THE WITCHER 2 (2011) (CDProject/Atari)

TRANSFORMERS: WAR FOR CYBERTRON (2010) (High Moon Studios/Activision)
TWISTED METAL (1995) (Single Trac/Sony)
ULTIMA IV: QUEST OF THE AVATAR (1985) (Origin/Origin)
UNCHARTED 2: AMONG THIEVES (2009) (Naughty Dog/Sony)
WET (2009) (Artificial Mind and Movement/Bethesda)
WOLFENSTEIN 3D (1992) (id/Apogee)
XIII (2003) (Ubisoft/Ubisoft)
X-MEN ORIGINS: WOLVERINE (2009) (Raven/Activision)
ZAXXON (1982) (Sega/Sega)

FILME

KILL BILL: VOL. 1 (2003) (USA, R: Quentin Tarantino)
KILL BILL: VOL. 2 (2004) (USA, R: Quentin Tarantino)
LADY IN THE LAKE (1947) (USA, R: Robert Montgomery)
PUSH (2009) (USA, R: Paul McGuigan)
UNFORGIVEN (1992) (USA, R: Clint Eastwood)

Abbildungen

Abb. IV-06: *Alexanderschlacht*, Mosaik, Pompeji, ca. 150–100 v. Chr., 5,82 x 3,13 m, Neapel, Archäologisches Nationaluseum.

Abb. IV-07: *Simon von Cyrene hilft Christus das Kreuz tragen*, Straßburger Münster, Tympanon des Westportals, 13. Jh.

Abb. IV-08: Giotto, *Freskenzyklus in der Arenakapelle in Padua* (Scrovegni-Kapelle), Szene: Beweinung, 1304-1306.

Abb. IV-09: Thomas Gainsborough, *Landschaft mit Hirt und Herde*, 1784, Öl auf Leinwand, 120 x 148 cm, München, Neue Pinakothek.

Abb. IV-10/IV-27: Caspar David Friedrich, *Der Wanderer über dem Nebelmeer*, 1818, Öl auf Leinwand, 98,4 x 74,8 cm, Hamburg, Kunsthalle.

Abb. IV-11: Georg Friedrich Kerstin, *Die Stickerin I*, 1812, Öl auf Leinwand, 47,2 x 37,5 cm, Weimar, Schlossmuseum.

Abb. IV-12: René Magritte, *La réproduction interdite*, 1937, Öl auf Leinwand, 79 x 65,5 cm, Rotterdam, Museum Boijmans van Beuningen.

Abb. V-12: Ernst Mach, *Selbstanschauung Ich*, Holzstich, in: Ders. (1886): Beiträge zur Analyse der Empfindungen, Jena: Fischer.

Alle Computerspiel-Screenshots wurden vom Autor erstellt, mit Ausnahme von:

Abb. 03/II-03: PONG (1972) (Atari/Atari); Quelle: http://en.wikipedia.org/wiki/Pong

Abb. 05/06: XIII (2003) (Ubisoft/Ubisoft); Quelle: http://mobygames.com

Abb. 13/14: ŌKAMI (2006) (Clover/Capcom); Quelle: http://mobygames.com

Abb. II-04: PAC-MAN (1980) (Namco/Namco); Quelle: http://en.wikipedia.org/wiki/Pac-man

Abb. III-10: METAL GEAR SOLID (1998) (Konami/Konami); Quelle: http://mobygames.com

Abb. III-10: METAL GEAR SOLID 3 (2004) (Konami/Konami); Quelle: http://mobygames.com

Abb. IV-05: Playstation Controller; Quelle: http://en.wikipedia.org/wiki/Playstation_controller

Ich danke …

der Fritz-Thyssen-Stiftung für die großzügige Förderung meines Forschungsprojekts »Avatar-Bilder – Avatar als Bild. Zur Bildlichkeit des zeitgenössischen Computerspiels«;

meinen Kollegen und Freunden Prof. Dr. Jens Schröter und Dr. Thomas Hensel für zahlreiche Anregungen, Diskussionen und ihre fortwährende Unterstützung;

meiner Frau Anja. Ihr ist dieses Buch gewidmet.

Kultur- und Medientheorie

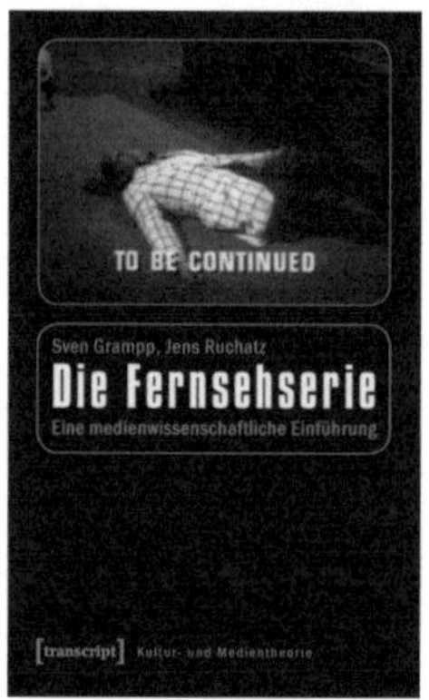

Sven Grampp, Jens Ruchatz
Die Fernsehserie
Eine medienwissenschaftliche Einführung

Oktober 2012, ca. 200 Seiten, kart., ca. 16,80 €,
ISBN 978-3-8376-1755-9

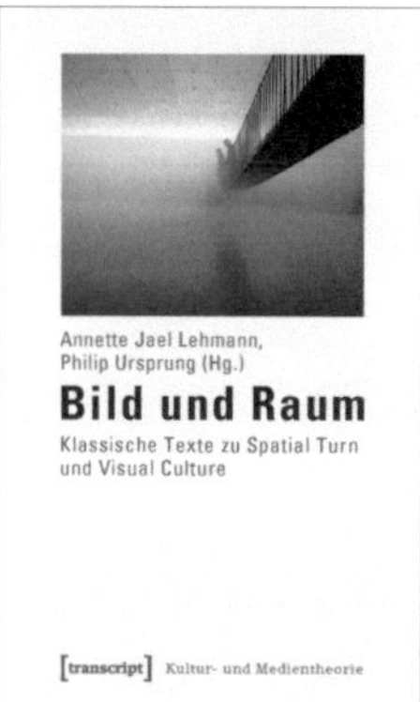

Annette Jael Lehmann,
Philip Ursprung (Hg.)
Bild und Raum
Klassische Texte zu Spatial Turn
und Visual Culture

Dezember 2012, ca. 300 Seiten, kart., ca. 29,80 €,
ISBN 978-3-8376-1431-2

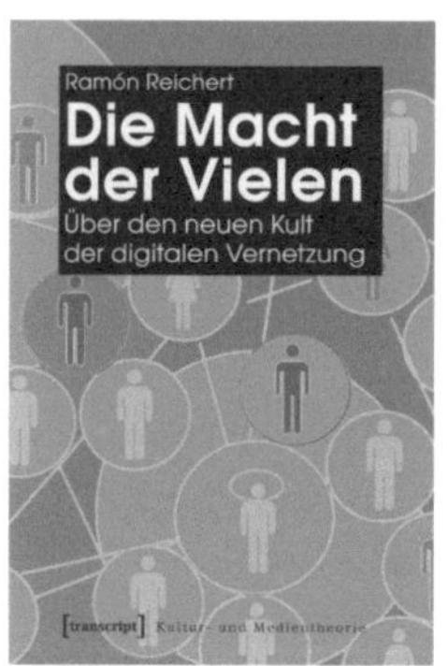

Ramón Reichert
Die Macht der Vielen
Über den neuen Kult der digitalen Vernetzung

Dezember 2012, ca. 200 Seiten, kart., ca. 24,80 €,
ISBN 978-3-8376-2127-3

Leseproben, weitere Informationen und Bestellmöglichkeiten finden Sie unter www.transcript-verlag.de

Kultur- und Medientheorie

Thomas Brandstetter,
Thomas Hübel,
Anton Tantner (Hg.)
Vor Google
Eine Mediengeschichte der Suchmaschine im analogen Zeitalter
November 2012, ca. 280 Seiten,
kart., zahlr. Abb., ca. 29,80 €,
ISBN 978-3-8376-1875-4

Uta Daur (Hg.)
Authentizität und Wiederholung
Künstlerische und kulturelle Manifestationen eines Paradoxes
September 2012, ca. 250 Seiten,
kart., zahlr. Abb., ca. 29,80 €,
ISBN 978-3-8376-1924-9

Özkan Ezli,
Andreas Langenohl,
Valentin Rauer,
Claudia Marion Voigtmann (Hg.)
Die Integrationsdebatte zwischen Assimilation und Diversität
Grenzziehungen in Theorie, Kunst und Gesellschaft
Dezember 2012, ca. 260 Seiten,
kart., ca. 28,80 €,
ISBN 978-3-8376-1888-4

Urs Hangartner, Felix Keller,
Dorothea Oechslin (Hg.)
Wissen durch Bilder
Sachcomics als Medien von Bildung und Information
November 2012, ca. 260 Seiten, kart.,
zahlr. z.T. farb. Abb., ca. 29,80 €,
ISBN 978-3-8376-1983-6

Markus Leibenath,
Stefan Heiland, Heiderose Kilper,
Sabine Tzschaschel (Hg.)
Wie werden Landschaften gemacht?
Sozialwissenschaftliche Perspektiven auf die Konstituierung von Kulturlandschaften
September 2012, ca. 200 Seiten,
kart., ca. 26,80 €,
ISBN 978-3-8376-1994-2

Claudia Mareis, Matthias Held,
Gesche Joost (Hg.)
Wer gestaltet die Gestaltung?
Praxis, Theorie und Geschichte des partizipatorischen Designs
Dezember 2012, ca. 300 Seiten, kart.,
zahlr. z.T. farb. Abb., ca. 29,80 €,
ISBN 978-3-8376-2038-2

Dorit Müller,
Sebastian Scholz (Hg.)
Raum Wissen Medien
Zur raumtheoretischen Reformulierung des Medienbegriffs
Oktober 2012, ca. 380 Seiten,
kart., zahlr. Abb., ca. 29,80 €,
ISBN 978-3-8376-1558-6

Tobias Nanz, Johannes Pause (Hg.)
Politiken des Ereignisses
Mediale Formierungen von Vergangenheit und Zukunft
Dezember 2012, ca. 300 Seiten,
kart., zahlr. Abb., ca. 29,80 €,
ISBN 978-3-8376-1993-5

Christoph Neubert,
Gabriele Schabacher (Hg.)
Verkehrsgeschichte und Kulturwissenschaft
Analysen an der Schnittstelle von Technik, Kultur und Medien
September 2012, ca. 250 Seiten,
kart., ca. 26,80 €,
ISBN 978-3-8376-1092-5

Leseproben, weitere Informationen und Bestellmöglichkeiten finden Sie unter www.transcript-verlag.de